会社法事例演習教材

第4版

前田雅弘・洲崎博史・北村雅史 ［著］

有斐閣

第 4 版はしがき

　本書の第 3 版を 2016 年 3 月に刊行してから約 6 年が経過した。この間，2019 年には会社法改正が実現し，株主総会資料の電子提供制度の創設，株主提案権の濫用的な行使を制限するための規定の整備，取締役報酬や補償契約等に関する規定の整備，社外取締役の設置義務付け，株式交付制度の創設などの重要な措置が講じられた。またこの間，重要な裁判例も現れた。この第 4 版は，これらの問題を織り込んで改訂したものである。

　改訂の機会に，あまりに複雑な設例を削除し，また論点の重複を整理するなどの補正を行った。他方，第 I 部と第 II 部の末尾に掲げた演習問題を大幅に拡充した。この演習問題は，主に，執筆者 3 名が京都大学法科大学院でこれまで担当した「商法総合 1」（2 年次前期）および「商法総合 2」（同後期）における学期末試験問題を基礎として，作成したものである。巻末には，演習問題の解説として，考え方のポイントを示したので，学生諸君が個人またはグループで学習をする際に活用していただければ幸いである。

　第 4 版の刊行にあたっては，株式会社有斐閣京都支店長の栁澤雅俊氏から，種々のご協力と有益なご助言をいただいた。心より感謝の意を表したい。

　2022 年 1 月

執 筆 者 一 同

i

初版はしがき

　本書は，法科大学院における会社法学習の教材である。法科大学院における会社法の双方向型の授業において，教材として利用されることを主に想定しているが，授業とは離れて，法科大学院の学生諸君が個人またはグループで会社法の学習をする際に，素材として利用されることも期待している。

＊　　　　＊　　　　＊

　本書は，第Ⅰ部「紛争解決編」と第Ⅱ部「紛争予防編」から構成されている。

　第Ⅰ部「紛争解決編」では，会社法にかかる法律問題のうち，しばしば裁判で争われ，裁判例となって現れることの多い 12 のテーマが取り上げられ，それぞれについていくつかの具体的な設例が掲載されている。

　第Ⅱ部「紛争予防編」では，大企業の企業法務が直面する実務上の諸問題について，主に紛争を生じさせないためのプランニングを中心に 13 のテーマが取り上げられ，それぞれについていくつかの具体的な設例が掲載されている。「紛争予防編」で取り上げた設例は，学生諸君にとっては馴染みが乏しく難解に見えるかもしれないが，会社実務において，いわゆるビジネス・プランニングは会社法制定によりますます重要性を増しており，本書においては，最先端の問題も含め，プランニングに相当の比重を置いている。

　本書は，会社法上の問題を体系的に網羅するものではないが，第Ⅰ部および第Ⅱ部で扱う合計 25 のテーマにより，会社法上の現在の重要問題は，そのほとんどをカバーしたつもりである。

＊　　　　＊　　　　＊

　各テーマの下に設けられた各設例には，問題形式の設例文に続いて，*Keypoints*，*Questions*，**Materials** が挙げられている。

　Keypoints では，当該設例において問われている中心的な問題の所在があらかじめ提示されている。これによって，まず読者は，設例ごとにどのような法的問題を検討しなければならないかの全体像を知ることができる。

　Questions においては，当該設例を実際に解決する際に考察すべき具体的な問題点が示されている。読者は，これらの具体的問題点を検討していくことにより，会社法に関する体系的な知識を事例に即して実際に使用する力を身につけ，会社法の理解を深めることが期待されている。

　Materials では，当該設例を検討するうえで参考となる文献および裁判例が掲げられている。参考文献は，無理なく読者が参照できるよう，体系書を中心とした最小限のものに絞った。より深く勉強をしたいと考える読者は，当該参考文献の脚注等で引用された資料をさらに参照するとよいであろう。裁判例については，それが設例全体に関係する場合もあるが，特定の *Question* にのみ関係する場合もあり，後者の場合には，特に *Question* 番号を括弧

書きで示した。

　本書の各設例には，具体的な解答例は付していないが，本書が実際の授業で利用される場合のイメージをつかめるよう，第Ⅰ部・第Ⅱ部のそれぞれ最後に，「授業のイメージ」と題し，3つずつの設例を挙げた。ここでは，実際の授業を想定し，各 *Question* についての具体的な解答例を示したので，授業の参考にしていただきたい。

＊　　　　＊　　　　＊

　執筆者3名は，京都大学法科大学院の開設以来，2年次の学生を対象とする「商法総合1」（前期）および「商法総合2」（後期）の授業を担当してきた。本書に掲載した設例は，もともとこれらの授業の教材として作成したものである。すでに一通りの会社法の学習を済ませた学生諸君を対象に，法律家の養成を主眼とした授業を行うためには，教材として，適切な法的論点を含んだ具体的な設例を利用することが最も効果的であると考えたからである。

　各設例には，具体的な裁判例を基礎として作成したものもあるが，特に具体的な事件とはかかわりなく執筆者が創作したものも少なくない。各設例の作成にあたっては，テーマごとに作成担当者を決め，原稿を持ち寄って検討する会合を何度も重ねた。検討に基づいて加筆修正を重ねた結果，各設例におけるすべての法的問題について全員の意見が必ずしも一致したわけではないが，各設例において検討すべき論点が何かについては共通の理解を得るに至ることができた。このような共同作業を通じて出来上がった本書は，真の意味での共著であるということができ，執筆分担箇所をあえて示していないのは，そのためである。

　各設例の原型は，法科大学院開設の初年度終了時に一通りは出来上がっていたが，その後平成17年に会社法が制定され，大幅な見直しを余儀なくされた。また，現実に授業を行う過程で，学生諸君から質問等の形で貴重な指摘を受けることが少なくなく，そのおかげで，各設例は原型からはずいぶん改良された姿になった。熱心に授業に参加してくれた学生諸君に，この場を借りてお礼申し上げる。

　本書の刊行にあたっては，有斐閣書籍編集第一部の土肥賢氏および大原正樹氏に多大のご配慮をいただいた。心より感謝の意を表したい。

　2007年12月

執　筆　者　一　同

目　次

第 I 部　紛争解決編

授業のイメージ

演 習 問 題

第 II 部　紛争予防編

授業のイメージ

演 習 問 題

略 語 一 覧

1．体 系 書

江頭『**株式会社法**』　　江頭憲治郎『株式会社法（第 8 版）』（有斐閣，2021 年）

神田『**会社法**』　　神田秀樹『会社法（第 23 版）』（弘文堂，2021 年）

龍田＝前田『**会社法大要**』　　龍田節＝前田雅弘『会社法大要（第 3 版）』（有斐閣，2022 年）

前田『**会社法入門**』　　前田庸『会社法入門（第 13 版）』（有斐閣，2018 年）

2．判 例 集

民　集	最高裁判所民事判例集， 大審院民事判例集	下　民	下級裁判所民事裁判例集
		判　時	判例時報
裁判集民	最高裁判所裁判集 民事	判　夕	判例タイムズ
高　民	高等裁判所民事判例集	金　判	金融・商事判例

3．判例評釈誌

百　選　　神作裕之＝藤田友敬＝加藤貴仁編『会社法判例百選（第 4 版）』（別冊ジュリスト 254 号，有斐閣，2021 年）

4．定期刊行雑誌

金　法	金融法務事情	資料版商事	資料版商事法務
ジュリ	ジュリスト	法　教	法学教室
商　事	旬刊商事法務		

著者紹介

□**前田雅弘**（まえだ・まさひろ）

　　1982 年　京都大学法学部卒業

　　現　在　京都大学大学院法学研究科教授

【主要著作】『会社法大要（第 3 版）』（共著，有斐閣，2022 年），『会社法実務問答集（I〔上〕〔下〕，II，III）』（共著，商事法務，2017 年～2019 年），『会社法 1・2（第 5 版）』（共著，有斐閣，2005 年），「監査役会と三委員会と監査・監督委員会」江頭憲治郎編『株式会社法大系』（有斐閣，2013 年）

□**洲崎博史**（すざき・ひろし）

　　1982 年　京都大学法学部卒業

　　現　在　京都大学大学院法学研究科教授

【主要著作】『保険法（第 4 版）』（共著，有斐閣，2019 年），「出資の履行の仮装と新株発行の効力」吉本健一先生古稀記念『企業金融・資本市場の法規制』（商事法務，2020 年），山下友信編著『逐条 D&O 保険約款』（共著，商事法務，2005 年），「不公正な新株発行とその規制（一）・（二・完）」民商法雑誌 94 巻 5 号・6 号（各 1986 年）

□**北村雅史**（きたむら・まさし）

　　1983 年　京都大学法学部卒業

　　現　在　京都大学大学院法学研究科教授

【主要著作】『取締役の競業避止義務』（有斐閣，2000 年），『現代会社法入門（第 4 版）』（共著，有斐閣，2015 年），『スタンダード商法 I　商法総則・商行為法』（編著，法律文化社，2018 年），「バーチャル株主総会と株主の議事参加権」吉本健一先生古稀記念『企業金融・資本市場の法規制』（商事法務，2020 年）

第Ⅰ部　紛争解決編

I-1	株式の譲渡

【設例1-1　名義書換未了の場合の譲渡株主の権利行使】

　本設例において，P株式会社は種類株式発行会社ではなく，定款に株券を発行する旨の定めがある。また，P社は，取締役会設置会社であり，監査役設置会社であるものとする。

　P社は，定款で，定時株主総会における議決権行使のための基準日を3月31日と定めている。P社の株式1万株を有する株主Aは，令和3年1月，同株式をBに譲渡し，Bに株券が交付された。

(1) P社の定款には，「株式の譲渡による取得について会社の承認を要する」旨の定めはないが，Bが名義書換えを失念したため，P社の株主名簿には，現在もAが1万株の株主として記載されている。P社は，AがP社の株主であることを争い，令和3年6月に開催されたP社の定時株主総会の招集通知をAには行わず，Aに議決権行使をさせなかった。そこでAは，株主総会決議の取消しを求めて訴えを提起した。Aの請求は認められるか。

(2) P社の定款には，「株式の譲渡による取得について取締役会の承認を要する」旨の定めがあるところ，Aは譲渡の承認請求をせず，Bも取得の承認請求をしていないため，P社の株主名簿には，現在もAが1万株の株主として記載されている。P社は，AがP社の株主であることを争い，令和3年6月に開催されたP社の定時株主総会の招集通知をAには行わず，Aに議決権行使をさせなかった。そこでAは，株主総会決議の取消しを求めて訴えを提起した。Aの請求は認められるか。

Keypoints

① 公開会社において，基準日前に株式が譲渡され，名義書換えが未了の場合，会社の側から株式譲受人を株主と認め，その者に権利行使をさせることができるか。逆に，会社は，株式譲渡人が株主であることを否定し，その者の権利行使を拒むことができるか。

② 公開会社でない会社（非公開会社）において，基準日前に株式が譲渡されたが，譲渡または取得についての会社の承認がなされていない状態において，会社の側から株式譲受人を株主と認め，その者に権利行使をさせることができるか。逆に，会社は，株式譲渡人が株主であることを否定し，その者の権利行使を拒むことができるか。

Questions

(1)　P 社株式に譲渡制限の定めがない場合

Q1　本件の P 社のように，株式に譲渡制限の定めのない会社のことを会社法では何と呼ぶか。

↳　P 社の発行する一部の株式だけに譲渡制限の定めがなければどうか。

Q2　B は P 社に対して，株主であることを対抗できるか。

↳*1*　株券発行会社とは何か。

↳*2*　P 社が株券発行会社でないとすると，違いが生じるか。

Q3　P 社は A が株主であることを否定できるか。

↳　P 社の側から B を株主として扱うことができるか。

Q4　A の提起した株主総会決議取消しの訴えはどうなるか。

Q5　A から B への株式譲渡が，もし基準日後（たとえば令和 3 年 4 月）に行われていたとすると，違いが生じるか。

↳　一般に，会社は，基準日後に株式を取得した者に議決権の行使を認めることができるか。

Q6　P 社は，実質的無権利を理由に A の権利行使を拒み，名義書換未了を理由に B の権利行使を拒むことはできるか。

Q7　P 社は，A または B のいずれか，会社にとって都合のよいほうを選択して議決権を行使させることができるか。

↳　P 社が，すべての株式譲渡を把握できるほどに株主数の少ない会社であるかどうかにより，違いが生じるか。

(2)　P 社株式に譲渡制限の定めがある場合

Q8　本件の P 社のように，発行する全部の株式に譲渡制限の定めのある会社のことを会社法では何と呼ぶか。

↳*1*　P 社が発行する株式には，一部の株式ではなく全部の株式に譲渡制限の定めがあるが，そのことは設例のどの部分からわかるか。

↳*2*　P 社の譲渡制限の定めは，会社法のどの規定に基づく定めか。

Q9　P 社の側から B を株主として扱うことができるか。

↳　「譲渡制限の制度は，会社の利益保護のための制度であるから，会社の側から名義書換未了株主を株主として扱うことは差し支えない」と考えてよいか。

Q10　P 社は A が株主であることを否定できるか。

↳　判例はどのような法的構成をとるか。

Q11　P 社が A の請求を退けるために，何らかの理論構成はありうるか。

Materials

参考文献

□江頭『株式会社法』205～220 頁，243～244 頁

□龍田＝前田『会社法大要』281～284 頁

□河本一郎『現代会社法（新訂第 9 版）』（商事法務，2004 年）191～194 頁

参考裁判例

□最判昭和 63 年 3 月 15 日判時 1273 号 124 頁・百選（初版）20 事件（**Q10**）

【設例 1－2　従業員持株制度における売渡強制条項の効力】

　本設例において，P 株式会社は種類株式発行会社ではなく，定款に株券を発行する旨の定めがある。また，P 社は，取締役会設置会社であり，監査役設置会社であるものとする。

　P 社は，平成 24 年に資本金 800 万円，設立時発行株式の数 160 株として設立され，当初は代表者 A の一族が全株式を所有していた。その後 P 社の経営規模の拡大に伴い，平成 25 年，取締役会において，資本金の額を 2000 万円に増加することとし，その際，次のような内容の従業員持株制度を発足させることを決議した。なお，P 社の定款には，株式の譲渡による取得について取締役会の承認を要する旨の定めがある。

> (a)　増資新株，または A 一族の所有株式を 1 株 5 万円で従業員のうち希望者に割り当て，または譲渡する。
>
> (b)　1 株あたり年 5000 円程度の剰余金配当をするよう努力する。
>
> (c)　従業員が株式の譲渡を希望する場合，および退職する場合は，P 社がそれらの者の所有株式を 5 万円で譲り受ける。そして P 社はさらにこれを従業員のうち希望者に譲渡する。

　A は従業員に対し，同制度の趣旨内容を説明し，これを周知徹底させ，また株式取得の資金とするために特別賞与を支給した。そして全従業員が株式取得を希望し，株主総会決議に基づき，P 社から新株の割当てを受けた。B は，同制度の趣旨内容を十分に了解したうえで，P 社の株式を 10 株取得した。その後 P 社はきわめて業績が良好で，1 株あたり純資産額が 100 万円を超えるまでに成長した。なお，P 社は，同制度の導入後，従業員を含む株主に対し 1 株あたり年 5000 円程度の剰余金配当をしてきた。

　B が令和 3 年に退職したので，P 社は，前記(c)を内容とする合意に基づき，B に対し株券の引渡しを求めて訴えを提起した。P 社の請求は認められるか。

Keypoints

　閉鎖的な会社の従業員持株制度において，従業員が退職時に取得価額と同一の金額で株式を会社に譲渡する旨の合意がなされた場合，その合意は有効か。

Questions

(1)　B の 主 張

Q1　B はどのようにして争うことが考えられるか。

(2)　会社法 156 条 1 項違反

Q2　B は，会社法 156 条 1 項違反を理由に株券の引渡しを拒めるか。

↳ **1**　本件の P 社と B との合意は有効か。

↳ **2**　違法な自己株式取得の無効を，譲渡人たる B の側から主張することはできるか。

(3)　会社法 127 条違反（または公序良俗違反）

Q3　B は，会社法 127 条違反（または公序良俗違反）を理由に株券の引渡しを拒めるか。

↳ **1**　この問題についての従来の裁判例はどうか。

↳ **2**　学説においては，本件のような合意は会社法 127 条に違反（または公序良俗に違反）して無効であるという説も少なくないが，無効説はどのような理由を挙げるか。

Materials

参考文献

□ 江頭『株式会社法』245～249 頁

□ 龍田 = 前田『会社法大要』278～279 頁

参考裁判例

□ 最判平成 7 年 4 月 25 日裁判集民 175 号 91 頁・百選 18 事件

□ 神戸地尼崎支判昭和 57 年 2 月 19 日下民 33 巻 1 ～ 4 号 90 頁・会社判例百選（第 5 版）17 事件

【設例 1 - 3　失　念　株】

　本設例において，P 株式会社は種類株式発行会社ではなく，定款には，株式の譲渡制限の定めは置かれておらず，株券を発行する旨の定めがある。

　P 社の株式 1000 株を有する株主 A は，令和 3 年 3 月 20 日に同株式を B に譲渡したが，B は株主名簿の名義書換えを失念し，P 社の株主名簿には現在も A が 1000 株の株主として記載されている。

　P 社は，定款で，剰余金配当受領のための基準日を 3 月 31 日と定めており，令和 3 年 6 月に開催された株主総会における剰余金配当決議に基づき，A は，P 社から剰余金配当として配当金 500 万円を受領した。また P 社は，同年 4 月に開催された取締役会において，払込金額を 1 株 5 万円とし，同年 5 月 1 日時点の株主名簿上の株主に対してその保有する株式 1 株に 1 株の新株の割当て

を受ける権利を与えて新株発行を行う旨の決議をし，これに基づき，A は，5000 万円を払い込んで 1000 株の新株の発行を受け，現在も株式を保有している。

その後 B が証券会社に P 社の株式価値を鑑定させたところ，P 社の株式価値は，本件新株発行により 1 株 11 万円から 8 万円程度にまで下落したが，その後現在は 9 万円程度にまで回復していることが明らかとなった。B は A に対して，どのような請求ができるかを検討せよ。

Keypoints

基準日前に株式が譲渡されたが，譲受人が名義書換えを失念したため，剰余金の配当および株主割当てによる新株発行が譲渡人に対してなされた場合，譲受人は譲渡人に対して，何をどのような根拠で請求できるか。

Questions

(1) **剰余金配当**

Q1 　上場会社においては，株式の譲受人が名義書換えを失念したため剰余金の配当が譲渡人に対してなされるという事態は生じないと考えられるが，それはなぜか。

⇨ *1* 　上場会社は株券を発行しているか。

⇨ *2* 　上場会社において株主名簿の名義書換えはどのようにして行われるか。

Q2 　B は A に対し配当金の返還を請求できるか。

(2) **株主割当てによる新株発行**

Q3 　判例によれば，B の請求は認められるか。

Q4 　B の請求を認めるべきとすると，B は何をどのような根拠で請求できるか。

⇨ *1* 　不当利得の成立を認める場合，A は，善意の受益者（民 703 条）とみてよいか。

⇨ *2* 　不当利得の成立を認める場合，A の利得は，「株式の割当てを受ける権利」の経済的価値（いわゆるプレミアムの額）であると解する説が多いが，それはどのような理由によるか。

Q5 　もし A が新株を売却していたとすると，B は，何をどのような根拠で請求できるか。

Materials

参考文献

□江頭『株式会社法』199〜205 頁，214〜217 頁

□鈴木竹雄 = 竹内昭夫『会社法（第 3 版）』（有斐閣，1994 年）160 頁

□龍田 = 前田『会社法大要』284 頁

参考裁判例

□最判昭和 35 年 9 月 15 日民集 14 巻 11 号 2146 頁・百選 A6 事件

□最判平成 19 年 3 月 8 日民集 61 巻 2 号 479 頁・百選 14 事件（*Q5*）

【設例2-1　決議取消しの提訴権者と決議取消しの効果】

　Ｐ社は，事業年度を4月1日から翌年の3月31日までとする，株主数20名の株式会社である。Ｐ社では，取締役会と監査役が設置されている。

　令和3年6月23日に開催されたＰ社の定時株主総会（以下，「本件総会」という）では，計算書類を承認する決議（決議①），剰余金を配当する決議（決議②），Ａ・Ｂ・Ｃを取締役に選任する決議（決議③）および退任した取締役Ｄに退職慰労金を支給する決議（決議④）がなされたが，本件総会に関して，3名の株主（Ｅ・Ｆ・Ｇ）には招集通知がなされていなかった。本件総会時に，Ｅ・Ｆ・Ｇの持株比率は合計して20％程度であったが，Ｅは本件総会後にその所有株式をすべてＨに譲渡した（Ｈは本件総会時にはＰ社の株主ではなかった）。また，Ｆが保有する株式は株主総会のすべての事項について議決権を有しない株式であった。

　Ｉは，Ｐ社の株主であり，Ｉへの招集通知は適法になされていた。また，Ｊは，Ｐ社取締役であったが，令和3年6月23日に任期が満了し，同日開催された本件総会において取締役には再任されなかった。

Keypoints

① 株主総会の招集通知漏れがあった場合，決議取消しの提訴権を有するのは誰か。

② 計算書類承認決議，剰余金配当決議，取締役選任決議，退職慰労金支給決議が取り消された場合に，それぞれどのような効果が生じるか。

③ 招集通知漏れという決議取消事由がある場合で決議取消請求の裁量棄却が認められるのはどのようなケースか。

Questions

（1）決議取消しの提訴権

Q1　本件総会に関して，いかなる事実が取消事由となるか。

Q2　適法に招集通知を受けたＩは，決議取消しの提訴権を有するか。

Q3　Ｅが決議取消しの訴えを提起した後で，その所有するＰ社株式をすべてＨに譲渡した場合，その訴えはどのように扱われるか。

　⤷　ＥからＰ社株式を譲り受けたＨが決議取消しの訴えを提起した場合，その訴えはどのように扱われるか。

Q4　Ｆは，決議取消しの提訴権を有するか。

Q5　令和3年6月23日に取締役の任期が満了したＪは，決議取消しの提訴権を

有するか（ＪはＰ社株主ではなかったとする）。

(2) 決議取消しの効果

Q6 剰余金配当決議（決議②）が取り消された場合，株主が受領した配当金はどのように扱われるか。計算書類承認決議（決議①）が取り消された場合はどうか。

⤷ ***1*** 分配可能額を超える剰余金の配当が無効であるか否かという論点について，かりに有効説をとるとした場合，***Q6*** の結論に違いが生ずるか。

⤷ ***2*** かりに令和４年６月開催の定時株主総会において計算書類承認決議・剰余金配当決議が成立した後で，令和３年６月の計算書類承認決議（決議①）または剰余金配当決議（決議②）を取り消す判決が確定した場合，令和４年定時株主総会の計算書類承認決議・剰余金配当決議の効力にはどのような影響が生ずるか。

⤷ ***3*** 令和３年６月の計算書類承認決議（決議①）または剰余金配当決議（決議②）を取り消す判決が確定した場合，当該剰余金配当決議（またはそれ以後の剰余金配当決議）に基づきすでになされた配当金の支払を有効にするためには，会社は事後的にどのような決議をすればよいか。

⤷ ***4*** 令和３年６月の計算書類承認決議（決議①）または剰余金配当決議（決議②）の取消しを求める訴えが提起された場合，当該請求を認容する判決が下されないようにするために，会社は事後的にどのような決議をすればよいか。

Q7 取締役選任決議（決議③）の後，Ａが取締役会で代表取締役に選定されたが，その後決議③が取り消された場合，ＡがＰ社を代表してＸとした取引の効果はどうなるか。

⤷ かつては取締役選任決議の取消判決の効力は遡及しないという少数説も主張されていたが，現行法の下でもこの少数説は成り立ちうるか。

Q8 取締役選任決議（決議③）の後，Ａ・Ｂ・Ｃが取締役として参加した取締役会決議においてＫがＰ社大阪支店の支配人に選任されたが，その後決議③が取り消された場合，Ｋが，支配人としてした取引の効果はどうなるか。

Q9 決議③が取り消された場合，Ａ・Ｂ・Ｃが取締役として受けた報酬はこれをＰ社に返還しなければならないか。

Q10 Ａ・Ｂ・Ｃが放漫経営によりＰ社に損害を生じさせた後，取締役選任決議（決議③）が取り消された場合，Ａ・Ｂ・ＣはＰ社に対して会社法423条１項に基づく責任を負うか。また，支払見込みのない債務を負担したことにより第三者（債権者）に損害を生じさせた後，決議③が取り消された場合，会社法429条１項に基づく責任を負うか。

Q11 退職慰労金支給決議（決議④）が取り消された場合，Ｄは退職慰労金をＰ社に返還しなければならないか。

（3）裁量棄却

Q12 本件総会の各決議の取消請求について，裁量棄却は認められるか。本件総会に出席した株主のほとんどが，決議①〜④に賛成していた場合，結論に影響があるか。

　　Materials ···

参考文献

□江頭『株式会社法』379〜386 頁

□龍田＝前田『会社法大要』216〜219 頁

参考裁判例

□最判昭和 42 年 9 月 28 日民集 21 巻 7 号 1970 頁・百選 33 事件（***Q2***）

□名古屋高判昭和 35 年 7 月 15 日高民 13 巻 4 号 417 頁（***Q3*** ⇨）

□最判昭和 58 年 6 月 7 日民集 37 巻 5 号 517 頁・百選 37 事件（***Q6*** ⇨ *2*）

□最判平成 4 年 10 月 29 日民集 46 巻 7 号 2580 頁（***Q6*** ⇨ *4*）

□最判平成 15 年 2 月 21 日金判 1180 号 29 頁・百選 A21 事件（***Q9***）

【設例 2 - 2　決議取消訴訟における訴えの利益】

　P 社は，株主数 20 名の株式会社であり，取締役会と監査役が設置されている。令和元年 5 月時点では，A〜D の 4 名が P 社の取締役であり，このうち，A と C は代表取締役であった。A は，発行済株式の 15 ％程度を保有する株主であって，P 社設立以来取締役を務めており，また，B はその妻であったが，令和元年 6 月 26 日開催の定時株主総会では，A・B は取締役に再任されず，C・D・E が取締役に選任された。しかし，この定時株主総会は，取締役会の決議なしに C によって招集されたものであり，また，その招集通知は会日の 5 日前に発せられていた。A は，この定時株主総会の取締役選任決議（以下，「第一決議」という）の取消しを求めて提訴し，令和 2 年 11 月末日，第一審裁判所は取消しを認めた。これに対して，P 社は控訴し，控訴審の口頭弁論は令和 3 年 11 月末日に終結した。

　なお，令和元年 6 月 26 日の定時株主総会で取締役に選任された C・D・E の任期は令和 3 年 6 月 23 日に開催された定時株主総会の終結により満了し，同定時株主総会における取締役選任決議（以下，「第二決議」という）により C・D・E は取締役に再任されている。

Keypoints

　取締役選任決議の取消しの訴えの係属中にその決議に基づき選任された取締役がすべて任期満了により退任し，その後の株主総会決議において再任された場合に，取消しの訴えはどのように扱われるか。当初の取締役選任決議が不存在であった場

合はどうか。

Questions

Q1　決議取消しの訴えにおいて，訴えの利益の有無はどのように判断されるか。決議無効・決議不存在確認訴訟の場合とは，判断の仕方に違いがあるか。

Q2　A が，招集手続の法令違反のみを主張して第一決議の取消しを求めていた場合，取消しは認められるか。

Q3　A が，裁判において，「決議の取消しにより C・D・E の取締役としての地位を遡及的に否定し，取締役報酬を会社に返還させることを企図している」旨言明していた場合はどうか。

Q4　かりに，A が P 社のただ一人の代表取締役であり，令和元年 6 月 26 日の定時株主総会が平取締役 C によって招集されたものであった場合，第一決議はどのような瑕疵を帯びるか。

Q5　かりに事実関係が *Q4* に述べられたとおりであった場合，第一決議の瑕疵を争う訴訟に訴えの利益が認められることはあるか。

Q6　かりに事実関係が設例本文で述べられたとおりであった場合，*Q5* と結論が異なるか。

Materials

参考文献
□江頭『株式会社法』383～384 頁，388～390 頁

参考裁判例
□最判昭和 45 年 4 月 2 日民集 24 巻 4 号 223 頁・百選 36 事件（*Q2*）
□最判平成 2 年 4 月 17 日民集 44 巻 3 号 526 頁・百選 39 事件（*Q5*）
□最判平成 11 年 3 月 25 日民集 53 巻 3 号 580 頁（*Q5*）
□最判令和 2 年 9 月 3 日民集 74 巻 6 号 1557 頁・百選 A14 事件（*Q6*）

【設例 2-3　取締役会決議の瑕疵】

　P 社は，パソコンソフトウェアの開発・販売を行う監査役会設置会社であり，その株式は東京証券取引所に上場されている。P 社の取締役会は，代表取締役社長 A のほか，B～J の計 10 名の取締役から成っていたが，令和 3 年 7 月 29 日に開催された取締役会（以下，「本件取締役会」という）において，B は，A を代表取締役社長の職務から解職する旨の決議をすべき議案を「緊急動議」として提出した。B は，上記議案の採決にあたり，A は特別利害関係人に該当し議長としての適格性を欠くので，上記議案の審議および採決のため取締役 C を議長として推薦すると述べ，同人を議長に選出する議を諮ったところ，A 以外の取締役はこれに賛意を表し，C が議長に就任して爾後議長を務めた。

　B は，上記議案の提案理由について，「現在の A 社長の経営方針ならびに新

規事業への投資の考え方では，社業の発展どころか早晩経営の危機を迎えかねないと判断しております。代表取締役社長として不適任であると存じますので，解職の動議を提出する次第でございます」と述べた。そして，上記議案は，Aを特別利害関係人として退席させたうえ，他の取締役全員の賛成により可決された（以下，「本件決議」という）。

　なお，P社定款20条2項は，取締役会に関する事項については取締役会で定める取締役会規程による旨規定しており，P社取締役会規程8条2項は，取締役会の招集通知は書面ですべき旨，同通知には会議の目的事項を記載すべき旨をそれぞれ規定しているが（以下，「本件取締役会規程」という），本件取締役会の招集通知には，審議事項として「令和3年8月1日付人事異動の件」および「海外出張に関する稟議関連規程改訂の件」とのみ記載されていた。

Keypoints

取締役会決議に瑕疵があるのはどのような場合か。また，瑕疵がある場合には当該決議はどのように処理されるか。

Questions

Q1　取締役会決議に瑕疵がある場合，当該決議はどのように処理されるか。

Q2　かりに，本件取締役会規程のような定めがなかった場合，取締役会の招集通知において会議の目的事項として記載していなかった事項を決議することに何らかの問題があるか。

　⤷　この点に関して株主総会と取締役会とで違いがあるとすれば，それはどのような理由によるか。

Q3　かりに，本件取締役会規程のように，定款規定に基づく取締役会規程において，取締役会の招集通知は会議の目的を記載した書面で行う旨が定められていた場合，招集通知に記載していない事項を決議することは許されなくなるか。

Q4　代表取締役解職決議において，当該代表取締役は特別利害関係人にあたるか。

Q5　かりにAが本件決議において特別利害関係人にはあたらないという考え方に立った場合，本件決議の効力はどうなるか。

Materials

参考文献

□江頭『株式会社法』435〜437頁，439〜440頁

□龍田＝前田『会社法大要』127〜131頁

参考裁判例

□名古屋高判平成12年1月19日金判1087号18頁（**Q3**）

□最判昭和44年3月28日民集23巻3号645頁・百選63事件（**Q4**）

【設例3-1　代表取締役の専断的行為の効力】

　P株式会社は，資本金の額4億5000万円，資産の総額60億円，負債の総額50億円の取締役会設置会社であり，監査役設置会社である。P社は特別取締役制度（会社373条）を採用していない。P社は，Q株式会社のR銀行に対する3億円の借入金債務を保証する契約（以下，「本件保証契約」という）を締結した。契約締結に先立ち，P社は本件取締役会を開催し，代表取締役Aは，「Q社はP社の関連会社であり，上記借入金は経営不振により倒産の危機にあるQ社を建て直すために同社がR銀行から借り受けるもので，その条件としてP社の保証が必要とされた」旨を説明して本件保証契約を締結することを謀り，出席取締役全員の賛成をもって本件保証契約の締結が承認された。本件取締役会では，5人の取締役（代表取締役Aと取締役B～E）のうちBには招集通知が行われず，Bだけが本件取締役会に出席していなかった。

　本件保証契約締結に際し，R銀行は，P社に対し本件取締役会の議事録を徴求し，P社は議事録の写しをR銀行に交付した。

　Q社がR銀行に対する借入金債務をほとんど返済しないまま倒産したので，R銀行は，P社に対し，本件保証契約に基づく保証債務の履行を求めて訴えを提起した。

(1)　P社はどのような主張をして争うことができるか。

(2)　Bがいわゆる名目的取締役で，就任以来取締役会に出席することは稀であり，出席したとしても決議に反対したり，意見を述べたりすることはなかったとすればどうか。

Keypoints

① 取締役の一部に取締役会の招集通知を行わなかった場合，取締役会決議の効力はどうなるか。

② 取締役会設置会社において，会社法上取締役会決議が必要とされている取引について，有効な取締役会決議がなかったとすれば，当該取引の効力はどうなるか。

Questions

(1)　**問題の所在（論理の組立て）**

Q1　小問(1)において，P社としては，保証債務の履行を拒むため，どのような主張をすることになるか。

(2) 「多額の借財」（会社 362 条 4 項 2 号）の該当性

Q2 保証は会社法 362 条 4 項 2 号の「借財」といえるか。

Q3 会社法 362 条 4 項 2 号の「多額の借財」における「多額」性はどのような基準により判断されるか。

(3) 取締役会決議の瑕疵

Q4 本件取締役会の決議にはどのような瑕疵があるか。

Q5 取締役会決議に手続的瑕疵がある場合，決議の効力はどうなるか。

Q6 招集通知漏れがある場合に，なお取締役会決議を有効と解しうる場合はあるか。

Q7 小問(2)のように，B が名目的取締役であるときは，決議が無効にならない「特段の事情」があるといえるか。

(4) 本件取締役会決議が無効である場合の本件保証契約の効力

Q8 有効な取締役会決議のない取引の効力（代表取締役の専断的行為の効力）について，判例はどのように解しているか。

  ⇨*1* 判例および多くの学説は，***Q8*** の結論を導くのに，会社法 349 条 5 項を根拠にしていない。それはなぜか。

  ⇨*2* 代表取締役の専断的行為が無効とされる事例において，当該行為の無効は，取引の相手方からも主張できるか。

Q9 R 銀行が P 社に議事録を徴求してその写しの交付を受けたことは，結論にどのような影響を及ぼすか。

Materials

参考文献
□江頭『株式会社法』426～448 頁

参考裁判例
□最判平成 6 年 1 月 20 日民集 48 巻 1 号 1 頁・百選 60 事件（***Q3***）
□最判昭和 44 年 12 月 2 日民集 23 巻 12 号 2396 頁・百選 62 事件（***Q6***）
□最判昭和 40 年 9 月 22 日民集 19 巻 6 号 1656 頁・百選 61 事件（***Q8***）
□最判平成 21 年 4 月 17 日民集 63 巻 4 号 535 頁（***Q8***）
□東京地判平成 10 年 6 月 29 日判時 1669 号 143 頁

【設例 3‐2 株主総会の承認を欠く事業譲渡の効力】

　大阪府枚方市で甲ゴルフクラブと乙テニスクラブを運営する P 株式会社の代表取締役 A は，取締役会の決議を経て，甲ゴルフクラブを構成する土地（コースほか），建物（クラブハウスほか），機械（カートほか）・機具類（以下，「本件物件」という）を Q 株式会社に譲渡する旨の契約を締結した（以下，「本件契約」という）。本件物件は，P 社が有していた甲ゴルフクラブにかかる積極財産のすべてであり，譲渡時において P 社の総資産額の 3 分の 2 を占めていた。P

社は，ゴルフ場運営についてのノウハウや得意先関係についての情報をQ社に提供し，Q社はそれを受けて，従前の会員にこれまでどおりの条件で施設を優先的に利用させ，キャディー等の従業員も大部分はそのまま雇用し続けて，甲ゴルフクラブを運営している。

　P社は，将来再び枚方市を含む京阪奈地域でゴルフクラブを運営する可能性があることを考慮して，本件物件の譲渡にあたり，Q社との間で，「P社は枚方市およびその周辺地域でゴルフクラブの運営に従事することができる」旨を取り決めた。

　その後，P社は，本件契約は事業譲渡に該当するのに株主総会の承認を経ていないから無効であるとして，Q社に対し，本件物件の明渡し等を求めた。

Keypoints

① 会社法467条1項により株主総会の特別決議による承認（会社309条2項11号）が必要な事業譲渡とは，どのような取引か。

② 株主総会の承認のない事業譲渡は有効か。

Questions

(1) **事業譲渡（会社467条1項）の意義**

Q1　判例はどのような事実の存在を事業譲渡の要件としているか。

Q2　会社法総則の事業譲渡（会社21条～24条）と会社法467条1項の事業譲渡は同一のものと解するべきか。

(2) **本件契約の「事業の譲渡」該当性**

Q3　本件契約は，「一定の事業目的のため組織化され有機的一体として機能する財産」の譲渡といえるか。

Q4　P・Q間で，譲渡後もP社が枚方市およびその周辺地域でゴルフクラブの経営に従事することができる旨を取り決めたことは，本件契約の「事業の譲渡」該当性に関してどのような意味を持つか。

Q5　本件契約は，事業の重要な一部の譲渡（会社467条1項2号）といえるか。

(3) **本件契約の有効性**

Q6　本件契約が会社法467条1項2号の「事業の重要な一部の譲渡」に該当するなら，本件契約は有効か。

Materials

参考文献

　□江頭『株式会社法』1009～1016頁

参考裁判例

　□最大判昭和40年9月22日民集19巻6号1600頁・百選82事件（*Q1*）

□最判昭和61年9月11日判時1215号125頁・百選5事件（*Q6*）

> 【設例3-3　代表権のない取締役による代表行為】
>
> 　P株式会社の取締役は，代表取締役Aと取締役B〜Eの5名であったが，A
> とBの間には対立があった。BはAに通知せずに取締役会を招集し，B・C・
> Dの3名が出席した取締役会において，Aを代表取締役から解職したうえで，
> Bを代表取締役に選定することが決議され（以下，「本件取締役会決議」という），
> その旨の登記が行われた。その後，Bは，P社を代表してP社所有の本件建物
> をQ株式会社に売却した。Q社側は，登記簿を確認したわけではないが，C・
> D立会いの下で，Bが新しく代表取締役に選定された旨の紹介を受け，Bより
> 「P株式会社代表取締役社長」の肩書きのついた名刺を渡されたので，Bが代
> 表取締役であることを疑わなかった。
>
> 　その後，P社は，Bを代表取締役に選定した本件取締役会決議には瑕疵があ
> り，Bは代表取締役ではないから，その代表行為は無効であるとして，Q社に
> 対し，本件建物の明渡しを求めた。

Keypoints

　会社を代表した取締役を代表取締役に選定した取締役会決議に瑕疵がある場合，
取引の安全はどのように図られるか。

Questions

⑴　**代表取締役の選定・解職**

Q1　Aに招集通知を行わなかったことは，本件取締役会決議の効力にどのよう
な影響を及ぼすか。

Q2　招集通知を受けなかった取締役が欠席した取締役会の決議が有効となること
があるか。

Q3　一般論として *Q2* において決議が有効となる場合があるとすると，本件取締
役会決議にあてはめればどうか。

⑵　**代表取締役選定決議の瑕疵と代表行為の効力**

Q4　本件取締役会決議が無効であった場合，BがP社を代表して行った取引の
効力はどうなるか。

Q5　Q社は，表見代表取締役に関する会社法354条を援用して，P社の請求を
拒むことができるか。

　↳　P社はBに代表取締役社長の名称を「付した」ということができるか。

Q6　Q社は，不実登記の効力に関する会社法908条2項を援用して，P社の請
求を拒むことができるか。

⇨　B の申請にかかる不実の登記について，会社法 908 条 2 項の適用の可能性はあるか。

Q7　会社法 908 条 2 項において，第三者が保護されるためには，登記簿の記載を信頼したことが必要か。

Materials ....

参考文献

　□江頭『株式会社法』422〜426 頁，433〜448 頁

　□大隅健一郎『商法総則（新版）』(有斐閣，1978 年) 282〜285 頁

　□鴻常夫『商法総則（新訂第 5 版）』(弘文堂，1999 年) 243〜246 頁

参考裁判例

　□最判昭和 44 年 3 月 28 日民集 23 巻 3 号 645 頁・百選 63 事件（***Q1***）

　□最判昭和 44 年 12 月 2 日民集 23 巻 12 号 2396 頁・百選 62 事件（***Q2***）

　□東京高判昭和 60 年 10 月 30 日判時 1173 号 140 頁（***Q3***）

　□最判昭和 56 年 4 月 24 日判時 1001 号 110 頁（***Q5***）

【設例4-1　取締役の競業取引】

　本設例において，Ｐ株式会社は取締役会設置会社であり，監査役設置会社であるものとする。

　Ｐ社は，大阪府を中心に近畿一円を販売区域とし，冷凍食品の製造・販売を業としてきた。Ｐ社の取締役Ａは，京都府下での売上げ拡大を図るため，京都府下で冷凍食品の販売事業を展開してきたＱ社を買収するようＰ社取締役会において提案したが，Ｐ社の取締役の多数は，事業拡大について消極的であった。そこで，Ａは自ら，Ｑ社の親会社からＱ社の全株式を譲り受けることとした。

　Ｐ社の取締役会は，Ａほか，Ｂ～Ｊの計10名の取締役から成っていたが，令和４年２月１日に開催されたＰ社取締役会（以下，「本件取締役会」という）において，Ａは，「ＡがＱ社の全株式を譲り受け，Ｑ社の代表取締役に就任すること」について，Ｐ社が承認をする旨の議案を提出した。

　Ａは，本件取締役会で承認を求めるに際し，「Ｑ社が冷凍食品の販売業を行っている会社である」旨の説明はしたが，Ｑ社の規模，取引範囲等については何ら説明をしなかったところ，他の９名の取締役からは質問もなく，この議案は，Ａを特別利害関係人として退席させたうえ，他の取締役９名全員の賛成により可決された。

　本件取締役会決議に基づき，ＡはＱ社の全株式を譲り受け，Ｑ社の代表取締役として経営を行い，その後Ｑ社は急速に業績を伸ばしている。

　上記の事実関係の下で，Ｐ社は，Ａに対し，どのような請求をすることができるかを検討せよ。

Keypoints

① 取締役会設置会社において取締役の競業取引について取締役会の承認がなされたが，重要事実の開示がなかった場合，どのような法的問題が生じるか。

② 取締役会の承認を得ることなく競業取引がなされた場合，会社にはどのような救済が与えられるか。

Questions

(1)　競業取引の該当性

Q1　Ａの行為は，競業取引（会社356条1項1号の取引）にあたるか。

Q2　競業取引にあたるとすると，どのような手続が必要になるか。

(2) 取締役会の承認

Q3　本件取締役会において，会社法 356 条 1 項の重要な事実は開示されたといえるか。

Q4　重要な事実の開示がなかったとすると，そのことは本件取締役会決議の効力に影響するか。

Q5　A が過去に P 社が Q 社を買収するよう提案した際，Q 社の規模・取引範囲等が取締役に開示されていたとすると，違いが生じるか。

(3) P 社の救済（取締役会の承認がない場合）

Q6　本件取締役会決議が無効であるとすると，P 社は A に対し，どのような請求をすることができるか。

Q7　A が会社法 423 条 1 項に基づいて責任を負うとすると，その場合，A の「任務懈怠」の内容は何か。

Q8　P 社の損害賠償請求が認められる額はどれだけか。

⤷*1*　P 社に生じた損害額が Q 社が冷凍食品販売で得た利益より小さいときはどうか。

⤷*2*　P 社に生じた損害額が Q 社が得た利益より大きいときはどうか。

Q9　P 社が A に対し，Q 社株式を引き渡せと請求することはできないか。

(4) P 社の救済（取締役会の承認がある場合）

Q10　もし本件取締役会決議が有効になされたと解釈すると，P 社は A に対しどのような請求をすることができるか。

Materials

参考文献
　□江頭『株式会社法』453〜458 頁
　□龍田＝前田『会社法大要』88〜92 頁

参考裁判例
　□東京地判昭和 56 年 3 月 26 日判時 1015 号 27 頁・百選 53 事件（*Q9*）

【設例 4-2　親子会社と競業取引・利益相反取引】

　本設例において，P 株式会社・S 株式会社は取締役会設置会社であり，監査役設置会社であるものとする。

　P 社は，和菓子の製造・販売を業とし，京都市を中心に，これまでは近畿地方と中部地方を販売区域としてきた。P 社の業績が好調であることから，中部地方での売上げ拡大を図るため，新たに製造・販売会社の S 社が設立され，P 社は 80 ％の比率で出資を行うこととなった。S 社の代表取締役は，P 社の取締役 A が兼任する予定である。

　　上記の設例に関して，次の問題を検討せよ。
(1)　P社またはS社において，どのような手続が必要となるか。
(2)　S社が自ら和菓子の製造はせず，販売すべき和菓子をP社から買い入れる場合，P社またはS社において，どのような手続が必要となるか。
(3)　S社がP社の完全子会社であるとすると，違いが生じるか。
(4)　S社がその後新株発行を行い，P社の持株比率が50％となった場合，どのような問題が生じるか。

Keypoints

　親会社の取締役が子会社の代表取締役に派遣された場合において，両社が同種の事業を行うとき，競業取引規制はどのように及ぶか。両社間で取引を行うとき，利益相反取引規制はどのように及ぶか。

Questions

(1)　**競 業 取 引**

Q1　S社の行う取引は，P社の「事業の部類に属する取引」(会社356条1項1号)か。

Q2　AがS社の代表取締役に就任することについて，P社の取締役会の承認は必要か。

Q3　S社の側で取締役会の承認が必要となるのは，どのような場合か。

Q4　P社取締役会において，AがS社の代表取締役に就任することについて承認をする場合には，どのような事項を開示すべきか。

Q5　P社取締役会において，AがS社の代表取締役に就任することについて承認をする場合には，Aは特別利害関係人にあたるか。

(2)　**利益相反取引**

Q6　S社が自ら和菓子の製造はせず，販売すべき和菓子をP社から買い入れる場合，P社側ではどのような手続が必要となるか。

Q7　*Q6*の場合，S社側ではどのような手続が必要となるか。

(3)　**完全子会社である場合**

Q8　S社がP社の完全子会社である場合には，(1)(2)の結論に違いが生じるか。

(4)　**持株比率の変化**

Q9　S社の新株発行により，P社の持株比率が50％となった場合，どのような問題が生じるか。

Materials

参考文献
□江頭『株式会社法』453〜465頁
□龍田＝前田『会社法大要』80〜92頁

【設例4‐3　間接取引】

　本設例において，P株式会社・Q株式会社・R株式会社は，いずれも取締役会設置会社であり，監査役設置会社であるものとする。

　魚介類の取引を業とするP社は，Q社に冷凍紅鮭を売り渡した。しかしQ社は売買代金5000万円を期日に弁済することができず，そこでP社は，Q社とR社両社の代表取締役を兼ねているAに対し，R社がQ社の前記買掛金債務について連帯保証することを求めた。P社はその際，Aに対し，R社の連帯保証についてR社の取締役会の承認を受けたうえ，その承認決議に関する取締役会の議事録の写しを交付するよう要求した。

　そこでR社は，本社事務所において臨時取締役会を開催し，3名の取締役A・B・Cのうち，AおよびBの2名が出席して，両名一致の意見でR社がP社に対しQ社の買掛金債務について連帯保証することを承認する決議をし，同日，承認決議の結果を記載した臨時取締役会議事録を作成した。翌日Aは，P社との間でR社を代表して連帯保証契約を締結し（以下，「本件連帯保証契約」という），その際P社に対し，前記臨時取締役会議事録の写しを交付した。本件連帯保証契約当時，P社は，AがQ社とR社の代表取締役を兼任していることを知っていた。P社は，R社に対し，本件連帯保証契約に基づき，売掛金代金の支払を求めて訴えを提起した。

Keypoints

① 間接取引として規制の対象となるのはどのような場合か。

② 特別利害関係人が取締役会の議決に加わった場合の決議の効力はどうか。

③ 取締役会の承認のない間接取引において，会社が第三者に取引の無効を主張できるのはどのような場合か。

Questions

(1)　**間接取引の該当性**

Q1　本件連帯保証契約は，会社法356条1項3号の取引にあたるか。

(2)　**取締役会の承認**

Q2　R社の取締役会の承認はあったといえるか。

　⇨ *1*　本件で有効な取締役会決議をするには，どうすべきであったか。

　⇨ *2*　もしBもQ社の代表取締役を兼任していれば，どうか。

(3)　**本件連帯保証契約の効力**

Q3　R社は，本件連帯保証契約の無効をP社に主張できるか。

　⇨ *1*　悪意のP社は保護されるか。ここでの「悪意」とは，何を知っているこ

とか。

⇨*2*　相対的無効説において，悪意者だけでなく重過失のある者も保護されない
という立場をとると，結論に違いが生じるか。

Materials

参考文献

□江頭『株式会社法』458〜465 頁

□龍田＝前田『会社法大要』84〜87 頁

参考裁判例

□大阪地判昭和 57 年 12 月 24 日判時 1091 号 136 頁

【設例 4 – 4　競業取引・利益相反取引・補償契約に関する諸問題】

　本設例において，P 株式会社は取締役会設置会社であり，監査役設置会社で
あるものとする。次の各場合に，会社法上どのような問題が生じるかを検討せ
よ（(1)〜(6)はそれぞれ別の事例として考えること）。

(1)　自動車販売を業とする P 社が，店舗用の土地として，取締役会において
ある土地の購入の検討を始めたところ，P 社取締役 A が，自宅用に当該土
地を購入した。

(2)　自動車販売を業とする P 社の取締役 A が，取締役在任中に独立を計画し，
P 社従業員に対し，A が退任して設立しようとする自動車販売会社 Q 株式
会社に参加するよう勧誘して P 社を退職させた。そのうえで A は，P 社取
締役退任後に Q 社を設立し，Q 社代表取締役に就任して自動車販売業を開
始した。

(3)　P 社取締役 A が，不動産鑑定士による評価額 1 億円の P 社の土地を 1 億
円で買い受けた。

(4)　P 社取締役 A は，Q 株式会社の代表取締役である。P 社が Q 社から土地
を買い受けたが，当該取引において，Q 社を別の代表取締役 B が代表した。

(5)　P 社が Q 株式会社から土地を買い受けたが，P 社取締役 A は Q 社の過半
数の株式を保有していた。

(6)　P 社は，取締役 A および監査役 B との間でそれぞれ，A・B がその職務
の執行に関し，法令の規定に違反したことが疑われ，または責任の追及に係
る請求を受けたことに対処するために支出する費用（防御費用）を，P 社が
A・B に対して補償することを約する契約を締結した。

Keypoints

① 店舗用の土地を取得しうる会社の機会を取締役が奪った場合，会社にはどのよ

うな救済がありうるか。

② 取締役が在職中に従業員に退職を勧誘して引抜きをした場合，会社にはどのような救済がありうるか。

③ 直接取引であっても，当該取引が公正な価額で行われる場合には，会社は害されることはなく取締役会の承認は不要であるといえるか。

④ ある会社の取締役が他社の代表取締役であっても，当該他社を別の代表取締役が代表するならば，当該会社が当該他社と取引するのであっても，取締役会の承認は不要であるといえるか。

⑤ ある会社の取締役が他社の株式の過半数を有する場合に，当該会社が当該他社と取引をするときは，取締役会の承認を要するか。

⑥ 補償契約にはどのような手続が必要であり，また補償契約はどのような範囲で認められるか。

Questions

(1) **会社の機会の奪取**

Q1 Ａの行為は，会社法 356 条 1 項に違反しないか。

Q2 Ｐ社にはどのような救済がありうるか。

(2) **従業員の引抜き**

Q3 Ａの行為は，会社法 356 条 1 項に違反しないか。

Q4 Ｐ社にはどのような救済がありうるか。

(3) **取引の実質的公正**

Q5 本件の買受けにＰ社取締役会の承認は必要か。

(4) **別の代表取締役による代表**

Q6 本件の買受けにＰ社取締役会の承認は必要か。

(5) **取締役が株式の過半数を有する他社との取引**

Q7 本件の買受けにＰ社取締役会の承認は必要か。

(6) **補償契約**

Q8 本件契約の内容の決定にＰ社取締役会の決議は必要か。

Q9 補償の範囲をより広くし，Ａ・Ｂがその職務を行うにつきＰ社または第三者に対して損害を賠償する責任を負う場合における賠償金についても，Ｐ社が補償することを約する契約を締結することはできるか。

Materials

参考文献

□江頭『株式会社法』453〜465 頁

□龍田＝前田『会社法大要』80〜92 頁

【設例5-1　取締役の報酬に関する諸論点】

　P社は，東京証券取引所に上場する監査役会設置会社である。P社の株主数は約2500人である。P社は平成10年6月の定時株主総会において，取締役の報酬総額の上限をそれ以前の5億円から6億円に引き上げること，各取締役への配分は取締役会の決定に委ねることを決議した。なお，P社の定款には取締役の報酬に関する規定はない。

　ケース(1)〜(4)はそれぞれ別個独立の問題として考えたうえで，下記の *Questions* に答えよ。

　ケース(1)　平成10年以降，取締役に支払われる報酬総額は毎年6億円以内であることから，P社では現在（令和3年）に至るまで，取締役の報酬に関する株主総会決議は行われていない。ただし，P社では，平成10年時点と比べると，取締役の数は25人から20人に減少しており，また，P社の剰余金は，競合他社との苛酷な競争もあり，平均すると平成10年当時に比べて半減している。

　ケース(2)　P社の現在の取締役20名のうち5名は使用人兼務取締役であり，この5名は，取締役としての報酬のほかに，使用人としての給与も受け取っている。平成10年6月の株主総会決議においても，取締役報酬とは別に使用人としての給与を受け取ることの説明はなされていない。令和2年度の取締役報酬の支払総額は5億5000万円であったが，使用人兼務取締役5人の使用人としての給与は，これとは別に7000万円が支払われていた。

　ケース(3)　令和3年6月の定時株主総会において，報酬総額の上限を6億円から7億円に引き上げる旨の議案が提出され，ある株主が，令和2年度に取締役に支払われた報酬総額と各取締役への配分額について質問したところ，代表取締役社長は，報酬総額は事業報告に記載されているからここでは答える必要はなく，また，各取締役への配分額についてはプライバシーにかかわることであるから答えられないと回答した。

Keypoints

取締役の通常報酬に関する諸論点を確認する。

Questions

(1)　**株主総会決議で定められた報酬総額の上限，個人別報酬の決定**

Q1　一般に，株主は取締役の報酬総額の上限がいくらであるかをどのようにして

知ることができるか。会社のタイプにより違いがあるか。**ケース(1)**の P 社の株主の場合はどうか。

⇨　前年度に実際に支払われた報酬額は，どのようにして知ることができるか。

Q2　P 社では，令和 2 年度まで，各取締役への報酬の配分は代表取締役に一任する旨を毎年度取締役会で決議し，これに基づき代表取締役が全取締役の個人別報酬を決定してきた。このような個人別報酬の決定方法に問題はないか。

⇨　令和 3 年度以降もこの方法を継続することができるか。

(2)　**使用人兼務取締役の報酬**

Q3　使用人としての給与が取締役報酬とは別に支払われることが株主に開示されていない場合，そのことに問題はあるか。あるとすればどのような点か。

Q4　使用人兼務取締役については，使用人として受け取る給与の額も示したうえで会社法 361 条 1 項の決議をする必要があるか。

Q5　**ケース(2)**のように使用人分給与が別に支払われることを明らかにせずに会社法 361 条 1 項の決議をした場合，どのような問題が生ずるか。

(3)　**報酬総額等についての説明義務**

Q6　報酬総額について，**ケース(3)**のような回答の仕方は問題があるか（説明義務違反になるか）。

Q7　各取締役への配分額について，**ケース(3)**のような回答の仕方は問題があるか（説明義務違反になるか）。

Materials ·····································

参考文献

　□江頭『株式会社法』465〜472 頁

参考裁判例

　□最判昭和 60 年 3 月 26 日判時 1159 号 150 頁（***Q4***）

【設例 5‐2　株主総会決議なしに支払われた取締役報酬の効果】

　P 株式会社は，取締役会設置会社であり，監査役設置会社である。平成 21 年 6 月から，令和元年 6 月まで，P 社の取締役は A・B・C の 3 名であり，A が代表取締役であった。P 社には，取締役の報酬額を定めた定款の規定はなく，株主総会決議で取締役の報酬額を定めたこともなかったが，A・B・C が協議して毎年の A・B・C の報酬額を定め，会社がその支払をするということが行われていた。平成 21〜令和元年に，A が受け取った取締役報酬額は合計 1 億 2000 万円である。なお，平成 21〜27 年の P 社株式の持株比率は，A 40 ％，B 30 ％，C 30 ％であったが，平成 27 年末に C がその持株の 2 分の 1 を D に譲渡したため，平成 28 年以降の持株比率は，A 40 ％，B 30 ％，C 15 ％，D

15％となり，現在（令和3年6月とする）に至っている。

　Dは，Aを被告として，取締役報酬としてAが受け取った1億2000万円をP社に対して支払うことを求める株主代表訴訟を提起することを検討している。どのような主張をすることが考えられるか。これに対してAは支払わなければならないか。また，P社としては，Aを勝訴させるために，どのような措置をとることが考えられるか。

Keypoints

会社法361条の定める手続なしに取締役報酬が支払われた場合，どのような法的効果が生じるか。

Questions

Q1　Dは，Aを被告として，取締役報酬としてAが受け取った1億2000万円をP社に対して支払うことを求める株主代表訴訟を提起することを検討している。AがP社に対して1億2000万円の支払義務を負う根拠としてはどのようなものが考えられるか。

Q2　Aは，P社に対して1億2000万円全額を支払わなければならないか。A・B・CがP社の全株式を保有していた平成21〜27年と，Dが株主に加わった平成28年以降とでは違いがあるか。

Q3　平成28年以降についてもなお，Aがその支払を拒みうるための理屈はありうるか。たとえば，①株式会社・取締役間（の委任契約）には，通常，有償である旨の黙示の特約があるから，株主総会決議なしでも取締役は相当な額の報酬請求権を有するという考え方や，②平成28年以降に得た報酬相当額をP社に支払う義務があるとしても，Aは取締役としての役務を無償で提供しているからP社は当該役務について不当利得があり，当該役務相当額につき，AはP社に対して不当利得返還請求権を有するという考え方はどうか。

Q4　平成28年以降について，*Q3*のような考え方が認められないとした場合，Aに勝訴させるためには，P社としてはどのような措置をとることが考えられるか。

Materials

参考文献

　□江頭『株式会社法』469〜470頁

参考裁判例

　□最判平成15年2月21日金判1180号29頁・百選A21事件

　□最判平成17年2月15日判時1890号143頁（*Q4*）

【設例 5‑3　取締役報酬の減額】

　P 株式会社は，取締役会設置会社であり，監査役設置会社である。X は，P社代表取締役 A からスカウトされて P 社取締役に就任することを承諾し，令和元年 6 月 26 日の定時株主総会において，令和 3 年 6 月開催予定の定時株主総会終結時までを任期として，取締役に選任された。同定時株主総会においては，取締役の報酬総額の限度額およびその範囲内で取締役会が各取締役の報酬額を定めるべきことも決議され，さらに，令和元年 6 月 28 日に開催された取締役会において，各取締役への配分額の決定は代表取締役 A に一任することが全会一致で決議された。P 社では，代表取締役が各取締役の報酬額を決定するにあたっては，取締役が担当する業務に応じて額を決するのが十年来の慣行になっており，X は，6 月 28 日の取締役会で，西日本の営業を統轄することが決められたことから，報酬額も，これまでの西日本営業統轄取締役の例にならって，月額 150 万円と定められた（なお，X をスカウトする際，A は，X には西日本の営業を統轄してもらう予定であること，報酬月額は 150 万円程度になるだろうということを X に告げていた）。

　ところが，令和 2 年 7 月 10 日に開催された取締役会において，A を代表取締役から解職する動議が提出され，X は反対したものの，この動議は 13 対 2 で可決された。同取締役会では，A の代わりに副社長 B を代表取締役社長に昇任させることも決議された。なお，A が解職された理由は，それまで A が個人の趣味として行っていた競走馬の所有とレースへの参加（それによる賞金の獲得）を，会社の事業として行うことを A が示唆し，他の取締役等がそのようなリスキーな事業に会社が進出して失敗することを危惧したからであった。

　同月 17 日の取締役会では，新社長 B の下での新たな業務分掌が提案され，X については，それまでの西日本営業統轄の任を解き，非常勤取締役に降格させることが決議された。そして，この役職変動に伴い，X の報酬を月額 30 万円に減額する旨が B から X に告げられた。

Keypoints

各取締役の報酬額が具体的に定められた後，これを減額することができるか。

Questions

Q1　定款または会社法 361 条 1 項の株主総会決議において各取締役の報酬額までは決められていない場合，各取締役の具体的な報酬額は一般にどのようにして決められるか。

Q2　本件において，かりに X の報酬の減額が P 社株主総会で決議されたとする

と, そのような減額は有効か。

Q3 本件の P 社のように, 取締役の報酬がその職務内容に連動して決まるという慣行がある会社において, ある取締役の職務内容に変更があった場合, 職務内容に応じて報酬額を減額することは可能か。

Q4 本件の X について, 報酬の減額は有効になされたといえるか。

Q5 かりに本件において, X の降格の理由が, 持病の悪化により入退院の繰返しを余儀なくされたことであった場合はどうか。

Materials ....

参考文献

□江頭『株式会社法』472〜473 頁

参考裁判例

□名古屋地判平成 9 年 11 月 21 日判タ 980 号 257 頁

□名古屋高判平成 10 年 6 月 12 日資料版商事 178 号 (1999 年) 96 頁

□最判平成 4 年 12 月 18 日民集 46 巻 9 号 3006 頁・百選 A23 事件 (***Q2***)

□東京地判平成 2 年 4 月 20 日判時 1350 号 138 頁 (***Q3***)

【設例 5 - 4　退職慰労金の不支給】

　海上運送を業とする P 株式会社は, 取締役会設置会社であり, 監査役設置会社である。X は, 平成 27 年 6 月 26 日に P 社の取締役に就任し, 2 度の再任を経て令和 3 年 6 月 21 日に取締役を退任した。P 社には, 「取締役の退職慰労金に関する取締役会申し合わせ」と称する内規 (以下,「退職慰労金内規」という) があり, そこでは, ①「基本慰労金として, 取締役在任期間 1 年につき 100 万円を支給する」, ②「取締役の功労に応じて, 基本慰労金の 2 割を限度として功労加算をすることができる」, ③「会社の経営状況, 取締役の非行その他の事情により, 退職慰労金を減額することがある」旨が定められていた。

　令和 3 年 6 月 21 日に開催された P 社の定時株主総会において, 同総会終結の時をもって任期満了となる X に対し, 在任中の労に報いるため, P 社の定める基準に従い, 退職慰労金を贈呈することとし, その支払の時期, 方法等については取締役会に一任する旨の提案がされ, 可決された (以下,「本件総会決議」という)。ところが, 同年 12 月 20 日に開催された取締役会において, P 社の代表取締役社長 A から, X がその在任中に取締役会の内規に反して取締役会に事前報告なしに 1 週間の海外旅行に出かけたことがあることを理由として, X に対しては退職慰労金を支払わないこととしたい旨の提案がされ, 異議なく承認された。この翌日, A は, P 社取締役会が X に対して退職慰労金を支払わないことを決定した旨を X に通知した。

株主総会が支給基準に基づいて退職慰労金の支給決定をするよう取締役会に委任したにもかかわらず，取締役会が不支給の決定をした場合に，退任取締役は何らかの救済を求めることができるか。

Questions

Q1　退職慰労金の支給には会社法 361 条の適用があるか。

Q2　退職慰労金の支給は，実務上どのような手続によって行われることが多いか。通常報酬の場合の支給額の決定の手続と比較して，どのような特徴があるか。

Q3　本件の X は，P 社に対して退職慰労金請求権を取得したといえるか。

Q4　かりに P 社に対する具体的な退職慰労金請求権が発生していないとすると，X は，P 社または A に対して，何らかの請求をすることができるか。

Q5　かりに，本件総会決議がそもそもなかった場合（X の退職慰労金について何の決定もなされなかった場合），X は P 社または A に対して何らかの請求をすることができるか。

Materials

参考文献

□江頭『株式会社法』481〜483 頁

参考裁判例

□東京地判平成 6 年 12 月 20 日判タ 893 号 260 頁

□最判昭和 39 年 12 月 11 日民集 18 巻 10 号 2143 頁・百選 59 事件（*Q2*）

【設例6-1　取締役の経営判断と任務懈怠責任】

　食料品の販売を業とするＰ株式会社は，取締役会設置会社であり，監査役設置会社である。

　Ｐ社において，魚介類の仕入れ部門の統括責任者である取締役Ａは，近畿および東海地方における綿密な調査の結果，国産の養殖魚を比較的安価に供給する卸売業者であるＱ株式会社を見出した。そこで，Ａは，Ｐ社の販売担当の取締役であるＢらとの間で，仕入れる量，価額，仕入れ時期と販売時期等を慎重に検討したうえで，令和3年6月，Ｑ社から大量に冷凍うなぎを買い付けた。

　ＡがＰ社を代理してＱ社から買い付けた上記冷凍うなぎは，同年7月上旬より，「国産」の表示をつけて，Ｐ社の食料品を扱う小売店の店頭に並び，売れ行きは好調であった。そのころ，Ｂは，同業者から，Ｑ社が商品の産地を偽装しているとのうわさがあるので注意するようにとの情報を聞き，従業員に調査させたところ，Ｐ社がＱ社から仕入れた「国産」冷凍うなぎは，実は中国産であることがわかった。Ｂは，食品産地の偽装が不正競争防止法や「農林物資の規格化等に関する法律」等に違反することを認識していたが，うなぎの消費量が増大する時期が近く，その時点で表示の誤りを公表することは，Ｐ社の営業成績に多大な悪影響を及ぼすと判断し，その事実を他の取締役に報告せず，また当該事実を知っている従業員には口止めを行って，産地が偽装された冷凍うなぎの販売を継続した。その結果，7月中旬から8月中旬にかけてのＰ社の冷凍うなぎの売上高は，前年同時期に比べて3倍以上になった。

　同年8月20日ころ，Ｑ社が商品の産地を偽装していたことが明らかになり，Ｑ社の経営者が逮捕されるに及んで，Ｂは，Ｐ社の代表取締役Ｃに，Ｐ社が「国産」として販売していたうなぎが実は中国産であったという事実を告げた。Ｃは直ちに臨時取締役会を招集し，速やかに産地の表示が誤りであったことを公表するとともに，信頼回復の措置をとることが，出席取締役全員の賛成により決定された。この取締役会決議に基づき，Ｐ社は，一定期間冷凍食品全般の販売を自粛し，新聞広告等の信頼回復のためのキャンペーン活動を行うとともに，Ｐ社の食料品を扱う小売店に売上減少の補償金を支払った。このような産地偽装公表後の行為によって，Ｐ社は約10億円の損害を被った。

　なお，冷凍食品の販売自粛期間の終了後は，上記の一連の信頼回復措置が功を奏し，Ｐ社の売上げは，前年の同時期とほぼ同じレベルにまで回復している。

> 　P 社の株主 X は，この約 10 億円の損害は取締役としての任務懈怠による損害であるとして，A・B・C に対し，損害賠償責任を追及する株主代表訴訟を提起した。

Keypoints

① 会社の利益の最大化を目指して会社を名宛人とする具体的法令に違反する経営を行った取締役は，会社に対し任務懈怠の責任（会社 423 条 1 項）を負うか。

② 取締役の任務懈怠となる行為によって会社が利益を得た場合に，要賠償額の算定において，損益相殺は可能か。

Questions

(1)　経営判断と法令違反

Q1　一般論として，取締役が経営上の判断を誤ってその結果会社が損害を被った場合，その取締役は善管注意義務に違反したこととなるか。

Q2　Q 社からの冷凍うなぎの買入れについて，A に任務懈怠があるか。

Q3　産地偽装を知った後に，産地を偽ったままで冷凍うなぎの販売を継続したことについて，B に任務懈怠があるか。

⇨ *1*　会社法 423 条 1 項によれば，B が，P 社をして，「農林物資の規格化等に関する法律」等の具体的法令に違反する産地偽装行為をさせたこと自体が任務懈怠となるのか，あるいは，上記具体的法令に違反する行為をさせたことが善管注意義務違反となることにより，任務懈怠となるのか。

⇨ *2*　取締役が職務を遂行するうえで遵守すべき法令は，会社・株主保護を目的とするもの等一定の法令に限定されるか，あるいはすべての法令が含まれるか。

Q4　産地偽装を公表し，その後始末として一連の行為を行ったことについて，C に任務懈怠があるか。

(2)　損益相殺の可否

Q5　一般論として，賠償権利者が被った損害から彼（女）が得た利益を差し引いた残額を要賠償額とすることができるのは，損害と利益がどのような関係にある場合か。

Q6　A・B・C の全員またはその一部の者が任務懈怠により損害賠償責任を負担すべき場合，産地が偽装された冷凍うなぎを販売したことによって P 社が得た利益の額（偽装しないで「中国産」として販売していたら得られたであろう利益との差額）は，賠償すべき額から差し引かれるべきか。

Materials

参考文献

□江頭『株式会社法』492〜498 頁

　□龍田＝前田『会社法大要』101〜104 頁

参考裁判例

　□最判平成 22 年 7 月 15 日判時 2091 号 90 頁・百選 48 事件（***Q1***）

　□最判平成 12 年 7 月 7 日民集 54 巻 6 号 1767 頁・百選 47 事件（***Q3***）

　□最判平成 5 年 9 月 9 日民集 47 巻 7 号 4814 頁・百選 19 事件（***Q5***）

　□東京地判平成 6 年 12 月 22 日判時 1518 号 3 頁（***Q6***）

【設例 6-2　政治献金と取締役の任務懈怠責任】

　Ｐ株式会社は，いわゆるゼネコンであり，経営不振から令和元年度は株主への配当ができなくなっており，令和 2 年度末（令和 3 年 3 月）には欠損を生じていた。Ｐ社は，建築業界の慣例にしたがって某政党に政治献金をしていたところ，Ｐ社の代表取締役Ａは，令和 3 年度も引き続き同党に政治献金を行うことを，令和 3 年 7 月初旬に開かれた取締役会に諮り，1400 万円の政治献金を行う旨が取締役全員の同意をもって決議された（以下，「本件取締役会決議」という）。その際，取締役Ｂ・Ｃは，「株主に配当できないほど財産状態が悪化しているのであれば政治献金は差し控えるべきである」との意見を述べたうえで，「令和 3 年 4 月から 6 月までの事業成績は好調である」との各事業部門の責任者（使用人）の報告と「今年度決算では復配も可能である」との事業部門を統括する取締役および会計担当取締役の判断を信頼し，昨年度と同じ 1400 万円の政治献金は合理的な金額の範囲内であるとして当該政治献金について同意した。一方Ａは，当該政治献金が政治資金規正法や公職選挙法に定める要件に抵触しないことにもっぱら意を払い，会社の財産状態を重要視しなかった。

　Ｐ社の経営状況は実際にはそれほど好転せず，令和 3 年 10 月ころには，年度末に欠損が生じる見通しになった。にもかかわらず，Ａは，令和 3 年 11 月に，本件取締役会決議どおり，1400 万円の政治献金を行った（以下，「本件政治献金」という）。

　Ｐ社の株主Ｄは，本件政治献金を行った代表取締役Ａおよび取締役会で本件政治献金に賛成した取締役Ｂ・Ｃに対し，善管注意義務違反に基づく損害賠償を求めて，株主代表訴訟を提起した。

　以上の事実関係の下で，Ａ・Ｂ・ＣのＰ社に対する責任について検討せよ。

Keypoints

　会社の財産状態が悪化している場合に，取締役会決議に基づき実施された政治献金について，取締役は任務懈怠の責任を負うか。

(1)　**政治献金と会社の権利能力**

Q1　会社は政治献金をすることができるか。

⇨　会社の権利能力は定款所定の目的の範囲内に制限されるか。

(2)　**政治献金と取締役の任務懈怠責任**

Q2　会社・株主利益を最大化すべき取締役が政治献金や寄付を行うことは，善管注意義務に違反するか。

Q3　本設例において，本件政治献金を実施した A には任務懈怠があるといえるか。

⇨　政治資金規正法 22 条の 4 第 1 項は，「3 事業年度以上にわたり継続して政令（政治資金規正法施行令 22 条）で定める欠損を生じている会社は，当該欠損がうめられるまでの間，政治活動に関する寄附をしてはならない」と定めている。本設例において，この点を取締役の善管注意義務または忠実義務との関係でどのように考えればよいか。

(3)　**政治献金を行う旨の取締役会決議に賛成した取締役の責任**

Q4　本件取締役会決議に賛成した B および C が，事業成績は好調との各事業部門の責任者の報告と復配が可能との担当取締役らの判断を信頼し，本件取締役会決議に賛成したことに，善管注意義務違反はないか。

Q5　B および C が，本件取締役会決議の後，A による政治献金の実施を阻止しなかったことに問題はないか。

Materials

参考文献
□江頭『株式会社法』22〜26 頁，490〜498 頁

参考裁判例
□最判昭和 27 年 2 月 15 日民集 6 巻 2 号 77 頁・百選 1 事件（*Q1*）
□最大判昭和 45 年 6 月 24 日民集 24 巻 6 号 625 頁・百選 2 事件（*Q1*）
□福井地判平成 15 年 2 月 12 日判時 1814 号 151 頁（*Q2*，*Q3*）
□名古屋高金沢支判平成 18 年 1 月 11 日判時 1937 号 143 頁（*Q2*，*Q3*）

【**設例 6 - 3　利益相反取引と取締役の任務懈怠責任**】

　P 株式会社は，取締役会設置会社であるが，指名委員会等設置会社ではない。

(1)　P 社の取締役 A は，個人として，Q 株式会社から 1000 万円の借入れを行うことになったが，その際，Q 社から P 社が当該借入金債務について保証することを要求された。そこで，A は，P 社の代表取締役 B にその旨の要請をしたところ，B は P 社が A の当該債務について保証することを P 社の取締役会に諮り，特別利害関係人である A を除く出席取締役（B・C・D）全員の同意により P 社が A の当該債務を保証することが承認された（以下，

「本件取締役会決議」という）。BはP社を代表してQ社との間で保証契約を締結したが，その後，A個人の財産状態が悪化したため，AはQ社への借入金債務の弁済ができず，P社は保証債務を履行しなければならなくなった。A～Dは，会社法上，P社に対してどのような責任を負うか。

(2) P社の取締役Eは，個人として，公正な価格が1億円のP社の土地を，5000万円で買い受けた。Eは，会社法上，P社に対してどのような責任を負うか。

Keypoints

① 取締役会の承認を得た利益相反取引について，利益相反取引に関与した取締役は，会社に対しどのような責任を負うか。

② 取締役・会社間の取引において，価額が不公正であるとき，取締役は会社に対しどのような責任を負うか。

Questions

(1) **取締役会の承認を得た利益相反取引における取締役の責任**

Q1 間接取引において，P社と利益が相反するAの任務懈怠は推定されるか。本件取締役会決議に賛成したB・C・Dの任務懈怠は推定されるか。

⤷ P社が監査等委員会設置会社であり，P社がA（監査等委員でないものとする）の債務を保証することにつき監査等委員会の承認を受けたときはどうか。

Q2 A～Dが責任を免れるためにはどのような事実を証明しなければならないか。

Q3 A～Dの責任が肯定される場合，P社がAらの責任を免除するにはどうすればよいか。A～Dの責任が肯定される場合，責任の一部免除（会社425条～427条）は可能か。

(2) **直接取引の相手方である取締役の責任**

Q4 Eの任務懈怠は推定されるか。

Q5 Eは自己の無過失を立証して責任を免れることはできるか。

Q6 Eの任務懈怠が推定されるとすると，Eが取締役会の承認を得ずにP社との間で設例の取引を行った場合，Eは任務懈怠がないことを証明できるか。取締役会の承認を得ていた場合はどうか。

Q7 P社がEの責任を免除するにはどうすればよいか。Eの会社に対する責任について，責任の一部免除（会社425条～427条）は可能か。

Materials

参考文献

☐江頭『株式会社法』498～499頁，503～512頁，613～614頁

【設例6‐4　株主の権利行使に関する利益供与と取締役の責任】

　Ｐ株式会社の代表取締役Ａは，Ｐ社の株主であり総会屋であるＳから，株主総会でＳに議事進行上協力してもらう見返りとして，Ｓ所有の本件不動産をＳに有利な価格で購入することとした。Ａは，本件不動産の購入をＰ社の取締役会（以下，「本件取締役会」という）に諮ったが，その際，Ｓの正体やＡの真意を明らかにせず，ただ「当該不動産はＰ社の工場建設用地として非常に適切であり価格も適正な範囲内である」と説明するのみであった。Ａは，本件取締役会の承認（出席取締役Ａ・Ｂ・Ｃの全員が決議に賛成）を得て，Ｐ社を代表してＳから本件不動産を購入した。Ａ・Ｂ・Ｃは，会社法上，Ｐ社に対してどのような責任を負うか。

Keypoints

　株主の権利行使に関する利益供与に関与した取締役の会社に対する責任は，過失責任か無過失責任か。

Questions

⑴　**株主の権利行使に関する利益供与の意義**

Q1　Ａの行為は，株主の権利行使に関する利益供与に該当するか。

⑵　**利益供与に関与した取締役の責任**

Q2　Ａの行為が株主の権利行使に関する利益供与に該当するとすれば，Ａの会社に対する責任は過失責任か無過失責任か。

Q3　Ａの行為が株主の権利行使に関する利益供与に該当するとすれば，Ｂ・Ｃは，会社法120条4項の「利益の供与をすることに関与した取締役」に該当するか。

Q4　Ｂ・Ｃは，その職務を行うについて注意を怠らなかったことを証明して責任を免れることができるか。

Materials

参考文献

□江頭『株式会社法』499〜500頁

【設例6‐5　内部統制システムの整備と取締役の責任】

　Ｐ株式会社は，取締役会設置会社であるが，指名委員会等設置会社ではない。Ｐ社では，経理部長が数年にわたり不正経理を行って会社の資金を着服し，自己の遊興費にあてていたことが判明した。この不正経理は，Ｐ社が「取締役の職務の執行が法令及び定款に適合することを確保するための体制その他株式会社の業務並びに当該株式会社及びその子会社から成る企業集団の業務の適正を確保するために必要なものとして法務省令で定める体制」を構築していれば早

期に発見できたはずだが，P社の取締役（A・B・C）は，P社にはそのような体制は不要であると考えて体制構築をしていなかった。そのため，経理部長が着服した額は合計1億円に上った。A・B・Cは，会社法上，P社に対してどのような責任を負うか。

Keypoints

内部統制システムの整備が必要な会社はどのような会社か。取締役が内部統制システムの整備を怠った場合，会社に対しどのような責任を負うか。

Questions

(1) **内部統制システムの整備の必要性**

Q1 「取締役（執行役）の職務の執行が法令・定款に適合することを確保するための体制その他株式会社の業務並びに当該株式会社及びその子会社から成る企業集団の業務の適正を確保するために必要なものとして法務省令で定める体制」を一般に内部統制システムという。会社法上，株式会社は，内部統制システムを整備しなければならないものとされているか。

(2) **内部統制システムを整備しない場合の取締役の責任**

Q2 P社が，会社法上，内部統制システムを整備しなければならない株式会社である場合，A・B・Cは，P社に対してどのような責任を負うか。

Q3 P社が，会社法上，内部統制システムを整備しなければならない株式会社でない場合，A・B・Cは，P社に対して任務懈怠に基づく責任を負うか。

Materials

参考文献
　□江頭『株式会社法』430～433頁
参考裁判例
　□大阪地判平成12年9月20日判時1721号3頁・百選（初版）60事件（*Q2*，*Q3*）
　□最判平成21年7月9日判時2055号147頁・百選50事件

【設例 7 - 1　直接損害・間接損害の意味，法人格否認】

　本設例において，P 社は取締役会設置会社であり，監査役設置会社であるものとする。

　P 社は，家電製品の販売を業とする株式会社であり，平成 24 年に A が全額を出資し，資本金 300 万円で設立された。A は，自ら代表取締役となって P 社の経営を独断専行し，設立後しばらく P 社の業績は比較的好調であったが，大型量販店の進出による競争の激化から，令和元年ころから急激に経営が悪化し，赤字を出すようになった。A は，P 社の経営状態が悪化していることを知りながら，確たる根拠もなく，景気の回復により業績が向上するものと妄信し，何らの抜本的対策を講じないまま経営を継続した。銀行等の金融機関は，P 社の将来を危惧して貸出しを拒んだため，P 社は，令和 2 年から高利の金融に手を出すようになったが，業績は全く改善しないまま行き詰まり，金融業者から月利 8 ％以上の高利で総額数億円に上る短期借入れを繰り返した結果，令和 3 年，支払を停止して倒産し，破産手続開始の決定を受けるに至った。

　家電製品メーカー Q 株式会社は，P 社に液晶テレビ 100 台を 2000 万円で売り渡したが，売買代金の支払を受けていない。(1) Q 社による売渡しが P 社の経営悪化前であった場合と，(2) Q 社による売渡しが P 社の経営悪化後であった場合のそれぞれについて，Q 社は A に対して，どのような請求をすることができるかを検討せよ。法人格否認の法理の適用の可否についても検討すること。

Keypoints

① 会社が債務を負担したときに，弁済の見込みがあった場合と，すでに会社の資産状態が悪化していた場合とで，会社法 429 条 1 項の適用に違いがあるか。
② 取締役が会社の株式全部を保有している場合に，会社の法人格を否認するにはどのような事情が加わる必要があるか。

Questions

(1)　売渡しが P 社の経営悪化前であった場合

Q1　Q 社に生じた損害は，いわゆる「直接損害」か「間接損害」か。

Q2　A に悪意・重過失による任務懈怠はあるか。

Q3　高利の資金を借り入れたことは，悪意・重過失による任務懈怠といえるか。

(2)　売渡しがP社の経営悪化後であった場合

Q4　Q社に生じた損害は，いわゆる「直接損害」か「間接損害」か。

Q5　P社のためにQ社からテレビを買い受けた行為が，なぜAのP社に対する任務懈怠となるか。

Q6　Q社はAに対し，不法行為責任を追及することはできるか。

↳　会社法429条1項の責任と，不法行為責任とで，責任成立の要件はどのように異なるか。

(3)　法人格否認の法理

Q7　もしP社の法人格が否定されればどのような効果が生じるか。

Q8　本件ではP社の法人格を否認できるか。どのような事情が加われば否認できるか。

↳　「法人格の形骸化」について，裁判例による要件の立て方にはどのような問題があるか。

```
Materials
```

参考文献
□江頭『株式会社法』41〜48頁，533〜540頁
□龍田＝前田『会社法大要』60〜63頁，104〜108頁

【設例 7 - 2　責任主体，不実の情報開示】

　本設例において，P株式会社は取締役会設置会社であり，監査役設置会社であるものとする。

　土木工事の請負を業とするP社は，不況のあおりを受けて工事の受注量が少なくなり，負債がかさんで経営が悪化し，資金繰りが苦しく，従業員に対する給料にもこと欠く状況にあった。P社代表取締役Aは，期日に返済できる見込みがないにもかかわらず，Q株式会社から1億円を借り入れることを計画し，この借入れについて取締役会で審議がなされた。P社には，A〜D4名の取締役がおり，取締役会では，Q社からの借入れについて，AおよびBは，会社の延命を図るためやむをえないという理由で賛成し，Cは，返済見込みがないことを理由に反対した（ただし，P社では取締役会議事録は作成されていない）。Dは名目的取締役であり，この取締役会も欠席していた。

　この取締役会決議に基づき，AはQ社から1億円を借り入れた。その際，Aは，最終事業年度にかかる計算書類をQ社に提供したが，この計算書類は，P社の業績が良好であるように見せかけるため，Aが虚偽の内容を記載して作成したものであった。

　その後P社は倒産し，Q社は貸付金の返済を受けることができなくなった。

⑴　Ｑ社は，取締役Ａに対し，どのような請求をすることができるか。もし
　Ａが Ｑ社に虚偽記載のある計算書類を提供せず，Ｑ社が『会社四季報』（東
　洋経済新報社発行）の Ｐ社に関する記載を信頼して貸付けに応じていたとす
　れば，違いは生じるか。

⑵　Ｑ社は，取締役Ｂに対し，どのような請求をすることができるか。(a)計
　算書類の虚偽記載についても取締役会で承認がなされ，Ｂがその決議に賛成
　していた場合，(b)Ａが計算書類を巧妙に粉飾していたため，取締役会にお
　いてＢが，Ｑ社への返済は可能であると判断していた場合はどうかについて
　も，検討せよ。

⑶　Ｑ社は，取締役Ｃに対し，どのような請求をすることができるか。

⑷　Ｑ社は，取締役Ｄに対し，どのような請求をすることができるか。

Keypoints

① 計算書類の虚偽記載を行った取締役は，第三者に対してどのような責任を負う
か。

② 違法行為が取締役会決議に基づいて行われた場合，第三者に対して，どの範囲
の取締役がどのような責任を負うこととなるか。

Questions

⑴　Ａ の 責 任

Q1　Ｑ社は，取締役Ａに対し，どのような請求をすることができるか。

Q2　Ｑ社が虚偽の計算書類を見ておらず，単に『会社四季報』を信頼したにす
　ぎない場合はどうか。

Q3　Ｑ社は，Ａに対して不法行為責任を追及することはできるか。

⑵　Ｂ の 責 任

Q4　Ｑ社は，取締役Ｂに対し，どのような請求をすることができるか。

Q5　虚偽記載のある計算書類についても取締役会で承認がなされ，Ｂがその決
　議に賛成していた場合はどうか。

Q6　Ａが計算書類を巧妙に粉飾していたため，取締役会においてＢは，Ｑ社へ
　の返済は可能であると判断していた場合はどうか。

⑶　Ｃ の 責 任

Q7　Ｑ社は，取締役Ｃに対し，どのような請求をすることができるか。

⑷　Ｄ の 責 任

Q8　Ｑ社は，取締役Ｄに対し，どのような請求をすることができるか。

Materials ‥‥‥‥‥‥‥‥‥‥‥‥‥‥‥‥‥‥‥‥‥‥‥‥‥‥‥‥

参考文献

　□江頭『株式会社法』533〜540 頁

　□龍田＝前田『会社法大要』104〜108 頁

参考裁判例

　□名古屋高判昭和 58 年 7 月 1 日判時 1096 号 134 頁（*Q2*）

【設例 7‑3　第三者の範囲】

　本設例において，P 株式会社は取締役会設置会社であり，監査役設置会社であるものとする。

　P 社は，A が 70 ％，D が 30 ％を出資して平成 25 年に設立され，鶏卵の販売を業とし，A・B・C の 3 名が取締役に就任し，A が代表取締役に就任した。B・C は P 社の経営を A に一任し，取締役会もほとんど開催されたことがない。A の経営は甚だ放漫かつ杜撰であり，大口の販売先に契約どおりの商品を届けず，あるいは賞味期限切れの商品を販売するなどして次第に取引先の信用を失い，P 社の資産状態は悪化していった。令和 3 年に，B は A に強く依頼され，P 社に 5000 万円の貸付けを行ったが，その後も A は放漫経営を続けた。

(1)　株主 D は，A の放漫経営により保有する P 社株式の価値が減少したことにより損害を受けたとして，A に対して，会社法 429 条 1 項に基づく損害賠償請求の訴えを提起した。

(2)　その後 P 社は令和 4 年に倒産するに至り，B は，A の放漫経営により P 社への貸付金を回収できなくなったことで損害を受けたとして，A に対して，会社法 429 条 1 項に基づく損害賠償請求の訴えを提起した。

Keypoints

① 会社法 429 条 1 項の第三者には，間接損害を受けた株主も含まれるか。

② 会社法 429 条 1 項の第三者には，自ら放漫経営を放置した取締役も含まれるか。

Questions

(1)　**株主の間接損害**

Q1　D が株主として受けた間接損害（株式価値の低下）について，会社法 429 条 1 項に基づく損害賠償請求はできるか。

(2)　**取締役 B が債権者として受けた間接損害**

Q2　A の放漫経営を自ら放置した B が，債権者として会社法 429 条 1 項の責任を追及できるか。

Materials ···

参考文献

  □江頭『株式会社法』533〜540 頁

  □龍田 = 前田『会社法大要』107〜108 頁

参考裁判例

  □横浜地判昭和 58 年 3 月 17 日判時 1095 号 150 頁（**Q2**）

【設例 7 - 4　会社法 429 条の責任と登記】

　P 社は，繊維製品の加工・販売を業とする株式会社であり，取締役には 4 名が就任し（定款には取締役・代表取締役の員数に関する定めはない），このうち代表取締役には A および B の 2 名が就任し，その旨の登記がなされている。

　B は老齢のため引退を決意し，A に対して取締役を辞任する旨の申入れをしたところ，A は，その申入れを承認したが，B の代表取締役就任登記はそのままにしておくことを求めたので，B はこれを了承し，辞任登記はなされていない。前記申入れの後，B は P 社の業務には一切関与していない。

　P 社は A の放漫杜撰な経営により急激に経営が悪化したところ，A は P 社を代表し，代金支払の見込みがないにもかかわらず，Q 社から毛糸 3000 万円分を買い入れた。その後 P 社は倒産し，Q 社は代金相当額の損害を被った。Q 社は B に対して，会社法 429 条 1 項に基づく損害賠償請求ができるかを検討せよ。

Keypoints

①　代表取締役が取締役を辞任するにはどうすればよいか。

②　取締役を辞任したが辞任登記が未了の者は，どのような要件の下で，会社法 429 条 1 項に基づく責任を負うか。

Questions

(1)　**取締役の辞任**

Q1　B は取締役を辞任したといえるか。

Q2　P 社の取締役または代表取締役に欠員は生じないか。

(2)　**会社法 429 条 1 項に基づく責任**

Q3　B は取締役ではないが，Q 社に対して責任を負うか。

Q4　Q 社の「善意」とは，どのような意味に解すべきか。

　↳　Q 社が，P 社の倒産後に登記簿で B の名前を見つけた場合にも，Q 社は保護されるか。

Q5　辞任登記はされたが，B が辞任後も代表取締役として職務執行を続けてい

たらどうか。

Materials ....

参考文献

 □江頭『株式会社法』411〜412頁，536〜539頁

 □龍田 = 前田『会社法大要』110〜111頁

参考裁判例

 □最判昭和62年4月16日判時1248号127頁・百選68事件（**Q3**）

【設例8-1　募集株式の発行の差止め】

　(1)~(4)の各ケースにおいて，P株式会社・Q株式会社は，いずれも上場会社であり，監査役会設置会社であるが，種類株式発行会社ではないものとする。また，募集株式の発行はすべて発行可能株式総数（授権株式数）の範囲内で行われるものとし，P社とその割当先は当該募集株式の発行前にお互いに株式を保有していなかったものとする。

　各ケースにおいて，XまたはX社が募集株式の発行を差し止めることができるかどうかを検討せよ（ケース(1)~(4)はそれぞれ別の事例として考えること）。

ケース(1)　経営不振のため，P社の株価は70円前後で低迷していたが，Q社がP社に資本参加するとの噂が広まり，P社の経営建直しが期待されたことから，P社の株価は140円近くまではね上がった。1か月後，P社取締役会は，払込金額70円で，発行済株式総数と同数の募集株式をQ社に対して発行することを決議した。XはP社株式1000株を保有する個人株主である。

ケース(2)　P社の取締役らは，X社がP社株式を20％近くまで取得していることを知り，このままX社の支配下に入るよりも，従来から取引関係のあったQ社から資本参加を受け入れて，Q社と共同で関連事業を立ち上げることがP社にとって有益であると判断した。そこで，P社取締役会は，P社の発行済株式総数の20％に相当する数の募集株式を，時価の95％に相当する額を払込金額として，Q社に対して発行することを取締役会で決議した。

ケース(3)　P社の取締役らは，X社がP社株式を20％近くまで取得していることを知り，同じくX社によって20％近い株式を保有されたQ社の取締役らと相談して，P社とQ社がお互いに資本参加を行って提携関係を結ぶことにした。そして，P社は，Q社に対して，P社の発行済株式総数の20％に相当する数の募集株式を，時価の95％に相当する額を払込金額として発行し，Q社は，P社に対して，Q社の発行済株式総数の20％に相当する数の募集株式を，時価の95％に相当する額を払込金額として発行することを，それぞれの取締役会で決議した。

ケース(4)　P社株式を20％近くまで買い集めたXが，P社経営陣に対してその平均取得価格の2割増しでP社株式を買い取るよう求めてきた。P社取締役会はこれに対抗するため，取引先であるA~Jの計10社に対して，P社の発行済株式総数の20％に相当する数の募集株式を，時価の95％に相当

> する額を払込金額として発行することを決議した。

どのような場合に，募集株式の発行の差止事由が認められるか。

(1) **企業提携による株価上昇と有利発行**

Q1 本件においてXは，差止事由として何を主張していくことになるか。

↳ 本件募集株式の発行前にQ社がP社株式を保有していた場合には違いが生ずるか。

Q2 本件募集株式の発行における払込金額は，特に有利な金額であるといえるか。

Q3 かりに本件において，P社・Q社以外の株式会社（R社）が，P社株式を市場で買い占めたことがP社株式の株価急騰の主たる理由であった場合に，P社が別の株式会社（S社）に対して，値上がり前の価格（＝70円）で募集株式の発行を行ったとしたらどうか。

(2) **支配権争奪時における募集株式の発行（その1）**

Q4 本件においてX社は，差止事由として何を主張していくことになるか（逆に，P社は差止めを避けるために何を主張していくことになるか）。

↳ 本件と，ニッポン放送事件（東京高決平成17年3月23日判時1899号56頁・百選97事件）とでは，発行会社側の主張はどこが異なると考えられるか。

Q5 本件において差止めは認められるか。

(3) **支配権争奪時における募集株式の発行（その2）**

Q6 本件において差止めは認められるか。もしかりにケース(2)と結論が異なるとすれば，それはいかなる理由によると考えられるか。

(4) **支配権争奪時における募集株式の発行（その3）**

Q7 本件において差止めは認められるか。

参考文献

□江頭『株式会社法』798～803頁

□江頭憲治郎『結合企業法の立法と解釈』（有斐閣，1995年）226～230頁（*Q2*）

参考裁判例

□東京高判昭和48年7月27日判時715号100頁・百選95事件（*Q1, Q2*）

□東京地決平成16年6月1日判時1873号159頁・百選20事件（*Q3*）

□東京地決平成16年7月30日判時1874号143頁＋東京高決平成16年8月4日金判1201号4頁・百選96事件（*Q4, Q5*）

□東京地決平成元年7月25日判時1317号28頁・百選（初版）31事件（*Q6*）

□東京高決平成17年3月23日判時1899号56頁・百選97事件（*Q7*）

【設例8‐2　有利発行・不公正発行等と発行後の救済方法】

　P社は，その事業年度を4月1日から翌年の3月31日までとし，自動車用部品の製造・販売を業とする株式会社であり，その発行する株式は東京証券取引所マザーズ市場に上場されている。P社が定款で定める発行可能株式総数は100万株であり，発行済株式の総数は50万株である。なお，P社は監査役会設置会社であるが，種類株式発行会社ではなく，新株予約権も発行していない。

　P社取締役会は令和3年4月中旬頃，海外の投資ファンドQがP社株式を発行済株式総数の25％程度取得していることを知り，P社の取引先であるR社に対する第三者割当てによる新株発行の検討を開始し，4月27日，R社に対して，P社発行済株式総数の30％に相当する株式（15万株）を発行すること（以下，「本件発行」という）を決議した（以下，「本件決議」という）。P社の定款には，「毎年3月31日の最終の株主名簿に記載または記録された株主をもって，その事業年度に関する定時株主総会で議決権を行使できる株主とする」旨の定めがあったが，本件決議において，本件発行にかかる株式を取得した者は，令和2年の事業年度にかかる定時株主総会において議決権を行使することができる旨が定められた。P社は，本件決議がされた同日に，金融商品取引法4条1項の規定に基づく届出を行い（以下，「本件届出」という），本件届出は金融庁において直ちに公表された（届出は有効に行われたものとする）。本件届出において，5月14日を払込期日として，P社株式15万株を，払込金額4000円でR社に割り当てて発行することのほか，①本件発行に至った経緯と理由について，R社とは2年前から資本提携を通じた業務提携を行うことにつき慎重に協議を重ねてきたところ，ようやく両社間で合意ができ，R社からの出資を受け入れることにした旨の詳細な説明が記載されており，また，②本件発行が有利発行には該当しないと判断した理由について，払込金額4000円は本件発行にかかる取締役会決議の直前6か月間の証券取引所でのP社株式の終値の平均から20％をディスカウントしたものであるが，P社とR社の提携によるシナジー効果により当該ディスカウント分を十分に埋め合わせることが期待できる旨が記載されていた。なお，本件発行前2年間のP社の株価は，おおむね4500円〜5500円の間を推移していた。

　Qは，本件発行の差止めの申立てをせず，本件発行は予定通り実行されたが，その3か月後，Qは，P社を退職した元取締役のAから，本件発行にかかる上記①の記載は全くの虚偽であって，R社との資本提携の検討は，令和3年4月中旬になってから突然開始されたものであったことを知らされた。R社は，本件発行により取得したP社株式15万株を現在もなお保有している。

　　Qとは別の投資ファンドであるSは，令和3年4月20日，会社法358条1項に基づき，P社に不正経理があったとしてその業務および財産の状況を調査させるため，裁判所に検査役の選任の申立てをした（以下，「本件申立て」という）。本件申立て当時，Sが保有しているP社株式は発行済株式総数の約3.3％であったが，本件発行により，Sの持株比率は約2.5％に低下したことから，P社は，裁判所に対して本件申立てを却下するよう求めた。

(1)　Qは，本件発行の効力を否定することができるか。

(2)　Qは，本件発行を実行したP社取締役や引受人となったR社の責任を追及することができるか（金融商品取引法上の民事責任の問題は除く）。

(3)　Sによる検査役選任請求はどのように扱われるか。

Keypoints

[1] 募集事項の通知・公告において記載された事項に虚偽があった場合に，新株発行無効事由となるか。

[2] 公開会社において株主総会の特別決議を経ずに有利発行を実行した取締役や，有利発行によって株式を引き受けた株主は，いかなる責任を負うか。

[3] 少数株主権に基づく請求をしていた株主の持株比率が募集株式の発行によって低下し，少数株主権の行使要件を下回った場合に，当該請求はどうなるか。

Questions

(1)　**有利発行・不公正発行等と新株発行無効事由**

Q1　本件発行において本件届出がされたことはいかなる意味を持つか。

Q2　本件発行は有利発行（払込金額が募集株式を引き受ける者に特に有利な金額であるような発行〔会社199条3項〕）といえるか。シナジー効果が期待できることは，有利性の判断においてどのような意味を持つか。

Q3　本件発行はいかなる目的で行われたとみるべきか。それはいかなる事情から判断できるか。

　↳　本件発行がかりに支配権維持目的で行われたとすると，不公正発行（著しく不公正な方法による発行〔会社210条2号〕）にあたるといえるか。

Q4　判例の考え方によると，公開会社においていったん実行された募集株式の発行の効力を否定するには，いかなる事情が必要となるか。有利発行であるという事実や不公正発行であるという事実は，新株発行無効事由としては不十分か。不十分だとすると，ほかにどのような事情が加われば新株発行無効事由になると考えられるか。

Q5　本件発行を会社法210条1号に基づいて事前に差し止める機会がQに保障されていたといえるか。

Q6　本件発行を会社法210条2号に基づいて事前に差し止める機会がQに保障されていたといえるか。

Q7　本件事案においてかりに次の(a)～(d)の事情がすべて存した場合，Qは本件発行の効力についてどのような主張をすることが考えられるか。

　(a)　R社は本件発行前からP社株式を8万株保有していた。

　(b)　本件発行によりR社に対して発行される株式数が25万株であった。

　(c)　本件決議の直前にR社の子会社であるT社がP社株式を5万株取得していた。

　(d)　本件届出には上記(c)の事情が反映されておらず，本件発行後にR社が保有するP社株式数は33万株であると記載されていた。

(2)　**有利発行が行われた場合の関係者の民事責任**

Q8　Qは，本件発行を実行したP社取締役に対して，株主代表訴訟により，会社に対する任務懈怠責任（会社423条1項）を問うことはできるか。

　↳　任務懈怠責任を負うとした場合，何が損害となるか。

Q9　Qは，本件発行を実行したP社取締役に対して，会社法429条1項（または民法709条）の責任を問うことはできるか。

Q10　Qは，本件発行により株主となったR社に対して，通謀引受人の責任（会社212条1項1号）を問うことはできるか。

(3)　**検査役選任請求**

Q11　かりに，15万株の募集株式の発行が，R社に対する第三者割当てによってではなく，公募によって行われていたとすると，Sによる検査役選任請求はどのように扱われるか。

Q12　本件のような場合，Sによる検査役選任請求はどのように扱われるか。

　Materials　∙∙

参考文献

　□江頭『株式会社法』798～816頁

　□神田『会社法』157～158頁，162～167頁

参考裁判例

　□最判平成6年7月14日判時1512号178頁・百選100事件（***Q4***）

　□最判平成9年1月28日民集51巻1号71頁・百選24事件（***Q4***）

　□最判平成18年9月28日民集60巻7号2634頁・百選57事件（***Q11***，***Q12***）

【設例8-3　新株発行無効と新株発行不存在】

　P株式会社は取締役会設置会社ではなく，種類株式発行会社でもない。P社の発行済株式総数は1万株である。

　P社は，代表取締役社長Aとその長男である代表取締役副社長Bによって経営されており，AはP社株式の80％，Bは8％を保有していた（残りの12％の保有割合は，Aの次男C，三男D，四男Eが各4％ずつであった）。平成26年9月，Aが脳梗塞で入院した。Bは，もしそのままAが死亡すると相続によりC・D・Eの持株比率が高まり，日頃から仲の悪かったBとC・Dの対立によりP社の運営に支障が生ずることを案じ，病床のAに対して，Aの持株をBに譲渡するか，またはP社がBに対して募集株式の発行を行うことを認めるよう求めた。しかし，Aは，自分が死んだ後は，兄弟4人が協力してP社を運営するよう言うばかりで，Bの要請を聞き入れなかった。

（このあと，以下のように2通りのストーリーが進行したとする）

〔ストーリー1〕

　その後，Aの病状が重くなり意識不明の状態になったことから，Bは，Bの妻であるFに対して募集株式を発行することにした。Bは，C・D・Eには招集通知を送ることなく，募集事項を決定するための株主総会を開催し，Bを議決権行使の代理人とするAの委任状を偽造して，AとBの賛成により株主総会決議が成立したかのように株主総会議事録を作成した。令和2年10月16日，Bは，決定された募集事項通りにFに対して，P社株式5000株を払込金額5000円で発行し（以下，「本件株式発行①」という），その旨の登記を行った（以下「本件登記」という）。

　Aは令和2年11月に死亡した。本件株式発行①とAの遺言の執行により，令和3年5月の時点で，P社株式の持株比率は，B・Fが合わせて52％，C・D・Eがそれぞれ16％ずつとなった。しかし，Bは，令和3年6月1日に開催されたP社の臨時株主総会において，本件株式発行①の事実をC・D・Eに知らせず，あたかもBが28％，C・D・Eがそれぞれ24％ずつを保有しているかのように振る舞い，C・Dの同意を取り付けたうえで，C・Dを新たにP社の取締役に選任し，BをP社代表取締役に選定する決議を成立させた。ところが，令和3年11月になって，BはP社の臨時株主総会を招集し，Fにも議決権を行使させたうえで，取締役C・Dを解任する決議を成立させた。C・Dはこのときになって初めて，Fに対して本件株式発行①が行われていたことを知った。

(1) C・Dは何らかの救済を求めることができるか。なお，本件株式発行①の払込金額は公正であったとする。

(2) 「本件株式発行①は，FがP社に対して有する貸付債権（額面金額2500万円，履行期到来済み）を出資の目的として行われたが，P社がFから貸付けを受けていたという事実はなかった」という場合には(1)と結論が異なるか。

〔ストーリー2〕

　Aは，令和2年10月に入ると症状が急変して死亡し，Aが保有していた株式について法定相続が生じた（以下，この株式を「本件相続株式」という。なお，相続人はB・C・D・Eで，相続分は均等であったとする）。しかし，遺産分割の協議は難航し，本件相続株式にかかる権利行使者の指定についても協議が調わなかった。このままではP社の取締役の改選ができないことを案じたBはP社を代表して，会社法106条但書に基づき，本件相続株式にかかる権利行使を申し出たEがその権利を行使することに同意した（以下「本件同意」という）。

　令和2年12月1日，Bは，取締役の選任を議題として株主総会を開催する旨の招集通知をB・C・D・Eに送付し，同月17日に株主総会を開催した（以下，「本件株主総会」という）。本件株主総会において，Bは，BとEを取締役に選任することを提案し，BとEの賛成により同提案は承認された。さらに，Bは，本件株主総会の場で募集株式の発行を議題とすることを提案し，P社株式をBとEに対して2500株ずつ，払込金額5000円で発行することがやはりBとEの賛成により承認された。同日，P社はBとEに対してP社株式2500株ずつを発行した（以下，「本件株式発行②」という）。

(3)　C・Dは本件株式発行②の効力を否定することができるか。

Keypoints

非公開会社における新株発行無効原因はどのように考えればよいか。新株発行無効と新株発行不存在とでは，何がどのように異なるか。会社法106条本文と但書の趣旨はどのようなものか。

Questions

(1)　**新株発行無効の訴え（ストーリー1）**

Q1　本件において，かりにC・Dが本件株式発行①の後すぐに当該発行に気付いたとすれば，C・Dはいかなる主張に基づき，いかなる救済を求めるべきか。

Q2　本件において，Bが，令和3年6月1日の臨時株主総会においてわざとFに議決権を行使させず，C・Dを取締役に選任する決議を成立させたのはなぜであったと考えられるか。

　⇨　会社法が，非公開会社について，新株発行無効の訴えの提訴期間を1年間に延ばした（会社828条1項2号）のはいかなる趣旨か。

Q3　令和3年6月1日のP社臨時株主総会におけるBの不誠実な振舞いを考慮すれば，本件発行について，新株発行無効の訴えを提起することは認められるであろうか。

Q4　かりにBが本件登記をしていなかった場合にも，会社法828条1項2号に

より，払込みの期日から1年経過すれば，新株発行無効の訴えは提起できなくなると考えるべきか。

(2)　払込みの欠缺と新株発行の効力（ストーリー1）

Q5　(2)の事実関係は，法的にどのような意味を持つと考えられるか。

Q6　新株発行不存在の場合には，C・Dはどのような救済が受けられるようになるか。新株発行無効事由があるにすぎない場合と比較して検討せよ。

Q7　新株発行不存在の場合には，新株発行不存在確認の訴えを提起することもできる（会社829条）。新株発行不存在確認の訴えを提起しうることには，どのようなメリットがあるか。

(3)　共有株式の権利行使者の指定方法（ストーリー2）

Q8　本件同意がかりになかったとした場合，遺産分割が行われるまでの間，本件相続株式の議決権は誰がどのように行使することになるか。

Q9　本件同意は有効か。

Q10　C・Dは本件株式発行②の効力を否定するにはいかなる主張をすべきか。

Materials

参考文献

　□江頭『株式会社法』124～125頁，805～813頁

参考裁判例

　□最判平成15年3月27日民集57巻3号312頁

　□最判平成24年4月24日民集66巻6号2908頁・百選26事件（***Q1***）

　□最判平成9年1月28日判時1599号139頁・百選10事件（***Q8***）

　□最判平成27年2月19日民集69巻1号25頁・百選11事件（***Q9***）

> **【設例 9-1　発起人の権限】**
>
> 　A は，設立中の P 株式会社の唯一の発起人である。A は，設立中の P 社の発起人として P 社のためにすることを示して，設立手続を行うための事務所を B から 70 万円で賃借し，設立事務を行うための事務員として C を雇用し（報酬は 20 万円），P 社が扱う予定の商品の宣伝を 200 万円で広告業者 D に行わせた。P 社の定款には「株式会社の負担する設立に関する費用」は 70 万円と記載され，これについては検査役の調査を受けている。
>
> 　P 社が成立した時点で，B への賃料，C への報酬および D への宣伝費は，いずれも支払われていない。
>
> (1)　B・C・D は，成立後の P 社に対して，それぞれ賃料・報酬・宣伝費の支払を請求できるか。
>
> (2)　B・C・D は，それぞれ賃料・報酬・宣伝費の支払を A に請求できるか。

Keypoints

①　設立中の会社の機関としての発起人が行う行為のうち，その効果が成立後の会社に帰属するものは，どのような行為か。

②　定款に設立費用の記載があることは，発起人の権限や発起人・会社間の費用の分担にどのような影響を及ぼすか。

Questions

(1)　**設立中の会社と発起人の権限**（小問(1)）

Q1　発起人が会社の設立に関して行った行為の効果が成立後の会社に帰属することについて，どのような理論的説明がされているか。

Q2　発起人が設立手続において行うどのような行為が，設立中の会社の機関としての行為として，成立後の会社に帰属するか。

　↳ *1*　この問題について，判例はどのように解しているか。

　↳ *2*　いわゆる開業準備行為が発起人の権限内の行為であるとする考え方には，どのような問題があるか。

Q3　B との間の設立事務所の借入れは，発起人の権限内の行為か。

Q4　設立事務を行うために C を雇用する行為は，発起人の権限内の行為か。

Q5　P 社が扱う予定の商品の宣伝を広告業者 D に請け負わせる契約は，発起人の権限内の行為か。

　↳　成立後の P 社が，D に作成を請け負わせた商品宣伝のためのウェブサイト

を使用し，請負代金の一部を支払っていた場合，Ｄは，Ｐ社に対し，請負代金の残額を請求できるか。

Q6　本設例のように，設立費用が定款で定められていることは，ＢまたはＣが，成立後のＰ社に対して賃料・報酬の請求ができるかどうかに影響するか。

⇨　設立費用の記載があることは，Ｄが成立後のＰ社に対して宣伝費の請求ができるかどうかに影響するか。

(2)　設立手続に関係する行為の発起人個人への帰属（小問(2)）

Q7　Ｐ社の成立後，Ｂ・Ｃは，賃料・報酬をＡに請求できるか。

Q8　Ｐ社の成立後，Ｄは，宣伝費をＡに請求できるか。

(3)　設立費用の記載と求償

Q9　Ｐ社がＢ・Ｃからの請求に応じて賃料・報酬を支払った場合，Ｐ社はＡに求償できるか。

Q10　ＡがＢ・Ｃからの請求に応じて賃料・報酬を支払った場合，ＡはＰ社に求償できるか。

Q11　ＡがＤからの請求に応じて宣伝費を支払った場合，ＡはＰ社に求償できるか。

Materials ....

参考文献

□江頭『株式会社法』61〜82頁，109〜110頁

□龍田 = 前田『会社法大要』459〜461頁

参考裁判例

□最判昭和38年12月24日民集17巻12号1744頁（**Q2**）

□大判昭和2年7月4日民集6巻428頁・百選6事件（**Q6**）

【設例9-2　財産引受け】

　Ａらは，発起人として貨物自動車運送事業を行うＰ株式会社を設立することとなった。Ａは，発起人全員の同意を得て，設立中のＰ社の発起人総代として，Ｂの有していた本件土地をＰ社の成立を条件としてＰ社が譲り受ける契約（以下，「本件契約」という）を，Ｂとの間で締結した。しかし，Ｐ社の原始定款には，本件契約についての定めはなかった。Ｐ社は成立し，国土交通大臣より事業の許可を受けて，貨物自動車運送事業を開始した。Ｐ社は，Ｂから引渡しを受けた本件土地を，貨物自動車（トラック）の車庫として利用しているが，本件土地の代金を支払っていない。

(1)　Ｂは，本件契約が無効であるとして，本件土地の明渡しを請求することができるか。成立後のＰ社が，本件契約を追認する意思表示をした場合はどうか。

(2)　Bは，本件土地の代金をAに対して請求することができるか。かりに，本件契約の締結にあたり，Aが，P社がすでに成立しているようにみせかけ，Aがその代表取締役であると名乗っていたときはどうか。

① 定款に記載のない財産引受けの効力はどうなるか。会社はそれを追認することができるか。

② 定款に記載のない財産引受けについて，発起人が財産引受けの相手方（譲渡人）に対して履行等の責任を負うのはどのような場合か。

Questions

(1)　**定款に記載のない財産引受けの効力**

Q1　財産引受けが会社設立時において定款の相対的記載事項（変態設立事項）となっているのはなぜか。

↳　現物出資と財産引受けの共通点と相違点は何か。

Q2　定款に記載のない財産引受けは有効か無効か。

Q3　定款に記載のない財産引受けが無効であるとすると，Bは本件契約の無効を主張できるか。

Q4　定款に記載のない財産引受けを会社は追認することができるか。

(2)　**定款に記載のない財産引受けについての発起人の責任**

Q5　本件契約が無効であるとすると，BがAに対して本件土地の代金を請求するためには，どのような法律構成によることになるか。

Q6　Aが，P社が設立中であり，本件契約はP社の成立を条件にしている旨を明らかにしている場合，BのAに対する請求は認められるか。

Q7　本件契約の締結にあたり，Aが，P社はすでに成立しているようにみせかけ，Aがその代表取締役であると名乗っていたときは，BのAに対する請求は認められるか。

Materials

参考文献

□江頭『株式会社法』73～79頁

参考裁判例

□最判昭和28年12月3日民集7巻12号1299頁（*Q2, Q3, Q4*）

□最判昭和61年9月11日判時1215号125頁・百選5事件（*Q2, Q4*）

□最判昭和42年9月26日民集21巻7号1870頁（*Q6*）

□最判昭和33年10月24日民集12巻14号3228頁・百選4事件（*Q7*）

【設例9-3　他人名義による引受け・出資の払込みの仮装】

　AおよびBは，健康食品の通信販売を目的とするP株式会社を，募集設立の方法で設立することを計画した。P社の設立に際して，発起人であるAとBがそれぞれ500万円ずつを出資し，Cら数名が設立時募集株式の引受人となって合計500万円を出資することとなった。Cは，P社の本店所在地がある都市の副市長の立場にあり，表だってP社に出資するのは不適当と考え，親族であるDの名義を使用して設立時募集株式（以下「本件募集株式」という）の申込みをし，割当てを受けた。

　Aは，P社の設立が計画された後，自宅の土地建物を担保として払込取扱銀行であるS銀行から個人的に500万円を借り入れ，これをP社への払込みにあてた。

　P社の代表取締役に選定されたAは，P社成立後，遅滞なくS銀行から払込金の返還を受け，その翌日，返還を受けた1500万円のうち500万円について，P社から貸付けを受けた。Aは，この500万円をもって，S銀行からの借入れの返済にあてた。

(1)　本件募集株式の引受人は，CまたはDのいずれであるか。

(2)　Aによる払込みについて，AおよびBは，P社に対し，どのような責任を負うか。

Keypoints

① 他人名義を用いて株式の引受けをした者は，当該株式の引受人となるか。

② 出資の払込みが仮装された場合，発起人は会社に対しどのような責任を負うか。

Questions

(1)　他人名義による株式の引受け

Q1　Cは本件募集株式の引受人となるか。CがDの承諾を得てDの名義で本件募集株式の申込みをした場合はどうか。

Q2　CがDの承諾を得てDの名義で本件募集株式の申込みをし，割当てを受けた場合，設立中のP社はDに対して出資の履行を求めることができるか。

(2)　払込みの仮装

Q3　Aによる払込みにはどのような問題があるか。

　↳　見せ金と預合いの共通点と相違点は何か。

Q4　Aによる払込みが見せ金に該当するとすれば，Aは，発起人として，P社に対してどのような責任を負うか。

　↳　募集設立の場合の設立時募集株式の引受人が，出資の払込みを仮装した場合，

　　当該引受人は，P 社に対しどのような責任を負うか。

Q5　A による払込みが見せ金に該当するとすれば，B は，発起人として，P 社に対してどのような責任を負うか。

⇨　**Q4** の A の責任とはどのような点で異なるか。

Q6　A による払込みが見せ金に該当する場合において，A・B が **Q4** および **Q5** の責任を履行しないとき，A は P 社に対して株主としての権利を行使できるか。

⇨**1**　A がその有する P 社株式の一部を E に譲渡した場合，E は P 社に対して株主としての権利を行使できるか。

⇨**2**　払込みの仮装があった場合，その株式は成立しているといえるか。

Materials ···

参考文献

□江頭『株式会社法』82～86 頁，96～100 頁，113～115 頁

参考裁判例

□最判昭和 42 年 11 月 17 日民集 21 巻 9 号 2448 頁・百選 8 事件（**Q1**）

□最判昭和 38 年 12 月 6 日民集 17 巻 12 号 1633 頁・百選 7 事件（**Q3，Q6**）

【設例 9-4　設立の無効と設立関与者の責任】

　　A・B・C は，コンピュータの販売を目的とする P 株式会社の設立を募集設立の方法で行うことを企画した。株式募集の広告文書には，発起人としての肩書きをつけて A・B・C の氏名が印刷されていたが，定款に発起人として署名または記名押印したのは，A と B のみであった。A は縁故者で資産家である D から出資の約束を取り付け，また C の友人である E も設立時募集株式の申込みを行い，P 社の設立に際して，A が 600 万円，B・C・E がそれぞれ 100 万円，D が 1000 万円を出資することになった。A は，その有する本件土地を現物出資することとした。

　　P 社の原始定款には，「設立に際して出資される財産の最低額」は 1000 万円である旨その他の絶対的記載事項とともに，いわゆる変態設立事項として，A が本件土地をその価額が 600 万円であるとして現物出資する旨が記載されていた。A の現物出資については，それが相当であるとの弁護士 F の証明とその評価額が 600 万円であるとの不動産鑑定士 G の鑑定評価を受けていたので，検査役の調査は受けていない。なお，D は高齢で精神上の障害があり，後見開始の審判を受けており，A はそのことを知っていたが，P 社を早期に設立させるため，あえて D に株式を引き受けさせた。

　　B が 100 万円の出資の履行をしないので，A は B に対して，15 日内に出資の履行をしなければ，P 社の設立時発行株式の株主となる権利を失う旨を通知したが，B はその期限までに出資の履行を全く行わなかった。

　P社成立後，Dによる設立時募集株式の引受けは，成年被後見人の行為であることを理由として取り消され，Dの出資した1000万円は返還された。また，本件土地は，地価の下落の著しい地域にあり，会社成立時の本件土地の価額は300万円に下落していた。

(1) Eは，P社の設立の無効の訴えを提起した。Eの請求は認容されるか。

(2) A・B・C・F・Gは，P社に対し，どのような責任を負うか。

Keypoints

① 引受け・払込みの欠缺は，設立無効の原因となるか。

② 現物出資の目的財産の会社成立時の価額が定款所定の金額に不足する場合，発起人その他の設立関与者は，会社に対してどのような責任を負うか。

③ 株式会社の設立に関して任務を怠った発起人その他の設立関与者は，会社に対してどのような責任を負うか。

Questions

(1) 設立の無効

Q1　Dによる設立時募集株式の引受けの取消しは，設立無効との関係でどのような意味を持つか。

Q2　Bが，Aから示された期限内に出資の履行をしなかったことは，設立無効との関係でどのような意味を持つか。

(2) 設立関与者の責任

Q3　現物出資の目的財産である本件土地の会社成立時の価額が，定款所定の価額に不足していたことについて，AはP社に対してどのような責任を負うか。

Q4　Dの引受けの取消しによって払込みの欠缺が生じたことについて，AはP社に対してどのような責任を負うか。

Q5　Cは，P社に対してどのような責任を負うか。

Q6　Bは，P社に対してどのような責任を負うか。

Q7　F・Gは，P社に対してどのような責任を負うか。

Q8　以上に検討した設立関与者のP社に対する責任は，P社の設立無効判決が確定した場合に，どうなるか。

Materials

参考文献

□江頭『株式会社法』73〜75頁，82〜86頁，90〜93頁，111〜117頁，119〜121頁

□前田『会社法入門』81〜86頁

【設例 10-1 株主代表訴訟により追及できる責任】

　本設例において，Ｐ株式会社は，取締役会設置会社であり，監査役設置会社であるものとする。

　Ｐ社の取締役Ａは，自宅の新築資金にあてるため，Ｐ社から１億円を借り入れることとなった。この貸付けについて，Ｐ社取締役会において，Ａを除外したうえ取締役全員の賛成により承認決議がなされ，この決議に基づき，代表取締役ＢがＡに貸付けを行った。

　ＡがＰ社に対する借入金の弁済を怠ったとき，Ｐ社の株主Ｘは，Ａの責任を株主代表訴訟により追及することができるか。さらに次の各場合についても検討せよ。

　(a)　本件借入れがＡの取締役就任前に行われていた場合。

　(b)　Ａが取締役在任中に本件借入れをした後，任期満了により取締役を退任した場合。

　(c)　本件借入れ後，ＢがＰ社を代表してＡの借入金債務を免除した場合。

Keypoints

①　株主代表訴訟は，取締役が会社との取引により負担した債務についても提起できるか。

②　取締役が会社との取引により負担した債務を会社が免除した場合，株主代表訴訟にはどのような影響があるか。

Questions

(1)　Ａの責任

Q1　Ｘは，株主代表訴訟により，Ａに対して貸金返還請求をすることができるか。

　⇨　Ｘは，Ａの任務懈怠責任を株主代表訴訟により追及できるか。

(2)　Ａの取締役就任前の借入れ

Q2　本件借入れがＡが取締役に就任する前に行われていた場合，Ａの責任を株主代表訴訟で追及できるか。

(3)　借入れ後のＡの退任

Q3　取締役在任中に借入れはあったが，株主代表訴訟提起前または訴訟中にＡが退任した場合はどうか。

(4)　借入金債務の免除

Q4　借入金債務の免除は，株主代表訴訟にどう影響するか。

$\Rrightarrow$*1*　債務免除について P 社取締役会の承認がない場合，免除は有効か。

$\Rrightarrow$*2*　債務が有効に免除されると，X は何の手段もとりえないか。

Materials

参考文献

□江頭『株式会社法』514〜525 頁

□龍田 = 前田『会社法大要』186〜187 頁

参考裁判例

□最判平成 21 年 3 月 10 日民集 63 巻 3 号 361 頁・百選 64 事件（*Q1*）

【設例 10-2　提訴請求，監査役の責任，責任軽減，和解】

　本設例において，P 株式会社は，取締役会設置会社であり，監査役設置会社であるものとする。

　P 社の取締役 A（代表権はない）は，総会屋に対し，議事進行に尽力するよう依頼し，その謝礼として 2 億円の金銭を供与した。P 社の株主 X は，令和 3 年 12 月 1 日，A に対し，2 億円の弁済を求めて株主代表訴訟を提起した。

　(1)〜(4)はそれぞれ別個の問題として考えること。たとえば，(2)においては，提訴請求に関する問題は考えなくてよい。

(1)　本件株主代表訴訟提起前の手続として，X は，P 社代表取締役 B に対し，本訴提起前の令和 3 年 9 月 15 日に到達した書面で，この利益供与について A の責任を追及する訴えを提起するように請求していた。どのような法的問題が生じるか。

(2)　本件株主代表訴訟提起後，X は，P 社自身が A の責任を追及しないことを不満とし，P 社に対し，訴えを提起しなかった理由を通知するよう求めたところ（会社 847 条 4 項），「A への責任追及は P 社の社会的信用を失墜させ，かえって P 社に不利益になると判断した」旨の通知があった。X は，A による明らかな違法行為があったにもかかわらず，P 社自身が A の責任を追及しないのは監査役の任務懈怠であると主張し，P 社監査役に対し，2 億円の損害賠償を求めて株主代表訴訟を提起した。この請求は認められるか。

(3)　本件株主代表訴訟提起後，P 社では，令和 4 年 6 月 27 日に開催された定時株主総会において，A の P 社に対する過去の功労を理由に，A の責任を 8000 万円にまで軽減する特別決議がなされた。なお，A の令和 3 年度までの在職中の最高の年額報酬は 2000 万円であり，これ以外に A が P 社から財産上の利益を受けたことはない。どのような法的問題が生じるか。もし A は自ら利益供与をしなかったが（かつ，利益供与は取締役会決議に基づいて行われたものではなかったとする），従業員による利益供与の事実を知りながら，何

らの措置をとることなく黙認していた場合であればどうか。

(4)　本件株主代表訴訟提起後，原告Ｘと被告Ａとの間で，ＡがＰ社に1000万円を支払う旨の裁判上の和解が成立した（Ｐ社は和解の当事者となっていない）。裁判所はＰ社監査役に和解内容を通知し，和解に異議があれば2週間以内に異議を述べるよう催告したが，Ｐ社監査役は異議を述べなかった。Ｘ以外のＰ社株主は，何らかの手段をとることができるか。

Keypoints

① 取締役の責任を追及する訴えの提訴請求を受けるときに，会社を代表するのはどの機関か。

② 提訴請求を受けたにもかかわらず，訴えを提起しなかった監査役は，会社に対して責任を負うことがあるか。

③ 利益供与が行われた場合に，責任軽減の株主総会決議が行われると，株主代表訴訟に影響はあるか。

④ 不当な和解がされた場合に，原告以外の株主にはどのような救済が与えられるか。

Questions

(1)　提訴前の手続

Q1　本件の提訴請求にはどのような問題があるか。

　↳　かりに，提訴請求を受けた代表取締役Ｂが監査役に判断を求め，監査役に判断の機会が与えられていたとすればどうか。

(2)　監査役の責任

Q2　会社法制定により，不提訴理由の通知の制度が導入されたのはなぜか。

Q3　Ｐ社監査役は，Ａの責任を追及しなかったことで損害賠償責任を負うか。

　↳1　Ｐ社監査役には，任務懈怠はあるか。

　↳2　Ｐ社監査役がＡの責任を追及しなかったことで，会社にどのような損害が生じたか。

(3)　責任軽減

Q4　本件の責任軽減の株主総会決議は，株主代表訴訟にどう影響するか。

Q5　Ａが従業員による利益供与を黙認していただけならどうか。

(4)　不当な和解の阻止

Q6　不当な和解がされた場合に，他の株主は何らかの手段をとりうるか。

Materials

参考文献

□江頭『株式会社法』514～525頁

□龍田＝前田『会社法大要』187～191頁

参考裁判例

□最判平成 21 年 3 月 31 日民集 63 巻 3 号 472 頁・百選 A24 事件（**Q1**）

□東京地判平成 4 年 2 月 13 日判時 1427 号 137 頁（**Q1**）

【設例 10‐3　担保提供等】

　本設例において，P 株式会社は，取締役会設置会社であり，監査役設置会社であるものとする。

　P 社（銀行）は，系列ノンバンクである Q 株式会社を支援するため，取締役会において，Q 社を支援することで P 社が得られる利益，Q 社から資金を回収できる見込みなどを丹念な情報収集に基づいて慎重に検討したうえ，Q 社に 1000 億円を貸し付けることを決定した。この取締役会決議に基づき P 社代表取締役頭取 A が Q 社に融資をしたところ，P 社の株主 X は，Q 社には借財返済の財源も能力もないから，右の融資は全く回収見込みのない不正・不法な背任融資であると主張して，A に対し，1000 億円の損害賠償を求めて株主代表訴訟を提起した。

　これに対し A は，担保提供の申立てをした。なお A は，本件株主代表訴訟に応訴するため，弁護士に訴訟代理を委任し，すでに着手金として 200 万円を支払ったほか，弁護士の交通費，調査費等の実費を支払うことを約しており，また，弁護士会の弁護士報酬に関する規程に従い，各審級の報酬を支払うことを約している。

　A の担保提供の申立ては認められるか。X が職業的特殊株主（いわゆる総会屋）であると認定できる場合はどうかについても検討せよ。

Keypoints

① 担保提供が命じられるのはどのような場合か。

② 権利濫用として株主代表訴訟が却下されるのはどのような場合か。

Questions

(1)　**不 当 訴 訟**

Q1　A が担保提供の申立てをするには，何を疎明しなければならないか。

(2)　**不法不当目的**

Q2　X が総会屋であることを A が疎明できた場合はどうか。

Q3　権利濫用として訴えが却下されるのはどのような場合か。

(3)　**担保提供の金額**

Q4　担保提供の金額は，何を基準に決定されるか。

　↳　担保提供の制度は，何を「担保」する制度か。

| Materials |

参考文献

　□江頭『株式会社法』514〜525 頁

　□龍田＝前田『会社法大要』187〜188 頁

参考裁判例

　□東京高決平成 7 年 2 月 20 日判タ 895 号 252 頁・百選 65 事件

　□東京地判平成 8 年 6 月 26 日金法 1457 号 40 頁（*Q2*）

　□長崎地判平成 3 年 2 月 19 日判時 1393 号 138 頁（*Q3*）

【設例 10 - 4　会社の行為等が株主代表訴訟に与える影響】

　本設例において，P 株式会社は，取締役会設置会社であり，監査役設置会社であるものとする。

　P 社の株主 X は，P 社取締役 A の責任を追及する株主代表訴訟を提起した。次の各場合に，株主代表訴訟にはどのような影響があるかを検討せよ。

(1)　株主代表訴訟係属中に，X は自分の保有する P 社株式全部を B に譲渡した。

(2)　株主代表訴訟係属中に，P 社を完全子会社，Q 株式会社を完全親会社とする株式交換が行われた。

Keypoints

　株主代表訴訟の提起後に，原告株主が株主でなくなる等の事態が生じた場合に，株主代表訴訟はどのような影響を受けるか。

Questions

(1)　株 式 譲 渡

Q1　X の提起した株主代表訴訟はどうなるか。

Q2　B は株主代表訴訟の原告たる地位を取得するか。

(2)　株 式 交 換

Q3　X の提起した株主代表訴訟はどうなるか。

Q4　X が交付を受ける株式交換の対価によって違いは生じるか。

Q5　かりに，X が株式交換の効力発生日前に株主代表訴訟を提起していなかったとすると，X は，効力発生日後，新たに A の責任を追及する株主代表訴訟を提起することができるか。

| Materials |

参考文献

　□江頭『株式会社法』514〜525 頁

　□龍田＝前田『会社法大要』187 頁

【設例 11-1　監査役の兼任禁止・社外監査役の要件の欠如と計算書類・剰余金配当の効力】

P株式会社は，公開会社でありかつ大会社である。P社は，令和2年6月に行われた定時株主総会終結時をもって，常勤監査役Aおよび非常勤の社外監査役Bを除く2名の監査役が任期満了により退任するので，上記定時株主総会において，P社の顧問弁護士であるCと，上記定時株主総会終結時に任期満了によりP社の取締役を退任するDを，新たに監査役に選任した。このうちCは社外監査役として選任された。Aは，令和元年6月にP社の監査役に就任するまではP社の使用人であった。また，Aは，平成30年6月からはP社の取引先であるQ株式会社の取締役を兼務しているところ，Q社は令和2年10月にP社の子会社となったが，Aは令和3年6月現在Q社の取締役を辞任していない。

P社の令和3年6月の定時株主総会では，令和2年度にかかる計算書類が「法令及び定款に従い株式会社の財産及び損益の状況を正しく表示しているものとして法務省令〔会社計算135条〕で定める要件」に該当していることを前提に，当該計算書類の内容の報告の後，剰余金の配当に関する議案が付議され，賛成多数で承認された（以下，「本件総会決議」という）。

P社の株主Eは，令和2年度にかかる計算書類については，監査役A～Dによる監査が行われ監査役会の監査報告が作成されたが，このうち監査役A・C・Dの資格等に問題があるとして，本件総会決議の取消しを求めて訴えを提起した。

Keypoints

① 監査役が兼任禁止規制に触れる場合，当該監査役の監査の効力はどうなるか。

② 監査役会設置会社において，社外監査役の員数を満たさない場合，監査役会監査報告には瑕疵があるといえるか。

③ 監査に瑕疵がある場合，計算書類の確定や剰余金の配当にどのような影響が及ぶか。

Questions

(1) **監査役と子会社の取締役の兼任**

Q1　監査役は子会社の取締役を兼任できるか。

Q2　AがP社の子会社の取締役でありながらP社の監査役に就任した場合と，

　　A が P 社の監査役と Q 社の取締役を兼務した後に Q 社が P 社の子会社になった場合とで，どのような違いがあるか。

(2)　顧問弁護士と監査役の兼任・社外監査役の資格要件

Q3　顧問弁護士は監査役との兼任を禁止されるか。

Q4　かりに C が社外監査役の要件を満たさないとすれば，監査役会の監査報告の効力にどのような影響を及ぼすか。

(3)　横すべり監査役

Q5　年度途中まで取締役であった D の監査役としての資格には，どのような問題があるか。

(4)　監査の瑕疵と計算書類の確定・剰余金の配当

Q6　監査役ないし社外監査役の資格に問題があるとすると，P 社の令和 2 年度にかかる計算書類は，確定したことになるか。

Q7　監査役ないし社外監査役の資格に問題があって，令和 2 年度にかかる計算書類が確定していないとすると，本件総会決議の効力はどうなるか。

■ **Materials** ···

参考文献
- □江頭『株式会社法』379〜386 頁，540〜569 頁，633〜641 頁
- □大隅健一郎＝今井宏『会社法論　中巻（第 3 版）』（有斐閣，1992 年）294〜296 頁，380〜384 頁

参考裁判例
- □最判平成元年 9 月 19 日判時 1354 号 149 頁（**Q2**）
- □大阪高判昭和 61 年 10 月 24 日金法 1158 号 33 頁（**Q3**）
- □最判昭和 61 年 2 月 18 日民集 40 巻 1 号 32 頁・百選 70 事件（**Q3**）
- □東京高判昭和 61 年 6 月 26 日判時 1200 号 154 頁（**Q5**）

【設例 11‑2　違法配当と役員等の責任】

　　P 株式会社は，公開会社でありかつ大会社である。P 社は，自己株式を保有していない。P 社の会計担当の業務執行取締役 A（代表取締役ではない）は，以下のような令和 2 年度の貸借対照表とその他の計算書類の原案を作成した。実際には，P 社の令和 3 年 3 月 31 日現在の資産の合計金額は 45 億円であり，負債の合計金額は 28 億円であったが，A は，分配可能額を多くみせかけるために，このような貸借対照表の案を作成したのであった。

　　P 社の代表取締役 B は，それが粉飾されたものであると気づかずに，当該計算書類および事業報告ならびにそれらの附属明細書を取締役会に提出した。取締役会では，出席取締役全員（A・B・C）の賛成により，当該計算書類および事業報告ならびにそれらの附属明細書が承認され，株主に合計 5 億円の剰余

金配当をする旨の議案を定時株主総会に提出することが決定された。上記取締役会には監査役全員（D・E・F）が出席していたが，Dらはその席上特に意見を述べなかった。監査役会の監査報告および会計監査人Gの作成した会計監査報告には，計算書類はすべて法令・定款に従ったものであるとの記載があり，特に問題となる指摘はなされていない。Bは，当該計算書類が「法令及び定款に従い株式会社の財産及び損益の状況を正しく表示しているものとして法務省令〔会社計算135条〕で定める要件」に該当していることを前提に，令和3年6月24日に開催された定時株主総会において，当該計算書類の内容の報告の後，上記取締役会決議に従い剰余金配当議案を提出した。定時株主総会では剰余金配当議案が原案どおり承認されたので，同年6月25日，Bは，P社を代表して，株主に合計5億円の剰余金配当を行った。

貸借対照表

（令和3年3月31日現在）

（単位：百万円）

科　　　目	金　　額	科　　　目	金　　額
（資産の部）		（負債の部）	
流動資産	4,000	〔略〕	
〔略〕		負債合計	2,500
		（純資産の部）	
		株主資本	2,500
		資本金	700
		資本剰余金	700
		資本準備金	700
固定資産	1,000	その他資本剰余金	―
〔略〕		利益剰余金	1,100
		利益準備金	200
		その他利益剰余金	900
		純資産合計	2,500
資産合計	5,000	負債・純資産合計	5,000

（注）上記金額のうち，百万円未満の額は，すべて0円とする。

(1) P社の株主Hは，A〜Gに対して，当該粉飾決算に基づく剰余金配当にかかる責任を追及する株主代表訴訟を提起した。

(2) P社はこのような無理な剰余金配当を行ったために支払不能に陥った。当該違法配当が行われた年度に，P社の貸借対照表，監査報告および会計監査報告からP社の財務状況が健全であると判断してP社と取引関係に入ったIは，P社の支払不能により債務の弁済を受けることができなかった。Iは，A〜Gに対して，損害賠償を請求したいと考えている。

> **Keypoints**

　粉飾決算の結果，会社が分配可能額を超える剰余金配当を行った場合，取締役，監査役および会計監査人はそれぞれ会社または第三者に対してどのような責任を負うか。

> **Questions**

(1)　分配可能額と剰余金配当

Q1　設例の貸借対照表によると，Ｐ社が剰余金配当をする時点での分配可能額はいくらになるか。なお，令和3年3月31日から同年6月25日までの間に，分配可能額の変動をもたらす事象はないものとする。

Q2　設例の粉飾がされず，適正な貸借対照表が作成されていたとすると，令和3年3月31日から同年6月25日までの間に分配可能額の変動をもたらす事象がなければ，Ｐ社が剰余金配当をする時点での分配可能額はいくらになるか。なお，設例の貸借対照表の純資産の部に計上されている金額のうち，資本金，資本準備金，その他資本剰余金，および利益準備金の額は適正であるが，その他利益剰余金は1億円が適正な金額であったものとする。

(2)　分配可能額を超える剰余金配当（違法配当）に関する取締役・監査役・会計監査人の会社に対する責任（小問(1)）

Q3　本件の違法配当に関し，代表取締役Ｂは会社に対しどのような責任を負うか。

Q4　*Q3*のＢの責任は過失責任か無過失責任か。過失の有無の証明責任は誰が負うか。

Q5　Ｂに責任があるとすれば，会社に支払うべき額はいくらか。

Q6　本件の違法配当に関し，会計担当の業務執行取締役Ａは会社に対しどのような責任を負うか。

Q7　本件の違法配当に関し，取締役Ｃは会社に対しどのような責任を負うか。

Q8　本件の違法配当に関し，監査役Ｄ・Ｅ・Ｆは会社に対しどのような責任を負うか。

Q9　本件の違法配当に関し，会計監査人Ｇは会社に対しどのような責任を負うか。

　⤷　以上の取締役・監査役・会計監査人の責任は，連帯債務か。

(3)　違法配当に関する役員等の第三者に対する責任（小問(2)）

Q10　本件の違法配当に関し，代表取締役Ｂ，会計担当の業務執行取締役Ａおよび取締役Ｃは，それぞれＩに対しどのような責任を負うか。

Q11　本件の違法配当に関し，監査役Ｄ・Ｅ・ＦはＩに対しどのような責任を負うか。

Q12　本件の違法配当に関し，会計監査人 G は I に対しどのような責任を負うか。

Materials

参考文献

　□江頭『株式会社法』499～501 頁，539～540 頁，568～569 頁，649～653 頁，697～713 頁
　□神田『会社法』324～332 頁

【設例 11‐3　監査役の任期・報酬，附属明細書の備置懈怠，会計監査人の選任手続】
　P 株式会社は公開会社である。次の各場合における P 社の株主総会決議（以下，「本件決議」という）の効力について検討せよ。
(1)　P 社では，取締役・監査役が株主の信任を受ける機会を増やすため，定時株主総会において，取締役の任期を 1 年，監査役の任期を 2 年とする定款変更を行った（本件決議）。
(2)　P 社の代表取締役は，定時株主総会の日の 2 週間前より，計算書類と監査報告を本店に備え置いたが，附属明細書は備え置かなかった。当該定時株主総会では，計算書類の承認決議（本件決議）が行われた。
(3)　P 社は，定時株主総会において，監査役の員数の増加に対応して，監査役の年額報酬の合計額の上限を，従前の 7000 万円から 1 億円に増額することとし，その具体的配分は，取締役会に一任することを決議した（本件決議）。
(4)　大会社である P 社の監査役会は，従前の会計監査人を再任しないこととし，A を新たな会計監査人の候補者とすることを決定した。P 社の取締役会は，「会計監査人を再任しないこと及び会計監査人 1 名の選任の件」を株主総会の会議の目的の 1 つとして定時株主総会を招集することを決定した。P 社の代表取締役は，A とともに B も候補者とする会計監査人の選任議案をこの定時株主総会に提出し，定時株主総会では P 社の取締役会が推す B が会計監査人に選任された（本件決議）。

Keypoints

①　監査役の任期に関する会社法の規制は，取締役の任期に関する規制とどのように異なっているか。
②　附属明細書の備置の懈怠は，定時株主総会決議の効力にどのような影響を及ぼすか。
③　監査役の報酬に関する会社法の規制は，取締役の報酬に関する規制とどのように異なっているか。
④　会計監査人の選任について，監査役はどのように関与することになっているか。

Questions

(1) 取締役と監査役の任期

Q1 　会社法上，公開会社の取締役の任期は何年とされているか。

Q2 　会社法上，公開会社の監査役の任期は何年とされているか。取締役の任期と規制が異なるのはなぜか。

　↳　公開会社でない株式会社（監査等委員会設置会社・指名委員会等設置会社を除く）では，取締役・監査役の任期について，定款で特別な定めをすることができる。どのような定めか。それはなぜか。

Q3 　取締役の任期を1年とする定款変更決議の効力はどうなるか。

Q4 　監査役の任期を2年とする定款変更決議の効力はどうなるか。

(2) 附属明細書の備置懈怠

Q5 　附属明細書の備置きを欠く場合の計算書類承認決議の効力はどうなるか。

(3) 監査役の報酬

Q6 　監査役の報酬の配分を取締役会に一任する株主総会決議の効力はどうなるか。

(4) 会計監査人の選任手続

Q7 　会計監査人の選任・解任・不再任の議案の決定に関して，監査役はどのように関与するか。

　↳　会計監査人の報酬は，どのような手続によって決定されるか。

Q8 　ＡとＢを会計監査人の候補者とし，そのうちＢを会計監査人に選出した本件決議には瑕疵があるか。

　↳　かりに，少数株主がＢを候補者とする議案提案権を行使し，本件の株主総会でＢが会計監査人に選任されたとすると，Ｂの選任決議の効力はどうなるか。

Materials

参考文献

□江頭『株式会社法』379〜380頁，387〜388頁，405〜407頁，548〜549頁，565〜567頁，643〜647頁，653〜656頁

参考裁判例

□福岡高宮崎支判平成13年3月2日判タ1093号197頁（***Q5***）

会社法総則の諸問題

【設例 12-1　支店長名義での取引と名板貸責任】

　P 社は京都市において土木建設業を営む株式会社である。P 社の代表取締役社長 A は，鳥取市で土木建設業を営む友人 B から，「道路補修等の公共工事を受注しやすくするために信用のある P 社の名前を使わせてほしい」と頼まれ，B が，その事業所を P 株式会社鳥取支店と称し，また B 自身を P 株式会社鳥取支店長と称することを認めた。しかし，P 社と B の事業は別個独立に行われており，P 社または A が B の事業に対して指示や助言をすることはおよそなかった。B が P 株式会社鳥取支店長名義で振り出した約束手形も，B が P 株式会社鳥取支店名義で開設した当座預金口座において，B の資金で決済されていた。なお，B の事業所につき，支店登記は行われておらず，B が P 社の支配人である旨の登記も行われていない。

　建材販売業者である C は，B が P 株式会社鳥取支店の支配人であると信じて令和 3 年 6 月ころから B と取引を始めたが，同年 12 月に B の事業が倒産状態となり，納入した建材の代金の支払を受けられなくなった。

(1)　C は，B 個人に対して建材代金の支払を求めることができるか。

(2)　C は，P 社に対して建材代金の支払を求めることができるか。

Keypoints

　ある会社の支店長の肩書きを使って取引することを許諾された者が行った取引の債務を負うのは誰か。

Questions

(1)　B 個人の責任

Q1　C は B 個人に対して，建材代金の支払を求めることができるか（建材代金支払債務が B 個人に帰属するか）。

　↳　C が，自分の取引の相手方は P 社であると信じて疑わなかったことは，B 個人が責任を負うか否かの結論に影響を与えるか。

(2)　P 社の責任

Q2　C は，P 社に対して会社法 13 条（表見支配人）の責任を追及することはできるか。

Q3　C が，P 社に対して会社法 9 条（名板貸し）の責任を追及することができるかどうかを ↳ 1～↳ 3 に留意しながら検討せよ。

　↳ 1　使用された名称が「P 株式会社」ではなく，「P 株式会社鳥取支店長 B」

であったことは名板貸責任の成否に影響を与えるか。

⤷**2**　本件において「事業又は営業を行うこと」の許諾はあったといえるか。

⤷**3**　会社法 9 条を適用するために必要な相手方（C）の主観的要件は充足されているといえるか。

Q4　C は，P 社に対して民法 109 条（代理権授与表示による表見代理）の責任を追及することはできるか。

⤷　会社法 13 条と民法 109 条はどのような関係にあるか。

Q5　支店登記と支配人登記がなされていなかったことが，P 社の責任が認められるか否かの結論に影響を与えるかどうかを ⤷**1**〜⤷**4** に留意しながら検討せよ。

⤷**1**　一般に株式会社が適法な手続（取締役会設置会社なら取締役会決議）を経て支店を設置し，支配人を選任した場合にはどのような登記がされることになるか。

⤷**2**　もしかりに支店登記と支配人登記があった場合（B の事業所を P 株式会社鳥取支店として登記し，B を鳥取支店の支配人として登記していた場合），P 社に対する責任追及は容易になるか。

⤷**3**　C が登記を見ておらず，鳥取支店の支店登記および支配人登記がないことを知らなかったことは，会社法 9 条による保護が与えられるかどうかの結論に影響を与えるか。

⤷**4**　登記を見た C が，鳥取支店の支店登記および支配人登記がないことを知り，B に問い合わせたところ，B が税金節約のため登記はしていないと回答したので，その言を信じて取引に応じた場合は，違いが生ずるか。

Materials ⋯⋯⋯⋯⋯⋯⋯⋯⋯⋯⋯⋯⋯⋯⋯⋯⋯⋯⋯⋯⋯⋯⋯⋯⋯⋯⋯⋯⋯⋯⋯⋯⋯

参考裁判例

□仙台高判昭和 61 年 10 月 23 日判タ 624 号 218 頁

□最判昭和 33 年 2 月 21 日民集 12 巻 2 号 282 頁（**Q3** ⤷**1**）

【設例 12 - 2　事業譲渡と債務の承継】

　大山崎開発株式会社（以下，「P 社」という）は，ゴルフ場その他のスポーツ施設の運営等を主たる事業目的とする会社であり，平成元年以来，「大山崎カントリークラブ」という名称の預託金会員制のゴルフクラブが設けられているゴルフ場を運営していた。A は，平成 16 年 8 月 28 日，P 社に対して，1300 万円を預託して，上記ゴルフクラブの正会員の資格を取得した。

　新大山崎開発株式会社（以下，「Q 社」という）は，令和 2 年 8 月，P 社から本件ゴルフ場の運営事業を譲り受けたが（以下，「本件譲渡」という），その譲受けに関する契約において，Q 社は，P 社が「大山崎カントリークラブ」の正会

員に対して負担していた預託金返還債務を引き受けないこと，同ゴルフクラブの従業員のうち，B〜Gの6名はQ社において雇用しないことが定められていた。Q社は，本件譲渡の際，「大山崎カントリークラブ」の正会員に対して，本件譲渡について特に案内等は出さなかったが，本件譲渡の後も，「大山崎カントリークラブ」の正会員に会則に基づき同クラブのゴルフ場施設を利用させていた。

(1) Aは，Q社に対して，預託金の返還を求めることができるか。

(2) B〜Gは，Q社に対して，雇用契約が継続していることを主張できるか。

★注　預託金会員制ゴルフクラブとは，一般に，ゴルフクラブの会員となろうとする者が入会に際して所定の預託金を払い込み（会員は，会則等に定める一定の据置期間が経過した後には退会に伴って預託金の返還を請求することができる），ゴルフ場経営会社が将来に向かってゴルフ場施設を利用可能な状態に保持し，会則に従ってこれを会員に利用させることを義務づけられるような会員契約に基づいて運営されるゴルフクラブのことをいう。

Keypoints

ゴルフ場運営会社の事業が譲渡され，譲受会社が会員制ゴルフクラブの名称を続用した場合に，譲受会社は，譲渡会社が負担していた預託金返還債務について責任を負うか。

Questions

(1) 事業譲渡における商号等の続用，債務引受けの広告，詐害的事業譲渡

Q1 AがQ社に対して預託金の返還を求めるための法律構成としてどのようなものが考えられるか。

Q2 本件において，商号の続用があるといえるか。

Q3 Q社がゴルフクラブの名称を続用して事業を行っていることをどのように評価すべきか。

Q4 かりにQ社が本件譲渡の際，「大山崎カントリークラブ」の正会員に対して，「このたび，弊社がP社からゴルフ場事業を承継いたしました。正会員の皆様には従来どおり，当クラブをご利用いただくことができます」という趣旨の案内状を出していたとすると，この事実はAのQ社に対する預託金返還請求に関して何らかの意味を持つことになるか。

Q5 かりに本件譲渡の際，ゴルフクラブの名称が「天王山カントリークラブ」に改められたが，旧「大山崎カントリークラブ」の正会員には従前と同様の条件でゴルフ場施設を利用させることとした場合はどうか。

(2) 事業譲渡と労働契約関係の承継

Q6 事業譲渡の際，一般に，雇用契約はどのように処理されるか。本件において，

B~G は Q 社との間での雇用契約の継続を主張することができるか。

Q7　かりに B~G が Q 社との間での雇用契約の継続を私法上主張することができないとした場合，B~G はおよそ何の保護も受けることはできないか。

Materials ....

参考文献

□落合誠一「商号続用営業譲受人の責任」法教 285 号（2004 年）25 頁

参考裁判例

□最判平成 16 年 2 月 20 日民集 58 巻 2 号 367 頁・商法判例百選 18 事件

□最判昭和 38 年 3 月 1 日民集 17 巻 2 号 280 頁・商法判例百選 17 事件（*Q2*）

□大阪高判昭和 38 年 3 月 26 日高民 16 巻 2 号 97 頁・商法判例百選 16 事件（*Q6, Q7*）

授業のイメージ

【設　例】

　本設例において，Ｐ株式会社は取締役会設置会社であり，監査役設置会社であるものとする。また，Ｐ社は，種類株式発行会社ではなく，定款には，株券を発行する旨，および，譲渡による株式の取得について会社の承認を要する旨の定めがある。

　Ｐ社は，インスタント・ラーメンの製造販売を業とする株主数10名の同族的な会社であったが，その経営は低迷し，最近5年間は，剰余金配当がされない状態が続いている。発行済株式総数の40％を有する株主Ａは，経営には一切関与していなかったが，日ごろから代表取締役らの経営方針に不満を持っていた。Ａは，大学時代の友人Ｂが経営コンサルタント業を始めたことを知り，ＢにＰ社の経営立直しに力を貸してほしい旨依頼した。ＢはＡに対し，「Ｐ社の大株主となったほうが経営の立直しがしやすいので，Ａが保有する株式のうち，発行済株式総数の30％の株式をＢに譲渡してほしい。いずれＰ社の経営が軌道に乗れば，しかるべき金額を上乗せした代金で，Ａに株式を譲渡する」と述べた。ＡはＢに対し，「Ｐ社では，株式譲渡には取締役会の承認が必要であり，承認は得られないのではないか」と述べたが，Ｂは，「Ｐ社にはとても自己株式を買い受けるだけの資金はないだろうし，代表取締役らにも買受資金はないだろうから，問題ないだろう」と述べた。

　そこでＡは，事前にＰ社の承認を得ることなく，Ｂに対し，発行済株式総数の30％の株式を譲渡した。Ｂは，Ｐ社に対し，株券を提示して，Ｂによる当該株式の取得を承認するか否かの決定をすること，承認しない旨の決定をする場合には，Ｐ社またはＰ社の指定する者（指定買受人）が当該株式を買い取ることを請求した。Ｐ社は，Ｂが株主となることを望まず，取締役会においてＢによる当該株式の取得を承認しない旨の決定をし（以下，「本件取締役会決議」という），その旨をＢに通知した。さらにＰ社は，株主総会の特別決議（以下，「本件株主総会決議」という）により，Ｐ社自身が対象株式を買い取る旨の決定をした。この決定に基づき，Ｐ社は，法定の期間内に，1株あたり純資産額に買い受ける株式数を乗じた額を本店所在地の供託所に供託し，当該供託を証する書面をＢに交付するとともに，Ｐ社が株式を買い取る旨をＢに通知した。Ｐ社から株式を買い取る旨の通知を受けたＢは，予想外の事態に驚いたが，やむをえず，法定の手続に従い株券を供託した。裁判所に売買価格の決定の申立てはされなかったため，供託額が売買価格となった。

　次の(1)～(4)における，会社法上の論点を検討せよ。なお，(1)～(4)はそれぞれ別個の問題として考えること（たとえば，(1)においては，取得財源の問題は考慮しなくてよい）。

(1)　P社から株式を買い取る旨の通知を受けたBは，Aにそのことを告げたところ，Aは，「P社に株式を買い取られるくらいなら，もとのまま株主でいたほうがましである。今回の話は一切なかったことにしてほしい」と述べた。そこでBは，P社に対し，「株式取得等の承認請求はなかったことにしてほしい」と求めた。

(2)　P社における本件取締役会決議は，定款の定めに基づき，現実の会議を開くことなく，各取締役が「Bによる当該株式の取得を承認しない旨」に同意する旨の書面を回覧する方式で行われたが，Aと同じく代表取締役らの経営方針に不満を持っていた取締役Cは，その書面において「意見を差し控えたい」旨の記載をしていたことが判明した。このことを理由に，Bは，P社に対して株式の返還を求め，名義書換請求をすることができないかを検討している。

(3)　P社における本件株主総会決議において，Aは，本件株主総会決議について特別の利害関係を有することを理由に議決権の行使を認められていなかったことが判明した。このことを理由に，Bは，P社に対して株式の返還を求め，名義書換請求ができないかを検討している。

(4)　P社には，自己株式を買い受けるために会社法上必要とされる取得財源がなかったことが判明した。このことを理由に，Bは，P社に対して株式の返還を求め，名義書換請求ができないかを検討している。

Keypoints

① 譲渡制限株式の取得の承認等の請求はどの段階まで撤回ができるか。

② 譲渡制限株式の取得を承認しない取締役会決議が無効であるとき，そのことは取得者の地位にどのように影響するか。

③ 譲渡制限株式の取得者から会社が株式を買い受ける旨の株主総会決議がなされた場合に，その決議に取消事由があるとき，そのことは取得者の地位にどのように影響するか。

④ 譲渡制限株式の取得者から会社が株式を買い受けたが，会社には取得財源がなかったとき，そのことは取得者の地位にどのように影響するか。

Questions

(1)　**承認請求の撤回**

Q1　承認請求をしたBは，承認請求を撤回することができるか。

(2)　取締役会の書面決議

Q2　現実に会議を開催することなく取締役会決議を行うことは可能か。

Q3　本件取締役会決議は有効か。

Q4　本件取締役会決議が無効であるとすると，そのことはＰ社による自己株式取得の効力に影響するか。

Q5　Ｐ社の自己株式取得が無効であるとすると，ＢはＰ社に対して株式の返還を請求することができるか。

Q6　ＢがＰ社から株式の返還を受けた場合，Ｂは，Ｐ社に対して名義書換請求をすることができるか。

(3)　特別利害関係人による議決権行使

Q7　本件株主総会決議には瑕疵があるか。

Q8　本件株主総会決議の瑕疵は，Ｐ社による自己株式取得の効力に影響するか。

Q9　本件株主総会決議について，ＢまたはＡは，決議取消しの訴えを提起できるか。

Q10　決議取消しの訴えが提起され，決議取消判決が確定すれば，そのことはＰ社による自己株式取得の効力に影響するか。

Q11　Ｐ社の自己株式取得が無効であるとすると，ＢはＰ社に対して株式の返還を請求し，さらに名義書換えを請求することができるか。

(4)　財源規制に違反する自己株式取得

Q12　取得財源がなかったことは，Ｐ社による自己株式取得の効力に影響するか。

Q13　Ｐ社による自己株式取得の効力について，有効説をとるか無効説をとるかで，Ｂによる株式の返還請求が認められるかどうかの結論に違いが生じるか。

Q14　ＢがＰ社から株式の返還を受けた場合，Ｂは，Ｐ社に対して名義書換請求をすることができるか。

Materials

参考文献

□江頭『株式会社法』235～245 頁，260～263 頁，438～439 頁
□相澤哲編著『立案担当者による新・会社法の解説』（別冊商事法務 295 号，商事法務，2006 年）135 頁（***Q12***）
□葉玉匡美「財源規制違反行為の効力」商事 1772 号（2006 年）33 頁（***Q12***）

〔問題の意図〕

　　本問は，定款に株式の譲渡制限の定めのある閉鎖的な株式会社において，事前の承認なく株式譲渡が行われ，取得者の側から会社に当該株式の取得の承認

等の請求がなされたが，会社は当該取得を承認しない旨の決定をし，会社自身が当該株式を買い受けた事例を素材として，譲渡制限株式の譲渡にかかる承認手続，取締役会決議の瑕疵と自己株式取得の効力の関係，株主総会決議の瑕疵と自己株式取得の効力の関係などについて，会社法に関する理解を問う問題である。

　具体的には，小問(1)は，譲渡制限株式の取得の承認等の請求はどの段階まで撤回ができるかを問うものである。譲渡制限株式の譲渡にかかる承認手続の中で，請求者と会社（または指定買受人）との間で売買契約が成立するのはどの段階かについての理解を確認する必要がある。

　小問(2)では，取締役会の書面決議が有効に行われるための要件を確認するとともに，取締役会決議が無効であることと，BがP社に対して株式の返還を求め，名義書換請求をすることができることとを，どのような法的構成で結びつけることができるか，その論理の筋道を丁寧に検討することが求められる。

　小問(3)では，株主総会決議に取消事由があるにすぎない場合に，BがP社に対して株式の返還を求め，名義書換請求をすることができるかが問われており，決議取消事由の存在と自己株式取得の効力との関係，決議取消しの訴えの原告適格，自己株式取得の無効の主張権者などについて検討することが求められる。

　小問(4)では，取得財源を欠く自己株式取得がなされた場合に，当該自己株式取得の効力をどう解すべきか，自己株式取得の効力の有効・無効が結論にどう影響するかを検討することが求められる。

　譲渡制限株式の譲渡に関する会社法の規定は複雑であり，特に会社が当該株式を買い取る場合には，自己株式取得規制も重なり，理解をするのは容易ではないが，本問の検討を通じて，譲渡制限株式の譲渡はどのような手続で行われるか，取締役会決議・株主総会決議に瑕疵がある場合にはどのような法的問題が生じ，どのように解決すべきかについて，会社法の理解を深めることが望まれる。

〔解　説〕

(1)　承認請求の撤回

Q1　承認請求をしたBは，承認請求を撤回することができるか。

　BがP社から株式を買い取る旨の通知（会社141条1項）を受けた後は，P社の承諾がない限り，請求を撤回することはできない（同143条）。

　P社による株式買取りの通知（同141条1項）は，形成権の行使であり，これ

によりＰ社とＢとの間で株式の売買契約が成立することとなるからである。

(2)　取締役会の書面決議

> **Q2**　現実に会議を開催することなく取締役会決議を行うことは可能か。

　会社は，定款で定めれば，いわゆる書面決議の方法で取締役会決議を行うことができる（会社370条）。

> **Q3**　本件取締役会決議は有効か。

　書面決議においては，議決権を行使することのできる取締役の全員が書面で同意の意思表示をしなければならないところ（会社370条），本件では，取締役Ｃが意見を留保していることから，書面決議の方法では取締役会決議を行うことはできない。本件取締役会決議は無効である。

> **Q4**　本件取締役会決議が無効であるとすると，そのことはＰ社による自己株式取得の効力に影響するか。

　本件取締役会決議は無効であるから，Ｐ社は，会社法140条１項に基づいてＢから株式を買い取る旨の決定をすることはできないこととなる。本件株主総会決議は内容が会社法140条１項に違反して無効であり，株主総会決議を欠くＰ社の自己株式取得は無効と解される。

> **Q5**　Ｐ社の自己株式取得が無効であるとすると，ＢはＰ社に対して株式の返還を請求することができるか。

　Ｐ社による自己株式取得の無効をＢが主張することができるかが問題になる。自己株式取得規制は会社財産維持，株主平等など，会社側の利益を保護するための規制であって，相手方保護の規制ではないことを理由に，違法な自己株式取得の無効を主張できるのは会社側だけであると解する説が多い。この説によれば，Ｂは無効主張することはできず，Ｐ社に対して株式の返還を求めることはできないこととなる。しかし，違法取得した会社側が無効を主張することは期待できないこと等を理由に，相手方からの無効主張を認めるべきだという見解も有力であり，この説をとれば，Ｂの側からＰ社に対して株式の返還を請求できることになる。

> **Q6**　ＢがＰ社から株式の返還を受けた場合，Ｂは，Ｐ社に対して名義書換請求をすることができるか。

　Ｐ社の事前の承認なしにされたＡ・Ｂ間の株式譲渡は，Ｐ社の承認がない限り，Ａ・Ｂ間では有効であるが，Ｐ社に対する関係では効力を生じていない。

しかし本件では，本件取締役会決議は無効であり，Ｐ社は，会社法139条2項に基づく適法な通知を法定の期間内に行わなかったこととなる。したがってＰ社は，Ｂによる株式取得を承認したものとみなされ（会社145条1号），ＢはＰ社に対する関係で有効に株式を取得したこととなるから，Ｂは，Ｐ社に対して名義書換請求をすることができると解される。

(3) 特別利害関係人による議決権行使

Q7 本件株主総会決議には瑕疵があるか。

会社による買取りの決定は株主総会の特別決議によらねばならず（会社140条2項・309条2項1号），承認請求をした株主は，特別の利害関係を有することから議決権行使をすることができない（同140条3項）。しかし，Ａは承認請求をした株主ではなく，議決権行使は妨げられない。Ａの議決権行使を認めなかった本件株主総会決議には，決議方法に法令違反があり，決議取消事由が存在する（同831条1項1号）。

Q8 本件株主総会決議の瑕疵は，Ｐ社による自己株式取得の効力に影響するか。

株主総会決議を欠く自己株式取得は無効と解されるが，株主総会決議に決議取消事由があるにすぎない場合は，決議取消しの訴えにより決議を取り消さなければ，決議の無効を主張することはできない。

Q9 本件株主総会決議について，ＢまたはＡは，決議取消しの訴えを提起できるか。

Ｂは，株主たる地位にはなく，決議取消しの訴えの提訴権を有しない。もっとも，もし決議が取り消されれば，遡って会社法141条1項に基づく適法な通知が法定の期間内になされなかったこととなり，Ｐ社がＢによる株式取得を承認したものとみなされる結果（会社145条2号），ＢはＰ社に対する関係で株主となりうるから，Ｂには決議取消しの訴えの提訴権を認めるべきであるとの考えもありえよう。

他方，Ａは，なお10％の株主であるから，決議取消しの訴えを提起することができる。

Q10 決議取消しの訴えが提起され，決議取消判決が確定すれば，そのことはＰ社による自己株式取得の効力に影響するか。

決議取消判決が確定すれば，決議は遡って無効となり，Ｐ社による自己株式取得は無効となる。

> **Q11**　P 社の自己株式取得が無効であるとすると，B は P 社に対して株式の返還を請求し，さらに名義書換えを請求することができるか。

　　P 社の自己株式取得が無効である場合に，その無効主張を B の側から行うことができるかについては，さらに説が分かれる（前記 **Q5** 参照）。B の側からの無効主張を認めるのであれば，B は P 社に対して株式の返還を請求することができ，さらに，前記のように P 社は B による株式取得を承認したものとみなされることから（会社 145 条 2 号），B は P 社に対する関係で株主となり，名義書換えを請求することもできる。

(4)　財源規制に違反する自己株式取得

> **Q12**　取得財源がなかったことは，P 社による自己株式取得の効力に影響するか。

　　会社が自己株式を取得する対価として株主に交付する金銭等の総額は，自己株式取得の効力発生日における分配可能額を超えてはならない（会社 461 条 1 項 1 号）。財源規制に違反する自己株式取得の効力については争いがある。立案担当官は，財源規制に違反する自己株式取得も有効であると解しているが，学説上は，無効と解する説が多い。

　　有効説は，相手方による同時履行の主張を許さないことを主な理由として提唱された考え方である。すなわち，もし財源規制に違反する自己株式取得を無効とすると，相手方と会社とが互いに不当利得返還請求権を有することとなり，民法 533 条の類推により，これらは同時履行の関係に立つこととなって，相手方は，自分の交付した株式あるいはそれに相当する金銭を会社から返還してもらうまでは，会社に対して金銭の交付をしないという主張ができることになるという。もし B のこのような主張が認められるとすると，会社が相手方に支払を求める場合に，会社が相手方に株式を返還できなければ，不当利得法理によれば株式に代えて株式の時価相当額の金銭の返還をしなければならないこととなるが，もし株価が高騰していれば，むしろ相手方から受ける額以上の金銭を不当利得として相手方に返還しなければならないことになって，さらに会社財産が流出することになると説く。これに対し有効説をとると，同時履行の問題は回避され，B は責任を履行して初めて，P 社に交付した株式について代位する（民法 422 条の類推）という構成をとることとなる。

　　確かに有効説は，同時履行の問題をストレートに回避できる点では優れているが，分配可能額がないにもかかわらず株主総会決議で自己株式取得の授権をしても当該決議は内容の法令違反で無効であり，株主総会決議が無効であるに

もかかわらずなぜそれに基づく自己株式取得が有効になるのかなど，難点がある。同時履行の問題は，無効説によっても，解釈によってこれを否定することも不可能ではないと思われ（たとえば，同時履行の関係に立つのは，代金の不当利得返還義務と株式の不当利得返還義務とであり，相手方の法定の責任と株式の返還義務とは同時履行の関係に立たないという解釈も可能であろう），あえて財源規制に違反する自己株式取得を有効であると解する理由は乏しいというべきであろう。

> ***Q13*** P 社による自己株式取得の効力について，有効説をとるか無効説をとるかで，B による株式の返還請求が認められるかどうかの結論に違いが生じるか。

有効説をとれば，B の側から P 社に自己株式の返還を求めることはできない。

無効説をとれば，P 社による自己株式取得の無効を B が主張することができるのかがさらに問題になる（前記 *Q5* 参照）。無効を主張できるのは P 社側だけであると解する説によれば，B は無効主張できず，有効説と差は生じない。B からの無効主張を認める説によれば，有効説とは違いが生じ，B の側から P 社に対して株式の返還を請求できることになる。

> ***Q14*** B が P 社から株式の返還を受けた場合，B は，P 社に対して名義書換請求をすることができるか。

P 社の事前の承認なしにされた AB 間の株式譲渡は，P 社の承認がない限り，AB 間では有効であるが，P 社に対する関係では効力を生じていない。しかし本件では，本件株主総会決議は決議内容が会社法 461 条 1 項に反して無効であり，P 社は，会社法 141 条 1 項に基づく適法な通知を法定の期間内に行わなかったこととなる。したがって P 社は，B による株式取得を承認したものとみなされ（会社 145 条 2 号），B は P 社に対する関係で有効に株式を取得したこととなるから，B は，P 社に対して名義書換請求をすることができる。

役員の任務懈怠

【設　例】

　P株式会社は，自転車の販売を業とする監査役設置会社であり，種類株式発行会社ではない。P社の創業者の一人息子であるAは，P社の唯一の代表取締役でありP社の総株主の議決権の50％を保有している。P社は，L県東部を販売区域としてきたところ，Aは販売区域の拡大を計画し，P社の業務執行取締役Bに，L県東部と隣接するM県北部とN県西部のいずれが進出先として適切かの調査を行わせた。

　Bは，調査の結果ニュータウンの建設が進んでいるN県西部に進出するほうが成功の可能性が高いことを知ったが，自己が全株式を有しているQ株式会社がN県西部を販売区域として自転車の販売業を行っているので，Aには，十分な根拠を示さないまま，M県北部への進出が好ましいという意見を伝えた。Bは，Q社の役員にはなっていないが，Q社の事業全般につき実質的な指図を行っていた。

　一方，P社の取締役Cは，独自に調査を行い，ニュータウン建設の状況，人口増加の状況，自転車の需要の伸び方等様々なデータをもとに，M県北部とN県西部を比較した場合，N県西部のほうが進出先としてふさわしいと結論づける詳細な報告書を作成し，Aに提出した。Cの報告書は，客観的に信頼できるデータを基礎にしており，その結論は説得力を持つものであった。P社の重要な使用人の中には，Cの報告書の結論を採用するほうがよいとの意見をAに伝える者が少なくなかった。

　しかし，Aは，Cの報告書およびCに賛同する使用人らの意見を全く吟味することなく，また，Bにその結論に至った理由を特に問いただすことなく，M県北部へ進出する意思を固めた。P社は，取締役会の決議（取締役3名中，AおよびBがM県北部への進出に賛成，Cが反対）を経たうえで，M県北部に新店舗を開設し，A自ら同地域に乗り込んで，P社を代表して自転車の販売事業を開始した。

　P社が新店舗を開設した地域では，P社の唯一の監査役Dが代表取締役を兼ねるR株式会社が自転車の販売をすでに行っていたところ，結局P社は，R社との競争に敗れて新店舗開設後1年足らずでM県北部からの撤退を余儀なくされ，この進出失敗により多額の損害を被った。

(1)　数年前からP社の株主であるEは，M県北部への進出の失敗によりP社が被った損害について，A・B・Dの責任を追及する株主代表訴訟の提起を

計画している。Eが主張すべき，A・B・DのP社に対する責任の根拠について検討せよ。

(2) Eは，会社法所定の手続を経て，A・B・Dの責任を追及する株主代表訴訟を提起したところ，P社の臨時株主総会において，A・B・Dの損害賠償責任のうち会社法425条1項所定の「最低責任限度額」を控除して得た額を免除する議案が提出され（AおよびBの責任一部免除については監査役Dの同意を得ている），総株主の議決権の68％の賛成によって承認された。これにより，Eの請求はどのような影響を受けるか。

Keypoints

① 経営判断の誤りについて，取締役は，どのような場合，任務懈怠責任を負うか。

② 取締役の競業避止義務の対象となる取引とは，どのような取引か。

③ 取締役による妥当性を欠く業務執行を阻止しなかった監査役には，任務懈怠があるか。

④ 取締役の責任の一部を免除する株主総会決議において，当該取締役が株主として議決権を行使した場合，当該株主総会決議には瑕疵があるといえるか。

Questions

(1) 取締役・監査役の任務懈怠

Q1 Aは，P社のM県北部への進出失敗に関して，P社に対して責任を負うか。

Q2 Bは，P社のM県北部への進出失敗に関して，P社に対して責任を負うか。

Q3 Q社がN県西部において自転車の販売事業を行っていることについて，Bは，P社に対して負う競業避止義務に違反しないか。

Q4 Dは，P社のM県北部への進出の決定に関して，P社に対して責任を負うか。

Q5 Dは，R社を代表して，M県北部において自転車の販売を行ったことについて，P社に対して責任を負うか。

(2) 役員の責任の一部免除

Q6 A・B・Dの責任を一部免除するP社の株主総会決議が有効であれば，Eの提起した株主代表訴訟にどのような影響を及ぼすか。

Q7 A・B・Dの責任を一部免除するP社の株主総会決議は有効か。

Materials

参考文献

□江頭『株式会社法』377〜388頁，448〜458頁，492〜498頁，503〜508頁，568〜569頁
□龍田＝前田『会社法大要』88〜92頁，101〜104頁，111〜115頁，164〜165頁

参考裁判例

　□最判平成 22 年 7 月 15 日判時 2091 号 90 頁・百選 48 事件
　□東京地判昭和 56 年 3 月 26 日判時 1015 号 27 頁・百選 53 事件（**Q3**）
　□大阪高判平成 11 年 3 月 26 日金判 1065 号 8 頁（**Q7**）

〔問題の意図〕

　本問は，販売地域の拡大を目指す自転車販売会社（P 社）の代表取締役から，会社が新たに市場を開拓すべき 2 つの候補地についての調査を任された取締役が，故意に成功の可能性が低い地域への進出が好ましいとの報告をし，P 社が，その報告に従って同地域に進出したところ他の業者との競争に敗れて撤退を余儀なくされ，多くの損失を出したという事例を素材に，取締役および監査役の会社に対する責任に関する諸問題について考察するものである。

　小問(1)では，取締役の誤った意見を鵜呑みにして，M 県北部への進出を決定した代表取締役は，その経営判断の失敗についての責任を負うか（**Q1**），N 県西部への進出が好ましいことを知りながら，自己が全株式を有している他の会社との競合を避けるために，M 県北部への進出がより適切であるとの報告をした取締役には，善管注意義務・忠実義務違反があるといえるか（**Q2**），および，好ましくない地域への進出を阻止しなかった監査役には任務懈怠があるといえるか（**Q4**），が問われている。ここでは，取締役の善管注意義務・忠実義務と経営判断原則，監査役の監査の対象（適法性監査）といった基本的な事項についての知識をもとに，具体的な設問に対応することが求められている。なお，小問(1)では，取締役の競業避止義務の対象となる取引の場所的範囲および事実上の主宰者による競業取引（**Q3**）や，監査役が第三者のために会社の事業の部類に属する取引を行った場合の責任（**Q5**）という，少し踏み込んだ設問も用意されている。

　小問(2)では，株主総会決議による役員等の責任の一部免除（会社 425 条）について，一部免除が認められるのは役員等のどのような責任か（**Q6**），大株主でもある取締役が，自己の責任を一部免除する株主総会決議に参加した場合，当該決議の効力はどうなるか（決議には瑕疵があるといえるか）（**Q7**）が，問われている。

　役員の責任を問う問題では，当該役員が，具体的にどのような行為を行ったかを，設例から注意深く読み取ったうえで，会社法上の基本的な諸制度をそれにあてはめて，解決の道筋を個別に検討する必要がある。本問では，**Q1** から順次質問することによって，設例に含まれている論点をある程度見通せるよう

に工夫されている。このような学習の積重ねによって，設例のみから検討すべき論点を導き出す能力を涵養することが，事例演習の目標となる。

〔解　説〕

(1)　取締役・監査役の任務懈怠

> **Q1**　Aは，P社のM県北部への進出失敗に関して，P社に対して責任を負うか。

　　Aは，M県北部への進出という経営判断を行い，その判断が裏目に出てP社は多額の損害を被った。一般に経営上の判断については，会社と利害衝突のない取締役が行ったもので，その判断に至る過程において合理的な情報を収集し判断の前提となる事実の認識に不注意な誤りがなければ，判断の内容が同等の地位にある者を基準として著しく不合理なものでない限り，判断を行った取締役は善管注意義務に違反しないとされている（経営判断の原則）。

　　本設問において，Aが，Cの報告書や重要な使用人らの意見を吟味することなく，Bの意見を鵜呑みにして判断を行ったことからすると，Aには，判断に至る過程に不注意があったといえるので，善管注意義務違反があったことになる。したがって，Aは，P社に対して任務懈怠に基づく損害賠償責任を負う（会社423条1項）。

> **Q2**　Bは，P社のM県北部への進出失敗に関して，P社に対して責任を負うか。

　　Bは，M県北部よりN県西部への進出がP社にとって好ましいことを知りながら，同地域におけるQ社の取引の機会をP社に奪われることを阻止するため，Aに対して，十分な根拠を示さずにM県北部へ進出すべきという意見を述べた。Bには，当該判断についてP社と利害の衝突があり，Bの調査報告，意見申述および取締役会でのM県北部進出への賛成は，P社の利益を最大化するためのものではないことを知りながら行われたので，Bには善管注意義務・忠実義務の違反があり，P社に対して任務懈怠に基づく損害賠償責任を負う（会社423条1項）。

> **Q3**　Q社がN県西部において自転車の販売事業を行っていることについて，Bは，P社に対して負う競業避止義務に違反しないか。

　　会社法356条1項1号の「株式会社の事業の部類に属する取引」とは，会社の行う事業と市場において競合し，会社と取締役との間に利益の衝突を来す可能性のある取引をいう。会社が現在事業を行っていないが進出を計画している

地域も，会社の市場と解する説も有力である。本設問では，N県西部への進出がP社において検討されているから，この有力説によれば，競業避止義務との関係では，N県西部もP社の市場と解することができる。

　会社法356条1項1号の「自己又は第三者のために株式会社の事業の部類に属する取引をしようとする」とは，自己または第三者のために競業取引の実行行為者となろうとする場合を意味する。取締役が，株式保有を背景に他の会社の経営を実質的に支配している場合には，事実上の主宰者として，競業取引を第三者のために実行したものと評価される。Bは，Q社の株式のすべてを有し，Q社の事業全般につき実質的な指図を行っているから，Q社の事実上の主宰者であるといえる。

　したがって，BがQ社の経営を支配してQ社にN県西部で自転車の販売を行わせることについて，P社の取締役会の承認（会社365条1項）を得ていない場合，Bは競業避止義務に違反する可能性がある。Bが競業避止義務に違反する場合，当該競業取引によってQ社が得た利益の額は，P社の損害額と推定される（同423条2項）。

Q4　Dは，P社のM県北部への進出の決定に関して，P社に対して責任を負うか。

　P社は監査役設置会社であるから，監査役の監査権限は会計に関するものに限定されない（会社2条9号・389条1項）。監査役の監査対象は，取締役会の監督権限と異なり，取締役の業務執行の妥当性ではなく，適法性に限られると解されている。

　P社のM県北部への進出は，経営判断事項であるため，一般には監査役の監査対象ではないと考えられる。したがって，Dが，取締役会決議の機会等に，P社のM県北部への進出を阻止しなかったとしても，Dには任務の懈怠があるとはいえないであろう。取締役の著しく妥当性を欠く業務執行は，善管注意義務違反となるから適法性監査の対象であると考えられるが，M県北部への進出の判断時点で，Dがそれを著しく妥当性を欠くものと認識しなかったとしても，Dに過失があるとはいえないと思われる。

　ただし，P社が進出する予定の地域にDが経営する同業の会社があることを，Dは取締役に告げるべきであったといえるが，それを告げなかったことがただちに善管注意義務違反になると解すべきかどうかは見解が分かれよう。

Q5　Dは，R社を代表して，M県北部において自転車の販売を行ったことについて，P社に対して責任を負うか。

　監査役には競業避止義務は規定されていない。監査役も取締役会に出席する

義務があるので（会社383条）経営上の秘密等を知る機会があるが，会社法が，株式会社の機関のうち取締役（または執行役）のみに競業避止義務を定めたのは，会社の業務執行行為や業務執行の意思決定が個人的利益に影響されるのを防止するねらいがあるためであると解される。したがって，DがR社のためにP社の事業の部類に属する取引である自転車の販売を行ったとしても，ただちに具体的法令に違反することにはならない。

　もっとも，監査役も，善管注意義務の一環として，会社の利益を犠牲にして自己または第三者の利益を図ってはならない義務を負っている。本設問では，R社の市場にP社が進出してきたので，P社とR社が競争状態になったこと自体についてDに善管注意義務違反があるとは認めにくいが，Dが競争上R社を優位に導くためにP社での地位やP社で得た情報を利用したとすれば，DはP社に対して任務懈怠に基づく損害賠償責任を負うことになる。

(2)　役員の責任の一部免除

> **Q6**　A・B・Dの責任を一部免除するP社の株主総会決議が有効であれば，Eの提起した株主代表訴訟にどのような影響を及ぼすか。

　小問(2)において，会社法425条に基づきA・BおよびDの任務懈怠責任を一部免除する株主総会決議（特別決議。会社309条2項8号）が有効に行われたとすれば，A・B・Dの責任は，会社法425条1項所定の最低責任限度額（基本的には，1年間に報酬として受ける額のAは6倍，Bは4倍，Dは2倍の額）まで，免除される。したがって，EがA・B・Dの任務懈怠によってP社に生じた損害の額を証明したとしても，賠償すべき額として認容されるのは，最低責任限度額までである。

> **Q7**　A・B・Dの責任を一部免除するP社の株主総会決議は有効か。

　会社法425条1項は，役員等が職務を行うにつき善意でかつ重大な過失がない場合に，責任の一部免除を認める。**Q2**および**Q3**より，Bには悪意または重過失による任務懈怠があったと認めることができるから，Bの責任を一部免除した株主総会決議は内容の法令違反により無効である。AおよびDにも，もし重過失があるとすれば，責任免除の株主総会決議は無効となる。

　Aに重過失がないとしても，Aの責任を免除する小問(2)の株主総会決議は，特別の利害関係を有する株主が議決権を行使したことによって著しく不当な決議がされたものとして，決議取消しの原因がある（会社831条1項3号）。Aは特別利害関係人であり，少なくとも過失による任務懈怠責任を負うAの責任を免除することは，特に理由がない限り著しく不当な決議といえるところ，A

がP社の総株主の議決権の50％を保有し，Aらの責任の一部免除は株主総会において総株主の議決権の68％の賛成によって決議されたという事実からすると，当該株主総会特別決議は，Aの賛成により成立したといえるからである。したがって，E（またはその他の提訴権者）が，Aの責任を免除する株主総会決議の取消しの訴えを提起し，それが認容されれば，Aの責任の一部免除は無効となる。

Ⅰ-③ 支配人と会社登記

【設　例】

　電化製品販売業を営むP株式会社は，取締役会設置会社であり，監査役設置会社である。

　P社の大阪支店長Aは，大阪支店の支配人として正規に選任され，その旨の登記も経て，大阪支店の業務を指揮していたが，Aが，仕入れた商品をたびたび横流ししてその代金を着服していたことが明らかになったので，P社は取締役会を開いて支配人Aの解任と，新支配人Bの選任を決議し，Bはその翌日に大阪支店に赴任した。なお，P社では支配人の権限に特に制限を設けていない。

　以上の事実関係を前提としたうえで，次の各場合について検討せよ（(1)〜(3)はそれぞれ別個独立の問題として考えること）。

(1)　上記取締役会決議後ただちにAの退任・Bの選任について登記がなされた。しかし，Aは，Bの赴任から4週間後に従来から取引のあった卸売業者Cを訪れて高性能ノートパソコン10台を買い求め，受領証に「P株式会社大阪支店長A」名義でサインしたうえで，「代金はいつものように会社に請求してほしい」と告げてパソコンを持ち帰った。Aはパソコンを持ち逃げしたらしく，杳として行方が知れない。

　　Cは，P社に対してパソコン代金の支払を求めることができるか。

(2)　Aの退任・Bの選任とも，P社総務部門の職員の手違いでその旨の登記がなされていなかった。大阪支店に赴任した新支配人Bは従来から取引のあった卸売業者Dからパソコン20台を買い付け，その支払のために，「P株式会社大阪支店長B」名義で約束手形を作成し（「P株式会社大阪支店長B」と記名し，支店長印を押捺），これをDに交付した。

(a)　Dは，P社に対して手形金の支払を求めることができるか。

(b)　Dは，B個人に対して手形金の支払を求めることができるか。

(c)　Dが，Bの支配人登記がない以上，P社はBが代理人たることをDに対抗できないから取引は無効であると主張して，パソコンの返還を求めてきた場合はどうなるか。

(3)　Aの退任・Bの選任とも，P社総務部門の職員の手違いでその旨の登記がなされていなかった。Aは，Bの赴任から2週間後に従来から取引のあった卸売業者Eを訪れて高性能ノートパソコン10台を買い求め，受領証に「P株式会社大阪支店長A」名義でサインしたうえで，「代金はいつものように

会社に請求してほしい」と告げてパソコンを持ち帰った。Aはパソコンを
持ち逃げしたらしく，杳として行方が知れない。
　Eは，P社に対してパソコン代金の支払を求めることができるか。

Keypoints
　会社登記と外観が矛盾する場合に，外観を信じた取引の相手方はいかに保護され
るか。

Questions

(1)　**支配人の退任登記がある場合**

Q1　「P株式会社大阪支店長A」名義で受領証にサインし，「代金はいつものよ
うに会社に請求してほしい」と告げてパソコンを購入したAの行為は，法的に
どのようなものとして評価されるか。

Q2　CがP社に対してパソコン代金の支払を請求するための法的根拠としては
どのようなものが考えられるか。
　↳　会社法総則と商法総則はどのような関係にあるのか。会社には商法の規定は
　適用されないのか。

Q3　本件においてP社は会社法13条（表見支配人）の責任を負うか。
　↳　もしかりに，支配人解任後に，Aが大阪支店長の名称を使用することをP
　社が黙認していたような場合はどうか。

Q4　本件においてP社は民法112条1項の責任を負うか。

(2)　**支配人の就任登記未了の場合**

Q5　Dは，P社に対して手形金の支払を求めることができるか（(2)(a)）。

Q6　Dは，Bに対して手形金の支払を求めることができるか（(2)(b)）。
　↳　(b)の問いに対して，かりに，「P株式会社大阪支店長B」名義の手形行為は，
　BがP社の代理人としてした手形行為であるとも，B個人の手形行為である
　（「P株式会社大阪支店長」はBの肩書きにすぎない）とも解することができ（いわ
　ゆる多義的記載），手形所持人は自己に有利な解釈に基づいて手形金を請求でき
　る（よってBに対しても手形上の責任を追及できる），との見解が述べられた場合，
　この見解は正当か。

Q7　Dがした(c)の主張はどの条文に基づくものと考えられるか。

Q8　(c)の主張は正当か。

(3)　**登記事項の登記未了と不実登記**

Q9　Aの行為は法的にどのようなものとして評価されるか。

Q10　EがP社に対してパソコン代金の支払を求めるためには，どのような法律
構成が考えられるか。

Q11 会社法 908 条 1 項による解決と会社法 908 条 2 項による解決とで違いはあるか。

Q12 Ｅが，Ａの支配人退任については善意であったものの，Ａの商品持逃げの意図には気づいていた場合はどうか。

Materials

参考文献

□森本滋編『商法総則講義（第 3 版）』（成文堂，2007 年）148〜159 頁

参考裁判例

□最判昭和 49 年 3 月 22 日民集 28 巻 2 号 368 頁・商法判例百選 6 事件（***Q4***）

□最判昭和 35 年 4 月 14 日民集 14 巻 5 号 833 頁・商法（総則・商行為）判例百選（第 4 版）5 事件（***Q5***，***Q6***）

〔問題の意図〕

　　本設例は，支配人の代理権の有無について，外観と会社登記に矛盾がある場合に，いずれが優先するのかという論点に関するものである。この論点は，会社法制定前は，法学部の商法総則の授業で必ずといってよいほど取り上げられていた典型論点である。本設例では，これを会社法の条文が適用される事案としてアレンジしている。

　　(1)は，支配人の交代があり，旧支配人の退任登記と新支配人の就任登記がなされたものの，旧支配人が，なお支配人として会社を代理しているかのような外観を装って取引をしたという事案に関するものである。***Q1***〜***Q4*** の設問では，本設例において，Ｐ社・元支配人Ａ・相手方Ｃがどのような法律関係にあり，どの条文が適用されて処理されるのかを問うている。***Q3*** は，表見支配人に関する会社法 13 条を適用するためには，会社側が，「本店又は支店の事業の主任者であることを示す名称を付した」ことが必要であること（本設例ではこの要件を充足していない）を確認するためのものである。***Q4*** は，会社法 908条 1 項後段と民法 112 条 1 項の関係を問うものであり，通説・判例の考え方と，少数説の考え方とで，結論が異なりうる（ただし，Ｃの過失の有無の判断によっては，結論が同じにもなりうる）ことを確認するためのものである。

　　Q2 の⤷は，会社法制定後の会社法総則と商法総則の関係について整理し，確認するためのものである。両者の関係について正確に理解していないと，答案を書く際に引用条文を間違えたりするので，注意が必要である。

　　(2)は，会社法所定の手続に則り正規に支配人に選任されたが支配人就任登記を経ていない者と，相手方，さらには会社の三者間の法律関係について問うものである。なお，***Q6*** の⤷は，手形法に関して一応の学習を終えた者がしばし

ば陥ることのある誤解に関するものである（そもそも手形法の学習をしていなけれ
ば，多義的記載に関する昭和47年最高裁判決や，裏書の連続に関する昭和30年最高裁
判決も知らないから，このような誤解をすることもないといえる）。両判決の射程距
離を正確に理解することは意外に難しく，誤った理解をしている者が少なくな
いので，注意を喚起する意味でこのような質問を設けている。

　(3)は，支配人の交代があったにもかかわらず支配人交代の登記がなされてい
ない場合に，旧支配人が，なお支配人として会社を代理しているかのような外
観を装って取引をしたという事案に関するものであって，(1)とはちょうど逆の
ケースである。

　最初にも述べたように，本設例で掲げた(1)〜(3)の各事例は，いずれも，商法
総則の基本論点に関するものであり，また，事例の内容も，何が論点であるの
かを推測しやすいよう，講壇事例的なわかりやすいものにしてある。世の中で
現実に起こる紛争はこのような単純なものではなく，事実関係の確定それ自体
に困難を来すものが少なくないが，教室では，まずは各法制度の趣旨，そして，
当該制度に基づく条文が適用される典型ケースがどのようなものであるのかに
ついて，正しい理解を修得することが必要である。

〔解　説〕
(1)　支配人の退任登記がある場合

> **Q1**　「Ｐ株式会社大阪支店長Ａ」名義で受領証にサインし，「代金はいつもの
> ように会社に請求してほしい」と告げてパソコンを購入したＡの行為は，
> 法的にどのようなものとして評価されるか。

　Ａは支配人を解任されており，もはや代理権は有しないと解される（支配権
を有しないのはもちろんのこと，その他の商事代理権も有しないと解される）。しかし，
Ａは，Ｐ社を代理してパソコンを購入したものと評価しうるから，法的には無
権代理に該当する。

> **Q2**　ＣがＰ社に対してパソコン代金の支払を請求するための法的根拠として
> はどのようなものが考えられるか。

　Ａが代理権を有しない以上，パソコンの売買契約の効果はＰ社に帰属しな
いのが原則である。しかし，表見責任が認められるならば，Ｐ社はＣに対し
て契約上の責任を負う。可能性としては，会社法13条（表見支配人）の責任と
民法112条1項（代理権消滅後の表見代理）の責任が考えられる。

> 会社法総則と商法総則はどのような関係にあるのか。会社には商法の規定は適用されないのか。

　会社は，商行為をすることを業とするから商人である（会社5条，商4条1項）。しかし，商法総則の規定は，実際には会社には適用されず（商8条・11条1項括弧書），会社以外の商人，すなわち，個人商人（および会社以外の法人）にのみ適用される。会社には，これら商法総則の規定に対応する会社法の規定が適用される。具体的には，会社法第1編「総則」の商号，使用人，代理商，事業譲渡に関する規定（会社6条〜24条）および同第7編「雑則」の登記総則に関する規定（会社907条〜909条）である。

　これに対して，商法第2編「商行為」の規定にいう「商人」には会社も含まれるから，第2編中の「商人」に適用される規定は当然会社にも適用されることになる。

Q3　本件においてP社は会社法13条（表見支配人）の責任を負うか。

　会社法13条の責任が発生するためには，会社が「本店又は支店の事業の主任者であることを示す名称を付した」ことが必要であるが，本件では，支配人を解任した後，Aが「支店の事業の主任者であることを示す名称を」用いることをP社が認めていたという事情は認められないから，会社法13条の責任は生じない。

> もしかりに，支配人解任後に，Aが大阪支店長の名称を使用することをP社が黙認していたような場合はどうか。

　P社が名称使用を黙認していたといえる場合は，会社法13条の要件を充足することとなり，同条と908条1項後段の衝突が生じることとなる。しかし，通説によれば，会社法13条は同法908条1項の例外規定であって，13条は908条1項に優先して適用される。これにより，P社はAの支配人退任登記をしていても，Aが支配人ではないという主張をしえなくなる。

Q4　本件においてP社は民法112条1項の責任を負うか。

　登記の積極的公示力（会社908条1項後段）と民法112条1項の関係をどのように解するかによる。退任登記をした以上は，会社法908条1項後段の「正当な事由」が認められる場合か，または会社法13条，354条のような会社法908条1項後段に優先する規定の適用がある場合を除き，退任の事実を善意の第三者にも対抗できるとする通説・判例の立場では，P社は，Aが代理権を有しないことをCに対抗することができる。Aが代理権を有しないことをCに対抗できる以上，P社は，民法112条1項の責任を負うことはない（最判昭和49年

3 月 22 日民集 28 巻 2 号 368 頁・商法判例百選 6 事件）。なお，かつては，このことを，会社法 908 条 1 項後段により，善意の第三者も，悪意者と擬制されるから，第三者は民法 112 条 1 項の表見代理の主張をしえなくなると説明するのが一般的であった（悪意擬制説）。

　これに対し，登記事項については，登記することにより，通常の事実としての対抗力が回復するにすぎないと説く立場（異次元説）では，民商法の表見法理の適用がただちに排除されるわけではなく，民法 112 条 1 項の適用も論理的にはなおありうることになる。この立場では，C が退任登記を見ていなかったことは，C の過失の有無の判断において考慮されることになろうが，本件のように退任登記から 4 週間後に取引がなされたというケースにおいては，おそらくは C に過失があったと判断されるのであろう。

(2)　支配人の就任登記未了の場合

> **Q5**　D は，P 社に対して手形金の支払を求めることができるか（(2)(a)）。

　B は，支配人として正規に選任されている以上，就任登記の有無にかかわらず支配人であり，また，「P 株式会社大阪支店長 B」名義での手形振出しは B が P 社を代理して行ったものと解されるから，P 社はその代理行為の効果が P 社に帰属することを否定できない（最判昭和 35 年 4 月 14 日民集 14 巻 5 号 833 頁・商法（総則・商行為）判例百選（第 4 版）5 事件）。会社法 908 条 1 項前段は，登記事項が未登記の間は善意の第三者に対抗できないと定めるだけであるから，第三者の側から事実（ここでは B が支配人であること）を認めることは全く差し支えない（鴻常夫『商法総則（新訂第 5 版）』〔弘文堂，1999 年〕241 頁）。

> **Q6**　D は，B に対して手形金の支払を求めることができるか（(2)(b)）。

　B の行為が有権代理である以上，手形振出しの効果は P 社に帰属し，B が無権代理人の責任を負うことはない。

> ⤷　(b)の問いに対して，かりに，「P 株式会社大阪支店長 B」名義の手形行為は，B が P 社の代理人としてした手形行為であるとも，B 個人の手形行為である（「P 株式会社大阪支店長」は B の肩書きにすぎない）とも解することができ（いわゆる多義的記載），手形所持人は自己に有利な解釈に基づいて手形金を請求できる（よって B に対しても手形上の責任を追及できる），との見解が述べられた場合，この見解は正当か。

　この考え方は，手形行為の解釈に関する最判昭和 47 年 2 月 10 日（民集 26 巻 1 号 17 頁・手形小切手判例百選（第 7 版）4 事件）と，裏書の連続に関する最判昭

和30年9月30日（民集9巻10号1513頁・手形小切手判例百選（第7版）50事件）から連想されたものと推測される。しかし，Bがこの名義を従前からB個人を表示するものとして用いてきたというような特段の事情があればともかく，そのような事情がないにもかかわらず，一般論として，多義的記載を肯定することには無理がある。「P株式会社大阪支店長B」という表示は，支店長が代理行為をする場合の通常の表示方法であるから，特段の事情がない限りはP社を代理して手形行為をしたものと解すべきであり，ましてや本件のように支店長印が押捺されているケースにおいては，B個人の手形行為とみることもできるというのは，社会通念を逸脱した解釈といわざるをえない。

Q7 Dがした(c)の主張はどの条文に基づくものと考えられるか。

会社法908条1項前段の規定によれば，会社は登記事項につき未登記の間は善意の第三者に対抗できないとされているから，同規定に基づいて，会社はBが支配人であることをDに対して対抗できず，よって，BがP社を代理してした行為は無効である，という主張をDがしてくる余地がある。

Q8 (c)の主張は正当か。

会社法908条1項前段は，取引の相手方を，事実が登記されないことによって生ずる不測の損害から保護することを目的とする規定である。Dは「P株式会社大阪支店長B」名義の約束手形を受領していることからして，登記前から登記されるべき事実（Bが支配人であること）を知っていたと解されるから，Dに不測の損害はなく，会社法908条1項による保護を受けられない（最判昭和35年4月14日民集14巻5号833頁・商法（総則・商行為）判例百選（第4版）5事件，同柴田解説参照）。

(3) 登記事項の登記未了と不実登記

Q9 Aの行為は法的にどのようなものとして評価されるか。

Aは支配人を解任されており，もはや代理権は有しないと解される（支配権を有しないのはもちろんのこと，その他の商事代理権も有しないと解される）。しかし，Aは，P社を代理してパソコンを購入したものと評価しうるから，法的には無権代理に該当する。

Q10 EがP社に対してパソコン代金の支払を求めるためには，どのような法律構成が考えられるか。

　(ア) 会社法908条2項による解決　Aは解任され，すでに支配人ではない

にもかかわらず，P社の手違いにより支配人登記が残存させられている。登記義務者の故意過失により不実の事項が登記されていることになるから，会社法908条2項の適用または類推適用により，P社は，EがAの退任の事実につき善意である限り，Aが支配人でないことをEに対抗することができず，パソコン代金を支払わなければならない。

　(イ)　**会社法908条1項による解決**　Aは解任され，すでに支配人ではないにもかかわらず，P社の手違いにより退任登記がなされていない。登記事項を登記していないP社は，908条1項前段により，善意の第三者に対して，退任の事実を対抗できないから，やはり，Aの退任についてEが善意である限り，パソコン代金を支払わなければならない。

Q11　会社法908条1項による解決と同条2項による解決とで違いはあるか。

　会社法908条1項前段にいう善意とは，取引の時に，登記事項である事実（ここではAの退任）を知らなかったことをいうとされ，第三者の過失の有無，登記の有無が第三者が取引をすることについての意思決定の原因になったかどうかは問わないとされる（鴻・前掲書240頁）。

　これに対して，会社法908条2項については，登記の記載を信頼して取引をした第三者を保護するための規定であると解する立場があり（落合誠一ほか『商法Ⅰ　総則・商行為（第6版）』〔有斐閣，2019年〕123頁），この立場ではEは，Aが支配人であるとの登記を現に見ていない限り，同項による保護は受けられないことになろう。ただし，同項について，登記の記載を信頼したことを要しないと解する立場もある（この立場では，Aが支配人であると〔無重過失で〕信頼していれば足りる）。

Q12　Eが，Aの支配人退任については善意であったものの，Aの商品持逃げの意図には気づいていた場合はどうか。

　会社法908条1項または同2項により，Aの代理権の欠缺が治癒されるとしても，EがAの商品持逃げの意図に気づいていれば，いわゆる代理権の濫用について相手方が悪意であった場合の問題となる。この場合の処理につきかつては争いがあったが，平成29年改正民法のもとでは民法107条により，Aの行為は無権代理人がした行為として扱われる。

演 習 問 題

演習 1　　基準日後の株式取得，計算書類の確定

　P株式会社は，監査役会設置会社かつ会計監査人設置会社であり，監査役4名のうち2名が社外監査役である。P社株式は振替制度の対象ではない。P社は近年業績が振るわず，欠損ではないが，長年無配の状況が続いている。

　令和2年6月に開催されたP社の定時株主総会（以下「2年総会」という）において，同総会の終結時に任期満了となる社外監査役Cを社外監査役に再任する決議（以下「本件決議」という）がなされた。

　その後令和3年6月に開催されたP社の定時株主総会において，会社法439条の規定に基づき，令和2年度にかかる計算書類（以下「本件計算書類」という）の内容が報告された。

　以上の事実関係を前提として，次の問いについて検討せよ。各問いはそれぞれ独立のものとして考えること。

(1)　P社は，定款で，定時株主総会における議決権行使のための基準日を3月31日と定めている。P社の株式1万株を有する株主Aは，令和2年4月，同株式をB（それまでP社株主ではなかった）に譲渡し，名義書換えが行われた。P社は，2年総会の招集通知をBに行い，Bに議決権を行使させた。本件決議に取消事由はあるか。

(2)　P社は，定款で，定時株主総会における議決権行使のための基準日を3月31日と定めている。P社は，令和2年4月，Bを含む10名（いずれもそれまでP社株主ではなかった）に対して第三者割当ての方法で新株発行を行い，新たに株主となった者のうちBに対してのみ，2年総会の招集通知を行い，議決権を行使させた。本件決議に取消事由はあるか。

(3)　本件計算書類の報告ののちに本件決議を取り消す判決が確定した場合，本件計算書類は確定したこととなるか。

（解説は234頁）

演習 2　　取締役会決議の瑕疵等

　P社は，家電製品の製造・販売を業とする株式会社であって取締役会設置会社であり，監査役設置会社である。P社の取締役は，代表取締役Aおよび取締役B～Eの5名であり，定款に取締役・代表取締役の員数に関する定めは存在しない。

　P社は近年の競争の激化により業績が悪化しつつあったところ，代表取締役Aは積極的に新店舗を開設して事業規模の拡大を図ることを経営戦略として

掲げたのに対し，取締役B・Cは，そのようなAの方針に強く反対していた。B・Cは，Aを代表取締役の職務から解職するとともに，Aを取締役としても解任するのが適当であると判断するに至り，次のような措置をとった。

令和4年4月1日に開催された取締役会（以下「本件取締役会」という）において，Bは，Aを代表取締役の職務から解職する旨の議案を「緊急動議」として提出した。P社では，定款に基づく取締役会規程により，取締役会の議長は代表取締役が務める旨の定めがあったが，Cは，「Aは特別利害関係人に該当し議長としての適格性を欠くので，前記議案の審議および採決のため取締役Bを議長に推薦する」旨を述べ，A以外の取締役が全員これに賛同したので，その後Bが議長に就任して議事を進めた。この議案は，Aを特別利害関係人として退席させたうえで審議が進められたところ，D・Eは，Aの積極的な経営姿勢に一定の理解は示していたものの，B・Cから「事業規模の拡大は資金繰りを著しく悪化させることから，今後はむしろ事業規模を縮小していくべきであり，Aは代表取締役として適任でない」旨等の説明を受けて強く説得されたため，この議案に賛成することとした。その結果，この議案は，A以外の取締役B～E全員の賛成により可決された。この取締役会において，Aを退席させたまま，Bを代表取締役に選定する決議がなされ，さらに，取締役の解任を議題とし，Aの解任を議案として，令和4年4月20日に臨時株主総会を開催する旨の決議がなされた。

なおP社の取締役会規程には，取締役会の招集通知は書面でなすべき旨，および同通知には会議の目的事項を記載すべき旨が規定されていたが，本件取締役会の招集通知には，審議事項として，「不祥事防止のための委員会の設置に関する件」とだけ記載されていた。

本件取締役会の決議に基づき，Bが臨時株主総会（以下「本件株主総会」という）を招集し，出席株主の議決権の過半数の賛成により，取締役Aを解任する決議が成立した。

Aは，自分がなお代表取締役たる地位を有し，または少なくとも取締役たる地位を有するものと考えている。弁護士であるあなたがAから相談を受けたものと仮定して，Aはどのような主張をすることができるかを検討せよ。

（解説は234頁）

演 習 3　　株主総会決議不存在，新株の有利発行

P社は，公開会社であって監査役設置会社であり，種類株式発行会社ではない。P社の株式は，Aが5％，Aの子Bが2％を保有し，残りはAの一族30

名がそれぞれ数％ずつ保有していた。

　Ｐ社の取締役は，長年，代表取締役Ａと代表権のない取締役Ｂ・Ｃが務めてきたが，令和３年６月の定時株主総会においてＡ・Ｃは取締役に再任されず，Ｂ・Ｄ・Ｅを取締役に選任する決議がなされた（以下，「第１決議」という）。しかし第１決議を成立させた同株主総会は，かねてＡと対立関係にあったＢが，取締役会決議のないまま招集したものであり，Ａには同株主総会の招集通知は送られておらず，Ａは同株主総会に出席していなかった。同株主総会直後に開催されたＰ社の取締役会において，取締役Ｂ・Ｄ・Ｅ全員一致の賛成により，Ｂは代表取締役に選定された。

　ところでＢは，かねてＰ社の株式を同社の客観的な企業価値に比して大幅に低い金額で取得したいと考えていた。証券会社の鑑定評価によると，過去約２年間のＰ社の株式価値は，おおむね2000円程度であった（そしてこの評価はＰ社の客観的な企業価値を正確に反映したものであった）ところ，同年７月，Ｂは取締役会決議に基づいて株主総会を招集し，同月開催の同株主総会において，Ｂに対し，Ｐ社の発行済株式総数の２％に相当する株式を第三者割当ての方法で，払込金額1000円で発行することが決議され（以下，「第２決議」という），第２決議に基づいて新株発行が行われた（以下，「本件発行」という）。しかし，同株主総会については，Ａに招集通知が発出されていなかったことが判明した。

　以上の事実関係の下で，Ａは，同年11月になって，弁護士であるあなたのところに，「本件発行の効力を否定することはできないか」について，相談に来た。回答すべき内容を検討せよ。

（解説は 235 頁）

演習 4　　取締役会設置会社の株主総会が決議できる事項，株主総会決議なしになされた取締役報酬の支払の効果

　昭和60年に設立されたＰ株式会社は，Ｐ社株式の90％を保有するＡのワンマン会社であったが（残り10％はＡの長男であるＢが保有），設立以来Ｐ社の定款には，株式の譲渡による取得に会社の承認を要する旨の定めが置かれたことはない。平成16年以降，Ｐ社取締役会は，代表取締役Ａのほか，Ｂおよび古くからＡの部下として仕えてきたＣの計３名により構成されてきた。Ｐ社の定款には，取締役報酬に関する定めはなく，Ｂ・Ｃの取締役報酬の額は，毎年12月に開催される取締役会の席上で，Ａが，「翌年のＡ・Ｂ・Ｃの取締役報酬の月額はそれぞれ〇〇万円，△△万円，▲▲万円としたいがそれでよいか」と打診し，Ｂ・Ｃがそれを了解するという形で決せられてきた。

平成 27 年 7 月，A が死去し，P 社株式の持株割合は，B 40 ％，D（A の次男）30 ％，E（A の長女）30 ％となった。同年 11 月の P 社臨時株主総会において，A の後任の取締役として，D が選任され，その直後に開催された取締役会で，B が代表取締役に選定された。この後，平成 28 年 6 月，平成 30 年 6 月，令和 2 年 6 月に，任期満了により P 社取締役の改選が行われたが，常に B・C・D が取締役に選任され，取締役会において B が代表取締役に選定されてきた。また，平成 27 年 12 月以降は，毎年 12 月の取締役会の席上で B・C・D が協議して，翌年 1 月から 12 月までの間に B・C・D が受け取るべき取締役報酬の月額を定めるのが慣行となり，令和 3 年に D が受け取るべき報酬月額は 50 万円と定められた。

令和 3 年 2 月頃から，P 社の経営方針に関して B と D の意見が食い違うことが増えてきたが，D としては，P 社を去るつもりはなく，P 社の経営に参加し続けようと考えていた。ところが，同年 6 月 25 日に開催された P 社定時株主総会（以下，「本件総会」という。E が欠席し，株主として出席したのは B・D だけであった）において，「計算書類の承認」と「剰余金の配当」が B・D の賛成により可決された後，議長を務めていた B が，「『会議の目的事項』の『その他』として，取締役 D を解任し，替わりに F を取締役に選任することを提案する」と言い出した。F は B の妻であった。D はこのような議事進行は不当だとして猛然と抗議したが，B は，「自分は，D の解任議案と F の選任議案に賛成するから，賛成多数により D の解任および F の選任が可決された」と宣言した。なお，本件総会を招集することは，令和 3 年 5 月 30 日に B・C・D が出席して開催された取締役会において招集通知の内容も含めて承認されており，招集通知は，下記〈参考〉の通り，本件総会の 3 週間前に，書面により行われていた。

本件総会後，それまで P 社から D の銀行口座に毎月振り込まれていた取締役報酬（50 万円）が支払われなくなった。

以上の事実関係を前提として，次の設問に答えよ。

〔設　問〕

D は，自己の取締役としての任期は令和 4 年 6 月までであることから，令和 3 年 7 月以降も取締役報酬を受け取る権利があると考えている。P 社に対してその支払を求める（または実質的に同等の救済を得る）には，どのような法的主張が考えられるか。

他方，P 社は，令和 3 年 7 月以降について，D に対して何らの給付をする必要はないと考えており，のみならず，平成 28 年 1 月から令和 3 年 6 月までの間に P 社から D に支払われた取締役報酬についても返還請求をしたいと考え

ている。どのような法的主張が考えられるか。

　ＤとＰ社のそれぞれの考えうる主張を整理したうえで，それらの主張が正当かどうかを検討せよ。

〈参考〉令和３年６月開催のＰ社定時株主総会の招集通知

　下記の要領で，Ｐ株式会社定時株主総会を開催いたしますので，ご参集願います。

　日　時　　令和３年６月25日(金)　午前10時
　場　所　　Ｐ株式会社会議室
　会議の目的事項
　　1. 計算書類の承認の件
　　2. 剰余金の配当の件
　　3. その他

（解説は236頁）

演習 5　　競業取引，監査役の兼任禁止等

　Ｐ株式会社は，監査役会設置会社であり，不動産の販売を主たる事業目的とし，近畿一円を主な販売区域としてきた。他方Ｑ社は，監査役会設置会社であり，家具の製造・販売を主たる事業目的とし，京都府を主な販売区域としてきた。Ｐ社代表取締役Ａは，近年Ｐ社の業績が好調であることから，Ｐ社自ら，または子会社を通じて，新たに家具の製造・販売事業にまで事業の範囲を拡大したいという希望を持っている。

　ところで，Ｐ社取締役Ｂは，Ｑ社の唯一の代表取締役を兼ねており，また，Ｐ社監査役ＣはＱ社の取締役を，Ｐ社取締役ＤはＱ社の社外監査役を，それぞれ兼ねている（Ｑ社の監査役４名中，社外監査役はＤを含めて２名しか存在しない）。Ｐ社とＱ社との間に，これまでは株式の保有関係はないものとする。

　以上の事実関係を前提として，次の問いについて検討せよ（各問いはそれぞれ独立のものとして考えること）。

⑴　Ｐ社では，取締役会において，近畿圏で家具の製造・販売事業を開始する案について審議を開始した。取締役Ｂはこの案に反対しているが，Ｐ社の取締役の多数はこの案に賛成であり，Ｑ社に対抗して家具の製造・販売事業を拡大していきたいと考えている。Ｐ社法務部の担当者が弁護士であるあ

なたのところに，「前記の案について，会社法上どのような問題があり，どうすればよいか」について相談に来た。回答すべき内容を検討せよ。

(2) P社では，取締役会において，株式交換の方法で，Q社をP社の完全子会社とする案について審議を開始し，取締役Bもこの案に賛成している。P社およびQ社の法務部の担当者が弁護士であるあなたのところに，もしP社がQ社を完全子会社とした場合に，「P社監査役CがQ社取締役を兼任し続けて，P社における監査の効力に問題はないか」，および「P社取締役DがQ社の社外監査役を兼任し続けて，Q社における監査の効力に問題はないか」について相談に来た。回答すべき内容を検討せよ。

(3) Q社では，約1年前に商品の不当表示にかかる不祥事があり，Q社の長年の株主であるXが，Q社代表取締役Bの任務懈怠責任を追及するための訴えを提起する準備を進めていた。しかし，Xが株主代表訴訟を提起する前に，P社が株式交換の方法でQ社をP社の完全子会社とし，Q社株主には株式交換対価として金銭が交付された。この株式交換の後，Xは，Bの責任を追及する訴えを提起することができるか。

（解説は237頁）

| 演 習 6 | 退職慰労金の支給 |

P株式会社は公開会社であって監査役設置会社であり，株主は50名程度である。P社には，「取締役退職慰労金規程」と称する内規（以下，「本件内規」という）があり，そこでは，①取締役退任時の報酬月額に取締役在任年数を乗じた額を基本慰労金とし，②基本慰労金の2割を限度として功労加算をすることができ，③取締役に非行がある場合には減額をすることができる旨が定められている。P社では，約20年前の創業以来，経営状態は堅調に推移してきており，退任取締役に対し一貫して，在任中の労に報いるため，本件内規に基づく退職慰労金が支給されてきた。

Aは，P社の創業以来，長年にわたり取締役を務めてきたが，高齢のため取締役会への出席率が70％程度に低下したこと，および近年は息子である代表取締役Bとの折合いが悪くなってきたことから，引退することを決意した。Aは，令和3年6月に開催された定時株主総会（以下，「本件総会」という）の終結時に任期満了で取締役を退任し，再任はされなかった。

Aの退任にあたり，本件総会においては，本件内規に従ってAに退職慰労金を支給することとし，その支払の金額，支給期日，支払方法等については取締役会に一任する旨の提案がされ，可決された（以下，「本件決議」という）。続

いて同日に開催された取締役会において，本件内規に従い，Ａへの退職慰労金の支給について，金額，期日，方法等が決定された。

　次の各問いは，それぞれ別個の問題として考えること。

⑴　Ａは，Ｐ社の議決権総数の 30 ％を有する大株主であったところ，本件決議において議決権を行使した。このことは，ＡのＰ社に対する退職慰労金請求権に影響を及ぼすか。

⑵　本件内規は，Ｐ社の創業後まもなく，株主総会決議によってではなく，取締役会決議により決定されたものであった。このことは，ＡのＰ社に対する退職慰労金請求権に影響を及ぼすか。

⑶　本件総会において書面投票制度・電子投票制度は採用されず，本件内規の内容を記載した株主総会参考書類が株主に提供されることはなかった。このことは，ＡのＰ社に対する退職慰労金請求権に影響を及ぼすか。

⑷　仮に，本件総会に続いて開催された取締役会において，代表取締役Ｂより，「Ａの近年の取締役会への出席状況が思わしくないことから，Ａに対しては退職慰労金の支給をしないこととしたい」旨の提案があり，異議なく承認されたとする。この場合，Ａは，ＢまたはＰ社に対して何らかの請求をすることができるか。

（解説は 237 頁）

演習 7　　代表取締役の専断的行為と利益相反取引

　Ｐ株式会社は，資本金の額 4 億 5000 万円，資産の総額 60 億円，負債の総額 50 億円の公開会社であり，監査役設置会社である。Ｐ社は，特別取締役制度（会社 373 条）を採用していない。Ｐ社は，Ｑ株式会社のＲ銀行に対する 3 億円の借入金債務を保証する契約（以下，「本件保証契約」という）を締結した。Ｑ社の発行済株式総数の 90 ％は，Ｐ社の代表取締役副社長であるＡが保有し，残りの 10 ％はＡの妻Ｂが保有している。Ｂは，Ｑ社の唯一の代表取締役である。

　本件保証契約の締結に先立ち，Ｐ社は取締役会（以下，「本件取締役会」という）を開催し，代表取締役社長であるＣは，「Ｑ社はＰ社の長年の取引先であり，Ｒ銀行からの上記借入れは，経営不振により倒産の危機にあるＱ社を建て直すために行われるもので，その条件としてＰ社の保証が必要とされた」旨を説明して本件保証を行うことを諮り，出席取締役全員の賛成をもって本件保証契約の締結が承認された。本件取締役会では，5 人の取締役（代表取締役Ａ・Ｃと取締役Ｄ・Ｅ・Ｆ）のうちＦには招集通知がなされず，Ｆは当該取締役会に出席していなかった。Ｆは，いわゆる名目的取締役であり，3 年前にＰ社

の取締役に就任して以来一度も取締役会に出席したことがなく，また他の取締役等に対してP社の経営に関して意見を述べたこともなかったので，この1年ほどは，P社はFに対して取締役会招集通知を発していなかった。また，Aは取締役会招集通知を受けていたが，本件取締役会には欠席していた。

　本件保証契約締結に際し，R銀行は，P社に対し本件取締役会の議事録を徴求し，P社は議事録の写しをR銀行に交付した。

　Q社がR銀行に対する借入金をほとんど返済しないまま倒産したので，R銀行はP社に対して，本件保証契約に基づく保証債務の履行を求めて訴えを提起した。

　P社はどのような主張をして争うことができるかを検討せよ。

（解説は238頁）

演習 8　　　表見代表取締役と代表権の濫用

　パソコン販売業を営むP株式会社は，取締役会設置会社であり，監査役設置会社である。令和2年7月1日時点のP社の取締役は，代表取締役社長A，代表取締役副社長Bのほか，（代表取締役ではない）業務執行取締役C・D・Eの5名であった。Bは，ギャンブル好きが高じて消費者金融から借金を重ねており，そのことがP社の取引先に知れ渡るとP社の信用に問題が生じることが予想されたため，同年7月2日に開催されたP社の取締役会において，同日付けで，Bを代表取締役副社長から解職して（代表権のない）非常勤取締役とすることが決議された（以下「本件解職決議」という）。

　Bは本件解職決議後も対外的に自身を副社長と名乗ることがあったので，C・D・Eはそれぞれに対し，「代表取締役ではないので副社長とは名乗らないように」申し入れた。一方，Aは，創業以来BとともにP社を運営してきたこともあり，Bが副社長と名乗ることを黙認していた。

　令和2年8月4日，Bは，P社代表取締役副社長と名乗って，P社を代表して，取引先である個人商人Fからパソコン関連商品（以下「本件商品」という）を買い受ける旨の契約（以下「本件契約」という）の申込みをした。Fは，Bがその当時もP社の代表取締役副社長であると信じていたが，Bが消費者金融から多額の借金を重ねていることを知っていたので，念のために，「本件商品はP社の扱う商品のラインナップに含まれていないが，何のために買い入れるのか」を問い質したところ，Bからは不自然な回答しか得られなかった。

　しかし，Fも資金繰りが苦しい状況にあったので，本件契約の申込みに対して承諾し，本件商品をP社に納入した。Bは，本件商品をネット・オークシ

ョンで売却してその代金を着服し，これを消費者金融への返済に充てた。

　F が P 社に対し本件商品の代金の支払を請求したところ，P 社からは，B は代表取締役ではないので本件契約は無効であるから P 社に支払義務はない，との回答があった。そこで，F は，P 社を被告として，本件商品の代金の支払を求める訴え（以下「本件訴訟」という）を提起した。

　本件契約の締結までに，B の代表取締役退任の登記があったか否かを場合分けした上で，本件訴訟において，F が主張する法律構成を示し，その当否について検討せよ。なお，本件契約の締結は，P 社において会社法または定款上，取締役会決議を要するものではないものとする。

（解説は 239 頁）

演習 9　表見代表・利益相反取引・代表権の濫用

　P 株式会社は，公開会社であり，監査役設置会社であるが，種類株式発行会社ではない。

　P 社の取締役は，A, B, C, D, E の 5 名であり，令和 3 年 6 月 25 日に行われた定時株主総会において，全員が取締役に再任された。この定時株主総会の直後に行われた取締役会において，P 社の発行済株式総数の 30 ％を有し，それまで 10 年間代表取締役を務めてきた A が代表取締役を退き，B を新たに代表取締役に選定することが決定された。その翌日，A の代表取締役退任と B の代表取締役就任が，登記された。

　A は，代表取締役退任後，自ら「取締役会長」という肩書きを使うことがあった。B, C, D は，そのことを知りながら A にその肩書きを使わないようにするように申し入れたりはしなかった。

　令和 3 年 7 月 24 日，A は，P 社の「取締役会長」と名乗って，F との間で，P 社を代表して，ノートパソコン 20 台（以下，「本件パソコン」という）を代金 200 万円で購入する契約（以下，「本件売買契約」という）を締結した。F は，A の中学時代の同級生であり，A が P 社の代表取締役であった時期に，P 社と数回取引をしたことがあった。

　本件売買契約締結の際，A は，「本件パソコンを他に転売してその代金を A の個人的な借金の返済にあてるつもりである。P 社の取締役会は，年 1 回，6 月の定時株主総会の後に開かれるだけで，P 社は A の個人企業のようなものだから，その点はなんとでもなる」旨を F に告げていた。さらに，A は，振出人として『P 株式会社取締役会長 A』の署名があり，『受取人：A（個人名）』『満期日：令和 3 年 8 月 24 日』『手形金額 200 万円』と記載されている約束手

形用紙をＦに見せ,「この手形は１週間前に作成されたもので, この手形を現金化して上記借金の返済にあてるつもりだったのだが, 本件売買契約上のＰ社の債務を担保するために, この手形をＦに交付する」と告げ, 第一裏書人欄にＡ個人として署名し, 第一被裏書人欄にＦと記入して, この手形 (以下,「本件手形」という) をＦに交付した。本件手形の手形用紙は, ＡがＰ社の社長室の金庫から勝手に持ち出してきた統一手形用紙であり, 手形要件はＡによりすべて記載されていた。

　本件売買契約に基づき, Ｆは本件パソコンをＡに引き渡した。その後, Ｆは, Ｐ社に対して本件パソコンの購入代金の支払を求めた (以下,「本件支払請求」という)。

　なお, Ａは, 本件パソコンを持ち逃げしたらしく, その後, 行方をくらましている。

(1) Ｆの本件支払請求に対してＰ社は支払わなければならないか。ＦとＰ社のそれぞれ考えうる主張を整理したうえで, それらの主張が正当かどうかを検討せよ。

(2) Ｆは, 満期において, Ｐ社に本件手形を呈示して, 手形金の支払を求めた。Ｐ社は支払わなければならないか。

(解説は239頁)

演習 10　　取締役会決議の瑕疵, 表見支配人と代理権の濫用

　パソコン販売業を営む監査役設置会社であるＰ株式会社の取締役は, 代表取締役Ａ, 代表取締役副社長Ｂ, 代表取締役ではない業務執行取締役Ｃ, 使用人兼務取締役Ｄ, および非常勤取締役Ｅの５名である。ＡとＣの間には, Ｐ社の経営方針をめぐって意見の相違があったが, 取締役会において両者が深刻に対立することはなかった。

　令和３年６月10日に, Ｐ社の取締役会 (以下「本件取締役会」という) は, 同日付けで, Ｃの子飼いの部下であるＦをＰ社の京都支店の支店長から解任し, Ｄの部下であるＧを同支店の支店長に選任する旨を, 出席取締役であるＡ, Ｂ, Ｄの賛成により決議した (以下「本件取締役会決議」という)。本件取締役会の招集通知はＣとＥおよび監査役Ｈには発せられず, Ｃ, Ｅ, Ｈは本件取締役会に出席していなかった。

　ＧはそれまでＰ社の京都支店の代理権のない従業員であったが, ギャンブル好きが高じて消費者金融から借金を重ねていた。令和３年７月８日, ＧはＰ社京都支店の支店長として, Ｐ社を代理して, 同支店の取引先である個人商人

Ⅰからパソコンの買入れを行った（以下，この売買を「本件売買」という）。本件売買に至る交渉の過程で，Ｇをよく知るＩの使用人Ｊは，Ｇの素行の悪さと，Ｇが自己の借金の返済のため本件売買で買い入れるパソコンを持ち逃げして転売する可能性が高いので，本件売買はしない方がよいとＩに告げたが，Ｉは，とにかくパソコンが売れればそれでいいとして，Ｊの話を取り合わなかった。ただし，Ｉは，Ｇが本当にＰ社の京都支店長か確かめるためにＰ社の登記簿を確認したところ，京都支店の登記もＧの支配人登記もないことがわかった。そこでＩは，かねてより親交のあるＤに尋ねると，税金節約のため登記はしていないが，ＧがＰ社の京都支店の支店長であることは間違いないという回答を得た。なお，Ｐ社において，京都支店は，営業所としての支店の実質があるものとする。

　Ｇは，Ⅰから納入を受けたパソコンをネット・オークションで売却してその代金を着服し，その後行方をくらました。Ⅰは，Ｐ社に対して，本件売買により納入したパソコンの代金の支払いを求めた。

(1)　本件取締役会決議の効力について述べよ。

(2)　Ⅰによるパソコン代金の支払い請求に対して，Ｐ社は，本件売買の効力を否定することを検討している。本件売買にかかるⅠの代金請求に関して，ⅠとＰ社のそれぞれの立場において考えられる主張およびその当否について検討せよ。かりにＰ社の京都支店の支店登記とＧを京都支店の支配人とする登記がされていたとすると，結論が異なるかどうかについても検討せよ。

（解説は240頁）

演習 11　　取締役会決議を欠く重要な財産の譲受けと無効の主張

　不動産取引を事業目的とするＰ株式会社は，資本金の額2億円，資産の総額50億円，負債の総額40億円の公開会社であって，監査役設置会社であり，特別取締役制度を採用していない。Ｐ社の定款には，「取締役会に関する事項は，法令または本定款のほか，取締役会において定める取締役会規程による」旨の定めがあり，この定めに従ってＰ社の取締役会が定めた取締役会規程には，「総額3000万円を超える財産の処分または譲受けを行うには，取締役会の決議を経なければならない」旨が定められていた。

　Ｐ社の代表取締役Ａは，Ｐ社を代表して，Ｐ社の取引先であるＱ株式会社のオーナー社長であるＢが個人として所有している本件土地を7000万円で買い入れる契約を，Ｂとの間で締結した（以下「本件契約」という）。本件契約の締結につき，ＡはＰ社の取締役会に諮っていない。Ｂは，Ｐ社の取締役会は，

計算書類の承認のときと定時株主総会の招集事項を決定するときを除き，ほとんど開催されないという話を聞いたことがあったので，A に対して，もし取締役会決議が必要なら取締役会に諮って承認決議をするように申し入れたが，本件契約に関する P 社の取締役会議事録を徴求することはなかった。A が B の申入れにもかかわらず取締役会に諮らなかったのは，いつも A の経営方針に苦言を呈する A の姉 2 名が P 社の取締役であるため，取締役会に諮ると本件契約の締結が否決される可能性が高かったためである。なお，B は，P 社の役員ではなく，P 社の株式を所有していない。

本件契約に従い，B 社は本件土地を P 社に引き渡し，P 社は代金全額を支払った。

以上の事実関係に基づき，次の問いについて検討せよ。各問いは，それぞれ独立のものとして考えること。

(1) P 社は，本件契約上の債務の履行後に本件土地の価格が下落したため，本件契約が無効であるとして，本件土地を B に返還して代金を取り戻したいと考えている。この場合に，本件契約が無効であるとの P 社の主張の根拠について検討せよ。

(2) B は，本件契約上の債務の履行後に本件土地の価格が上昇したため，本件契約が無効であるとして，代金を P 社に返還して本件土地を取り戻したいと考えている。かりに(1)で検討した本件契約が無効であるとの主張に根拠がある場合，本件土地の返還を拒むため P 社がする主張について検討せよ。

(3) A は，本件土地に住宅を建設して売却し利益を得ることを見込んで本件契約を締結したが，本件契約履行後に本件土地の価格が下落したため，P 社は，本件土地を 4000 万円で転売せざるをえなくなった（この転売には取締役会決議があったものとする）。A は，本件土地の売買につき，P 社に対し，任務懈怠による損害賠償責任を負うか。かりに負うとした場合，その責任について，会社法 425 条に基づく責任の一部免除は可能か。

（解説は 240 頁）

演習 12 株主総会の承認を欠く事業譲渡の効力等

P 株式会社は，昭和 50 年代より，創業者の出身地である兵庫県北部の但馬地方においてリゾートホテルを運営しており，平成 11 年からは，さらに京都府宮津市において甲テニスクラブを運営している。

令和 3 年 5 月に，P 社は，取締役会決議を経て，Q 株式会社との間で，①P 社が甲テニスクラブを構成する土地・建物・機械器具類のすべてを Q 社に譲

渡すること，②Ｐ社は，甲テニスクラブの運営上のノウハウや得意先関係等の情報をＱ社に提供し，Ｑ社は，甲テニスクラブの運営を承継するとともに，同テニスクラブの従業員の雇用を引き継ぐこと，③Ｐ社は，その後も宮津市とその周辺地域でテニスクラブの運営事業を行うことを妨げられないこと，を内容とする契約（以下，「本件譲渡契約」という）を締結した。なお，本件譲渡契約により譲り渡す資産の帳簿価額はＰ社の総資産額の 21 ％に相当した。

　Ｐ社の発行済株式総数は２万株であり，Ｐ社は株券発行会社である。Ｐ社の株式 2000 株を有していたＡは，令和３年１月に，株券を交付してその持株すべてを，それまでＰ社の株主ではなかったＢに譲渡したが，Ｂは株主名簿の名義書換請求をしていないので，現在も株主名簿にはＡが 2000 株の株主として記載されている。なお，Ｐ社は，定款で，定時株主総会における議決権行使のための基準日を，３月 31 日と定めている。

　Ｐ社・Ｑ社とも公開会社であり，種類株式発行会社でないことを前提に，次の小問について検討せよ。

(1)　本件譲渡契約について，Ｐ社・Ｑ社において株主総会の承認は必要か。なお，Ｐ社・Ｑ社とも，定款において，株主総会の権限に関する定めを置いていないものとする。

(2)　Ｐ社は，すでにＡは株主でないとして，令和３年６月３日開催の定時株主総会の招集通知をＡに対して行わず，Ａに議決権を行使させなかった。そこで，Ａは，当該株主総会の決議取消しを求めて訴えを提起した。Ａの請求は認められるか。

(3)　かりに，本件譲渡契約について，Ｐ社において株主総会の承認が必要であるものとし，Ｐ社では令和３年６月３日開催の定時株主総会で本件譲渡契約の承認決議がされたとする。このとき，かりに，上記(2)におけるＡの請求が認容され，株主総会決議取消判決が確定したとすると，Ｐ社は，本件譲渡契約を承認する株主総会決議が取り消されたことを理由に，本件譲渡契約の無効を主張することができるか。

（解説は 241 頁）

演習 13　事業譲渡・事後設立と株主総会決議の要否，取締役会決議を欠く重要な財産の処分，ホテル名の続用と会社法 22 条１項の類推適用

　Ｐ株式会社もＱ株式会社も上場会社ではないが会社法上の公開会社であり，監査役設置会社である。Ｐ社・Ｑ社とも，株主総会の決議事項について定款に

別段の定めを置いていない。なお，Ｐ社とＱ社は親子会社関係にはない。

　Ｐ社（商号「アリス観光開発株式会社」）は，近畿および中国地方でリゾートホテル，ゴルフ場，遊園地等の運営を手広く行っている。Ｐ社は，その運営するホテルの１つ（ホテル名「ダイヤエースホテル」）を，ホテル運営のノウハウ，従業員，ホテルの標章（シンボルマーク。ダイヤ（◆）の上にエース（Ａ）をあしらったもの）などを一体としてＱ社に譲渡することとなった（以下，この譲渡を「本件譲渡」，本件譲渡に関する契約を「本件譲渡契約」という）。譲渡される「ダイヤエースホテル」の資産の帳簿価額はＰ社の総資産額の15％程度であるが，当該ホテルの売上高はＰ社全体の売上高の20％超を占めていた。

　本件譲渡契約によってＱ社がＰ社に支払うべき額は，Ｑ社の純資産額の約40％に相当するところ，Ｑ社の代表取締役Ａは，その譲受代金の捻出のため，Ｑ社を代表してＱ社が有していたＲ株式会社に対する債権（以下「本件債権」という）をＳ株式会社に譲渡し，その旨をＲ社に通知した。本件債権の額は，Ｑ社の総資産額の約20％に相当するが，本件債権の譲渡についてＱ社では取締役会決議を経ていなかった。

　Ｑ社は，本件譲渡契約の締結に向けて，事業目的を「ホテルの運営」とし，商号を「ダイヤエースホテル株式会社」とする定款変更を行った。Ｑ社は，本件譲渡の１年前に本件債権をはじめとしていくつかの財産の現物出資を受けて設立されたが，目立った事業活動を行ってこなかった。本件譲渡の後は，「ダイヤエースホテル」の運営がＱ社の唯一の事業となる。

　以上の事実関係を前提として，次の(1)～(3)について解答せよ。なお，各問いはそれぞれ独立のものとして考えること。

(1) 本件譲渡契約について，Ｐ社とＱ社において株主総会決議による承認は必要となるか。

(2) Ｓ社は，本件債権の譲渡に基づき，Ｒ社に対し，本件債権の支払を求めた。Ｒ社は，Ｑ社からＳ社への本件債権の譲渡の効力を問題として，支払を拒むことができるか。

(3) 本件譲渡契約の締結前に，Ｐ社は，「ダイヤエースホテル」の内装工事の請負代金債務（以下「本件代金債務」という）をＢに対して負担したが，本件譲渡契約では，本件代金債務はＱ社に移転しない（Ｑ社は債務引受けをしない）こととなっていた。

　Ｂは，本件譲渡後に，Ｑ社に対して本件代金債務の弁済を請求することができるか。

（解説は242頁）

演習 14　利益相反取引と取締役の責任

　ホテル事業を営むＰ株式会社は，取締役会設置会社であって監査役設置会社である。Ｐ社は，和食レストランの運営を業とするＱ株式会社の議決権総数の約 70 ％を有していた。Ｐ社の取締役は，代表取締役Ａ，代表権のない取締役Ｂ〜Ｈの計 8 名から成っており，そのうち，ＡおよびＢはＱ社の代表取締役，ＣはＱ社の代表権のない取締役を兼任している。

　Ｐ社は，Ｑ社の資金繰りが逼迫しているとの情報を得，直ちに臨時取締役会（以下，「本件取締役会」という）において対応策を検討した。本件取締役会において，Ａは，「もしもＱ社が倒産することとなれば，Ｑ社への出資額相当分の損害がＰ社に生じるうえ，Ｐ社の信用にもひどく傷がつく」旨を述べ，Ｐ社がＱ社に 10 億円の融資を行うべきことを提案した。本件取締役会においては，Ｑ社の業績がどの程度まで悪化しているかについての情報は開示されたが，Ｐ社による 10 億円の融資によって，Ｑ社の業績が回復する見込みがどの程度あるかについては，情報の開示も検討もなされないまま，「Ｑ社運営のためのつなぎ資金として直ちに 10 億円が必要である」とのＡの説明が鵜呑みにされ，ＡおよびＢを退席させたうえ，ＡおよびＢを除く 6 名の取締役の全員の賛成により，Ａの提案どおりＱ社に融資を行うことが決定された。

　本件取締役会の決議に基づき，ＡがＰ・Ｑ両会社を代表し，Ｐ社からＱ社への融資が実行されたが，その後もＱ社の業績は回復することはなく，Ｑ社は倒産するに至った。

　Ｐ社株主Ｘは，Ａの責任を追及する株主代表訴訟を提起した（株主代表訴訟提起の手続は適法に行われたものとする）。Ａは，会社法上，Ｐ社に対してどのような責任を負うかについて検討せよ。

（解説は 243 頁）

演習 15　利益供与と取締役の責任

　Ｐ株式会社は，公開会社でありかつ大会社である監査役会設置会社であり，種類株式発行会社ではない。

　Ｐ社の代表取締役社長であるＡは，Ｐ社の株主であり総会屋であるＳから，株主総会で議事進行に協力してもらう見返りとして，公正な価額が 10 億円であるＳ所有の不動産（以下「本件不動産」という）を 40 億円でＰ社に購入させることとした。Ａは，本件不動産の購入をＰ社の取締役会（以下「本件取締役会」という）に諮り，「本件不動産はＰ社の工場用地として適切であり，価額は

やや割高だがそれに見合うだけの価値はあると考えられる」旨の説明をした。本件取締役会に出席していた P 社の代表権のない取締役 4 名（B〜E）は，いずれも S が総会屋であることを知っており，本件不動産の購入の真の目的は A の説明とは別のところにあることをうすうす感じていたが，取締役会では特に質問もせずに，本件不動産の購入に賛成した。なお，P 社の取締役には，A〜E のほか，P 社の発行済株式総数の 34％を有する代表取締役会長 F がいるが，F は持病の悪化で入退院を繰り返しており，本件取締役会には出席していなかった。F は，A から本件不動産の購入の件について事前に報告を受け（ただし，売主が S であることは F には伝えられなかった），価格がかなり割高であるとは思っていたが，本件取締役会の前後を通じて，A らに対して特に異論は述べていない。

　A は，本件取締役会の後，P 社を代表して，本件不動産を 40 億円で購入した。

　これらの事情を知った P 社の株主 X は，A〜F の P 社に対する責任を追及する株主代表訴訟（以下「本件代表訴訟」という）を提起した。

　以上の事実関係を前提として，以下の問いについて検討せよ。なお，(2)と(3)はそれぞれ独立のものとして考えること。

(1) X は，本件代表訴訟により A〜F のどのような責任を追及すべきか。

(2) 　本件代表訴訟の提訴後，P 社の株主総会において，(1)で検討した A〜F の責任を，A・F については各人の取締役在職中の最高の年額報酬の 6 倍にあたる額まで，B〜E については各人の取締役在職中の最高の年額報酬の 4 倍にあたる額まで，それぞれ免除する旨の議案（議案提出には各監査役の同意があり，株主総会では免除の理由など必要事項の開示があった）が，特別決議によって可決された。この株主総会決議は本件代表訴訟にどのような影響を及ぼすか。

(3) 　本件代表訴訟の提訴後，A〜F は全員取締役を辞任し，新たに G〜K の 5 名が取締役に選任され，G が代表取締役に選定された。G は，取締役会決議に基づき，P 社を代表して，(1)で検討した A〜F の P 社に対する責任にかかる P 社の A〜F に対する請求権を，L に譲渡した。この譲渡は本件代表訴訟にどのような影響を及ぼすか。

（解説は 243 頁）

演習 16　　利益供与と取締役等の責任，責任の一部免除

　P 株式会社（以下「P 社」という）は，公開会社であり，監査役設置会社であるが，種類株式発行会社ではない。また P 社の定款には株主総会決議の定足

数に関する定めはない。

　P社の代表取締役Aは，個人的に反社会的勢力と関係があるという事実（以下「本件事実」という）を隠してきたが，本件事実をP社の発行済株式の1％の株式を有するBに知られてしまった。Bは，次回の株主総会で本件事実を明らかにしてAを取締役から解任する株主提案をする計画を有している旨をAに告げたので，AはBと交渉し，Bが本件事実を口外せず，Aの解任に係る株主提案を行わないことの見返りに，P社がBの有する土地（以下「本件土地」という）を公正な価格の2倍にあたる10億円で購入することをA・B間で合意した。この合意を実行するために，Aは，P社の取締役会において本件土地をBから購入することを謀り，取締役全員（AのほかCとD）の賛成により本件土地を購入する旨の決議が成立した。C, Dならびにこの取締役会に出席していた監査役Eは，本件土地の所有者であるBがP社の株主であること，および購入価格が公正な価格の2倍程度であることを知っており，またC, Dは本件土地のP社にとっての有用性が乏しいことも知っていたが，誰も本件土地の購入について異議を述べなかった。この取締役会決議に基づき，AはP社を代表して本件土地を購入した。

　Dは社外取締役であり，P社との間で責任限度額を1000万円とする責任限定契約（以下「本件責任限定契約」という）を締結していた（この契約は会社法427条の定めに従った適法なものであった）。また，EはP社の創業者の唯一の子であり，P社の発行済株式の50％の株式を保有していた。

　6か月前から引き続きP社の株式を有するXは，P社のため，A, C, D, Eに対し，本件土地の購入代金と公正な価格の差額5億円の支払いと，本件土地の購入にP社の資金が転用されたためP社の事業活動の遂行に支障が生じたことによる損害2億円（実際に生じたものとする）の賠償を求める株主代表訴訟を提起した（以下「本件代表訴訟」という）。

　本件代表訴訟の提起後，P社は臨時株主総会を開催し，創業者への恩に報いることを理由として，仮にEに本件代表訴訟で追及されている責任が存するとしても，その責任の額をEの監査役としての年額報酬の2倍にあたる2000万円まで減額する旨の特別決議（以下「本件決議」という）が行われた。なお，創業者の子であるというだけで責任が軽減されるのは著しく不当であるとして，本件決議にはXを含め発行済株式の25％を有する株主が反対した。

　以上の事実関係の下で，(1)(2)について解答せよ。

(1)　本件代表訴訟において追及されるA, C, D, Eの会社法上の責任について検討せよ。

(2)　本件責任限定契約および本件決議の存在は，本件代表訴訟のうちD, Eに

対する責任追及にどのような影響を及ぼすか。

（解説は 244 頁）

演習 17 監査役の兼任禁止，説明義務，取締役報酬の減額

　Ｐ株式会社は，公開会社であり，監査役会設置会社である。Ｐ社は，法令遵守に関する取締役会の監督機能を強化するため，取締役を 2 名増員してコンプライアンス担当とすることとした。令和 3 年 6 月 26 日に開催されたＰ社の定時株主総会において，従前の取締役は全員再任すること，ＡおよびＢを新たに取締役に選任すること，取締役報酬総額の限度額を月額 2000 万円に増額すること，ならびにこの範囲内で取締役会が各取締役の報酬額を決定することが決議された。同日開催された取締役会において，Ａ・Ｂをコンプライアンス担当とすること，およびＡ・Ｂにはそれぞれ月額 150 万円の取締役報酬を支給すること等が決定された。

(1)　Ａは，令和 2 年 6 月の定時株主総会で監査役に選任され（任期は令和 6 年 6 月の定時株主総会終結の時まで），監査役会において中心的役割を果たしていた。Ａは，令和 3 年 6 月の定時株主総会で取締役に選任されたあとも，監査役の求めに応じて監査役会に出席し，業務執行の状況についての報告を行っている。この事実関係について，会社法上の問題点を検討せよ。

(2)　令和 3 年 6 月 26 日の定時株主総会において，取締役報酬総額の限度額を月額 2000 万円に増額する旨の決議をする際に，株主より，①Ａ・Ｂに支払う予定の報酬額はどれだけか，および②令和 2 年度にＰ社取締役に支払われた報酬総額はどれだけかについて質問があった。取締役は説明しなければならないか。

(3)　Ｂは，令和 4 年 1 月ごろから，持病の高血圧症に心筋障害も加わって病状が悪化し，Ｐ社の取締役会にも欠席することが多くなった。令和 4 年 6 月，Ｐ社取締役会は，Ｂが今後コンプライアンス担当の取締役の職務を遂行することは不可能であると判断し，Ｂを非常勤取締役に降格すること，およびＢの報酬を月額 150 万円から月額 30 万円に減額することを決定した。報酬の減額は有効になされたといえるか。

（解説は 245 頁）

演習 18 有利発行・不公正発行と新株発行の無効

　Ｐ社は京都府内でタクシー業を営む株式会社であり，その発行可能株式総数

（授権株式数）は3万株，発行済株式総数は1万株である（P社は上場会社ではないが，P社の定款に株式の譲渡制限の定めは置かれていない。また，P社は種類株式発行会社ではない）。P社はAによって創業されたが，現在ではAは高齢のため引退してP社の経営は主として代表取締役社長B（Aの長男）によって行われており，B・C（Aの次男）・D（Aの三男）・E（Bの長男）・F（Bの次男）からなるP社の取締役会も，実質的にBが支配していた。しかし，BはP社株式の30％を保有するのみで，残り70％の保有割合は，Aが57％，Cが7％，Dが6％となっており，しかも，C・DはBの経営のやり方に対して日ごろから不満を抱いており，経営方針をめぐって両者が対立することもしばしばあった。

　令和3年7月1日，半年前に最愛の妻を亡くしたAは，傷心を癒すため，約1か月の予定で世界一周旅行に出発した。Aの出発後，Bは，懇意にする取引先Q社・R社・S社に対して，提携関係の強化のため募集株式の発行を行いたい旨の申出をしたが，Q社らが，非上場会社であるP社の株式を取得することを渋ったので，Bは，「株主総会の特別決議を経て，募集株式を時価を下回る払込金額で発行すること」，および「1か月後にはBに資金的余裕ができるはずであり，Q社らが引き受けた株式を払込金額を上回る価額でBが買い取るつもりであること」などを述べて，Q社らに，募集株式を引き受けることを約束させた。早速，Bは，証券会社にP社の株式価値を鑑定させて1株3000円程度であるとの回答を得，株主総会を招集した。招集通知には，「会社法199条3項に規定する場合の募集株式の発行の件」と題したうえで，「P社とその取引先の提携関係を強化するために，P社の取引先であるQ社・R社・S社に対してP社の募集株式を発行すること，発行する株式数は4500株以内であること，最低払込金額は500円とすること」が議案の概要として記載されていた。第三者割当増資の計画を知ったCが，海外旅行中のAに連絡して事情を説明し，増資を中止するようBを説得してほしいと頼んだところ，Aは，Bに対し，「自分が帰国するまで株主総会の開催を延期するよう」求めた。しかしBは，Q社・R社・S社との連携が急務であるとして取り合わなかった。令和3年7月26日に開催された株主総会にはB・C・Dが出席し，C・Dが反対したものの，Bの賛成により，特別決議（以下，「本件特別決議」という）が成立した（P社の定款には，特別決議の定足数を，議決権を行使しうる株主の議決権の3分の1とする旨が定められていた）。株主総会の席上，Cは，①本件募集株式の発行は，Aが死亡すると相続によりC・Dが合計してBより多数のP社株式を保有することになるので，それを阻止するために計画されたのではないか，②Aが海外旅行に出かけて株主総会に出席できないことを見越して株主総会を招集したのではないか，③P社の株式価値はそもそもどの程度か，について

質問したが，Bは，①②については否定し，③については，「よくわからないが1株1000円程度であろう」と答えていた。

　上記総会の翌日，Bは，取締役会を開催し，C・Dは反対したものの，B・E・Fの賛成により，Q社・R社・S社に対して払込金額500円で1500株ずつ計4500株を発行する決議を成立させ，その翌日に募集株式の発行を実行した（以下，「本件発行」という）。そして，本件発行から1か月後に，Bは，Q社・R社・S社から，その保有するP社株を1株1000円で買い取った。

　Cは，第一次的には本件発行の効力を否定することを希望しているが，それが認められない場合は関係者の民事責任を追及することを希望している。弁護士であるあなたがCから相談を受けたと仮定して，Cの希望を実現するにはどのような主張が考えられるかを検討せよ。

（解説は 245 頁）

演 習 19　　非公開会社における募集株式の発行

　P株式会社は公開会社ではない会社であり，取締役会を設置していない。P社の取締役はA・B・Cの3人で，定款の定めに基づく取締役の互選により，Aが代表取締役に選ばれている。

　Pは株券発行会社であるが，種類株式発行会社ではない。P社定款には，基準日に関する会社法124条1項の定めも，譲渡承認機関に関する同法139条1項但書にいう別段の定めもないが，いわゆる株主割当てに関する同法202条3項1号の定めがある。

　令和3年6月1日現在，P社定款では発行可能株式総数は500株と定められており，発行済株式総数は100株（Aとその一族が45株，乙が55株を保有）であった。

　令和3年6月18日，P社の発行済株式総数の15％に相当する15株にかかるP社株券を持った甲がP社を訪れ，譲渡担保権の実行により乙からP社株式を取得したので株主名簿の名義を「甲」に書き換えてほしいこと，その後適当な時期にその株式をAまたはP社に買い取ってほしいことを申し述べた。Aは，新株発行を近々実施予定であり，その際Aが甲に資金を貸し付けるからその資金で甲に割り当てられる新株につき払込みをしてほしいこと，甲名義の株式の議決権行使についてAの指示に従うことなどを求め，甲がこれに応ずるなら，甲の希望を聞いてもよい旨回答した。甲がこれに同意したため，Aは乙に問い合わせることなく名義書換えの手続を行った。

　Aは，令和3年7月9日，B・Cと相談のうえ，株主に株式の割当てを受け

る権利を 1 対 1 の割合で与えて，合計 100 株の募集株式の発行を行うこと（以下「本件発行」という），そのために会社法 202 条 4 項の通知を行うことを決定した。同月 12 日，乙に下記①〜⑥の内容を記載した通知が届いた（通知された内容は下記①〜⑥がすべてであったとする）。

---

①　P 社は募集株式の発行を行う予定であること。

②　募集株式の払込金額は 10 万円とし，払込金額は全額資本金とされること。

③　払込期日は令和 3 年 8 月 20 日であること。

④　募集株式の発行は，株主に株式の割当てを受ける権利を与えて実施すること。

⑤　株式の割当てを受ける権利に基づき実際に割当てを受けるためには，令和 3 年 7 月末日までに P 社に対してその旨の申込みをすべきこと。

⑥　乙が割当てを受ける募集株式の数は 40 株であること。

⑴　乙は本件発行を差し止めることができるか。

⑵　本件発行がされた後で，乙はその無効を主張することができるか。

（解説は 247 頁）

演習 20　　支配株主の異動を伴う新株発行，払込みの仮装，基準日の公告

　P 株式会社は公開会社であって監査役設置会社であるが，種類株式発行会社ではなく，創業者の一族 20 名だけが株主となっている。P 社の発行可能株式総数は 4 万株，発行済株式総数は 1 万株であり，P 社の定款には，定時株主総会における議決権行使のための基準日を 3 月 31 日とする旨の定めがある。

　P 社の業績は好調であり，令和 3 年 4 月 20 日，P 社は，Q 株式会社（それまでは P 社株式を保有していないものとする）からの資本参加の申出を受け入れ，取締役会決議に基づき，第三者割当ての方法で，Q 社に 1 万 2000 株の募集株式を発行した（以下，「本件発行」という）。本件発行の効力発生日に，Q 社は，P 社の株主名簿に株主として記載された。本件発行の払込金額は公正であったものとする。

　次の各問いは，それぞれ別個の問題として考えること。

⑴　P 社は，本件発行について，発行する株式数，払込金額などの募集事項を払込期日の 2 週間前までに株主に通知したが，Q 社が 1 万 2000 株の株主となることについては，事前に株主に通知・公告（またはこれに代わる金融商品取引法に基づく開示）をしなかった。本件発行の効力はどうなるか。

(2)　令和 3 年 6 月 20 日に開催された P 社の定時株主総会において，P 社は，3 月 31 日時点の株主名簿上の株主，および本件発行により株主となった Q 社に招集通知を発出して議決権を行使させ，計算書類を承認する決議がなされた（以下，「本件決議」という）。

　　ところが，令和 3 年 7 月，本件発行について，Q 社が出資の履行を仮装していたことが発覚し，出資の履行の仮装に関する職務を行った P 社取締役は，発覚後直ちに，払込みを仮装した払込金額の全額の支払を P 社に対して行った。本件決議の効力はどうなるか。

(3)　P 社は，令和 3 年 5 月 10 日，臨時株主総会を開催し，新たに Q 社取締役 3 名を P 社取締役に選任する決議がなされた（以下，「本件決議」という）。この株主総会において，P 社は，3 月 31 日時点の株主名簿上の株主，および本件発行により株主となった Q 社に招集通知を発出して議決権を行使させた。しかしその後，この株主総会について議決権行使のための基準日を 3 月 31 日とする旨の公告がなされていなかったことが判明した。本件決議の効力はどうなるか。

　　かりに本件決議時点の株主名簿における株主構成が，Q 社が株主として加わったことを除き，3 月 31 日時点の株主名簿における株主構成と同一であったとすると，違いが生じるか。

（解説は 248 頁）

演習 21　　**非公開会社における新株発行，共有株式の権利行使**

　P 株式会社は種類株式発行会社ではなく，その定款には，その発行する株式の全部の内容として譲渡による P 社株式の取得について P 社の承認を要する旨の定めがあるが，株主総会決議の定足数や決議要件についての特段の定めは置かれていない。

　P 社の発行可能株式総数は 2000 株，発行済株式総数は 1000 株であり，株主は P 社の創業者である A（700 株保有）と B・C・D（各 100 株保有）の計 4 名であった。P 社の取締役は A と Y であったが，A が死亡し，A が保有していた P 社株式（以下「本件株式」という）は法定相続により A の子である B・C・E・F の共有となった（相続人は B・C・E・F だけであり，その法定相続分は均等であったとする）。

　A の死亡から半年後，相続人間の遺産分割協議が調わない中で開催された P 社株主総会（以下「本件総会」という）において，B と C に対して，募集株式を 300 株ずつ（計 600 株）発行することが決議され（以下「本件決議」という），本

件決議の翌日，B・Cが払込みを完了し，登記も行われた（以下「本件発行」という）。本件決議の態様が下記(1)・(2)のようなものであったとすると，Eが本件発行の効力を否定するにはどのような主張をすることが考えられるか。(1)・(2)のそれぞれについて，考え得るEの主張の内容とその成否について検討せよ（(1)と(2)は独立の場合として考えること）。

(1)　本件株式の権利行使方法について相続人間で協議したが，B・CとE・Fの意見が対立し，本件総会までに権利行使者の決定をすることができなかった。本件総会には，B・C・Dが出席した。

　　本件決議において，B・Cがその保有株式（100株ずつ）について賛成票を，Dがその保有株式（100株）について反対票を投じた。Yは可決を宣言した。

(2)　本件株式の権利行使方法について相続人間で協議したが，B・CとE・Fの意見が対立し，権利行使者の決定をすることができなかった。しかし，Bが本件株式につき権利を行使したい旨を本件総会の前日にYに知らせ，YがP社を代表してBによる権利行使に同意した。本件総会にはB・C・Dが出席した。

　　B・Cがその保有株式（100株ずつ）について賛成票を，Dがその保有株式（100株）について反対票を投じ，さらに，Bが本件株式（700株）について賛成票を投じた。Yは可決を宣言した。

（解説は248頁）

演習22　　発起人の権限

　ゲーム機の通販事業を行っていたAと，ゲームソフトの通販事業を行っていたBは，ゲーム機とゲームソフトの通販事業を行う株式会社を共同で設立することに合意し，次のような取り決めをした。

(a)　AとBが発起人となってP株式会社を設立する。

(b)　P社の設立にあたっては，Aが150万円，Bが50万円を金銭で出資し，ほかに株主は募集しない。P社は公開会社とする。A・B・C（Aの妻）・D（Aの弟）が設立時取締役となり，A・B・C・Dは，Aを設立時代表取締役として選定する。

　Bは，以前から取引のあったEに対して，自分が設立中のP社の発起人であることを示して，報酬額100万円で，AとBが保有する取引記録から顧客リストを作成することおよび通販用ウェブサイトの作成その他通販システムを構築するための作業（以下，「本件作業」という）を依頼し，Eはこれを引き受け

た。その際Bは，Eに対して，本件作業を依頼するのはP社であって，報酬も成立後のP社が支払うが，P社の代表取締役には信用のあるAが就任する予定であるから，支払については心配しなくてよいと申し述べていた。

　他方，Aは，自分が設立中のP社の発起人であることを示したうえで，従前から取引のあったゲーム機の卸売業者Fとの間で，P社の設立後にP社がゲーム機200台を300万円で購入する契約を締結した。

　上記(a)(b)の取り決めに従って，P社の設立事務が行われ，設立登記を了した。なお，P社の定款には，会社法28条各号に掲げる事項の記載はない。

　Eは，P社の設立前に本件作業を完了したが，Bは，P社設立直後にP社の取締役を辞任し，顧客リストと通販システムが収められたパソコンを持ったまま姿を消してしまった。Eに対する報酬の支払はいまだ行われていない。

(1)　上記の事実関係の下で，Eは，P社に対して，本件作業に関する報酬の支払を求めることができるか。

(2)　上記の事実関係の下で，かりにEがBを見つけ出すことに成功した場合，EはBに対して何らかの責任を追及することができるか。

(3)　本件作業の依頼の際，上記の事実関係とは異なって，Bは，「P社が依頼元であり，報酬もP社が支払う」旨の言明はしておらず，B自身は「設立中のP社の発起人組合の代表」であると名乗っていたとする。この場合，Eは，Aに対して，報酬の支払を求めることができるか。

(4)　上記の事実関係の下で，P社設立後，Fがゲーム機300台の引渡しと引換えに代金の支払を求めたところ，P社が契約の無効を主張して代金の支払を拒んだとする。Fは，Aに対して代金の支払を請求できるか。

（解説は249頁）

演習 23　設立の無効，財産引受け

　Aは，服飾雑貨の販売を目的とするP株式会社の設立を募集設立の方法で行うことを企画した。Aは唯一の発起人として定款に署名し，Aの友人のBおよびCが設立時募集株式の申込みを行い，P社の設立に際して，Aが200万円（引受株式数20株），Bが1000万円（同100株），Cが100万円（同10株）を出資することになった。

　Aは，設立中のP社の発起人として，P社の成立を条件としてP社がQ株式会社から倉庫用の本件土地・建物を1000万円で購入する契約（以下，「本件売買契約」という）を締結した。P社の原始定款には，「設立に際して出資される財産の最低額」は1000万円である旨その他の絶対的記載事項が記載されて

いたが，本件売買契約についての記載はなかった。

　Bは，自己が経営していた会社が倒産したため資金繰りが苦しくなり，引き受けたP社の設立時募集株式のすべてについて出資の履行をすることができなくなった。そこで，Aは，縁故者で資産家であるDに100株分の設立時募集株式を引き受けさせることとした。Dは高齢で精神上の障害があり，後見開始の審判を受けており，Aはそのことを知っていたが，P社を早期に設立させるため，あえてDに株式を引き受けさせた。

　P社は，成立後，Q社に本件売買契約における売買代金の一部を支払い，本件土地・建物の引渡しをうけた。しかし，その後，Dによる設立時募集株式の引受けは，成年被後見人の行為であることを理由として取り消され，Dの出資した1000万円（100株分）は返還された。そのため，P社は，本件売買契約における残代金を支払うことができなくなった。

　以上の事実関係の下で，以下の設問について検討せよ。なお，(1)〜(3)はそれぞれ別個の問題として考えること。

(1)　P社成立の3か月後，株主Cは，Dの引受け取消しによる払込みの欠缺を理由に，P社の設立無効の訴えを提起した。Cの請求は認容されるか。

(2)　Q社は，本件売買契約は定款に記載のない財産引受けであるため無効であると主張し，P社に対して本件土地・建物の明渡しを請求した。Q社の請求は認められるか。P社の取締役会が，本件売買契約を追認した場合はどうか。

(3)　Q社がP社に残代金の支払を請求したところ，P社は，本件売買契約は定款に記載のない財産引受けであるため無効であると主張し，代金の支払を拒んだ。Q社は，Aに対して残代金の支払を請求できるか。

（解説は250頁）

演習 24　利益相反取引と株主代表訴訟による責任追及

　P株式会社は，公開会社であり，監査役設置会社である。

　P社の取締役Aは，P社から，P社の有する自動車（以下，「本件自動車」という）を200万円で購入した（以下，「本件売買」という）。本件売買については，P社の取締役会において，Aによる重要な事実の開示の後，Aを除外したうえA以外の取締役全員（B・C・D）の賛成により承認決議がなされ，この決議に基づき，代表取締役BがP社を代表してAに本件自動車を売り渡した。なお，この取締役会に先立ち，Bは，自動車のディーラーをしている知人に本件自動車の価格について尋ねたところ，「中古自動車なので正確な算定は難しいが，おおよそ200万円から250万円の間であろう」との回答を得，その旨を取

締役会で説明し，出席取締役は，そのことも考慮に入れて，決議に賛成した。

　6か月前から引き続きP社の株式を有するXは，本件自動車は少なくとも250万円程度の価値があることを前提に，本件売買に関して，P社の取締役に対し，株主代表訴訟により責任追及することを考えている。

　以上の事実関係の下で，次の(1)〜(3)に解答せよ。なお，各設問はそれぞれ独立の問題として解答すること。

(1)　Aは，本件売買の代金の支払期限が過ぎても代金を全く支払っていない。Xは，Aに対し，株主代表訴訟により，売買代金の支払を請求できるか。本件売買の後，Aが任期満了により取締役を退任したとすればどうか。

(2)　Aは，本件売買の代金200万円をP社に支払ったが，本件自動車の公正な価格は実際には250万円であったとする。Xは，本件売買について，株主代表訴訟により，B・C・Dの損害賠償責任を追及した。Xの請求は認容されるか。原告と被告の主張・立証すべき点を整理して検討せよ。

(3)　Aは，本件売買の代金200万円をP社に支払ったが，本件自動車の公正な価格は実際には250万円であったとする。Xは，本件売買について，株主代表訴訟により，Aの損害賠償責任を追及した。Xの請求は認容されるか。

（解説は 251 頁）

演習 25　　違法配当と役員等の責任

　P株式会社は，大会社であり監査役会設置会社である。P社の事業年度は4月1日から翌年3月31日までであり，P社は自己株式を保有していない。

　P社の代表取締役副社長であり計算書類の作成を担当するAは，実際には「その他資本剰余金」の額と「その他利益剰余金」の合計額が1億円しかないにもかかわらず当該合計額が5億円あるとする令和2年度にかかる貸借対照表を作成し，監査役会および会計監査人の監査を受けた。監査役会の監査報告および会計監査報告には，計算書類はすべて法令・定款に従ったものであるとの記載があり，特に問題となる指摘はされていない。

　令和3年5月14日に開催されたP社の取締役会（以下「本件取締役会」という）では，会計監査人および監査役会の監査を受けた令和2年度にかかる計算書類の承認および定時株主総会の招集に関する事項の決定が議題となった。P社の取締役会のメンバーは，Aのほか，代表取締役社長であるB，使用人兼務取締役であるC〜Eの5名であり，本件取締役会にはその全員が出席し，計算書類の承認と合計4億円の剰余金の配当を行う議案を定時株主総会に提出すること等が全員一致で決定された。

　令和3年6月24日に開催されたP社の定時株主総会では，剰余金配当議案が原案どおり可決されたので，Bは，その翌日，P社を代表して，株主に合計4億円の剰余金配当を行った。なお，令和3年3月31日から同年6月24日までの間に，分配可能額の変動をもたらす事象はないものとする。

　P社の社外監査役であるFは，P社を代表して，この粉飾決算に基づく剰余金配当について，取締役AおよびBの責任を追及する訴訟（以下「本件責任追及訴訟」という）を提起した。また，P社の株主Sは，本件では監査体制に問題があったとして，P社の常勤監査役Gと会計監査人Hの責任を追及する株主代表訴訟（以下「本件代表訴訟」という）を提起した。本件責任追及訴訟と本件代表訴訟の原告適格その他の訴訟要件および手続が適法なものであるとして，以下の問いに解答しなさい。

(1)　A, B, G, Hは，P社に対してどのような責任を負うか。

(2)　本件責任追及訴訟の提起後，AとBは，それぞれ取締役を退任し，退職慰労金を放棄するとともに，会社に対し過去2年間に受け取った報酬相当額を返還すると申し出たので，P社は，総株主の同意により，AとBの責任を全額免除した。このことは，本件責任追及訴訟にどのような影響を及ぼすか。

(3)　本件代表訴訟について，Sと被告らの間で，G・Hの責任をそれぞれ50万円とする和解をすることとなり，和解内容がP社に通知され，所定の期間内にP社は異議を述べなかった。この和解により，(1)で検討したG・Hの責任はどのようになるか。

（解説は252頁）

演習 26　　監査役の資格と計算書類の承認決議の効力

　P株式会社は，公開会社でありかつ大会社である。

　P社の監査役会は，A〜Dの4名の監査役で組織され，AおよびBは，過去にP社の使用人であった者であり，CおよびDが社外監査役として選任されている。Aは常勤監査役に選定されている。

　P社の令和3年度にかかる計算書類について，会計監査報告および監査役会監査報告の内容に適法意見がなく，令和4年6月に開催された定時株主総会においては，同計算書類を承認する決議（以下，「本件決議」という）がなされた。

　以上の事実関係を前提として，次の(1)〜(3)の設問に答えよ。なお，(1)〜(3)はそれぞれ別個の問題として考えること。

(1)　Cは，令和2年6月に開催されたP社の定時株主総会において，社外監査役として選任された者である。Cは，平成20年以来，現在に至るまで，

長年にわたってP社の顧問弁護士として職務を行ってきた。この事実は，本件決議の効力に影響を及ぼすか。

(2) Dは，令和2年6月に開催されたP社の定時株主総会において，社外監査役として選任された者である。同年10月，P社は，Dが取締役を務めるQ社を子会社としたが，その後もDはQ社の取締役の地位を辞任していない。この事実は，本件決議の効力に影響を及ぼすか。

(3) Aは，令和2年6月に開催されたP社の定時株主総会で監査役に選任され，同日に開催された監査役会において常勤監査役に選定された者である。しかしAは，他に常勤の職を有しており，週1日程度しかP社監査役としての職務を行っていない。この事実は，本件決議の効力に影響を及ぼすか。

（解説は 253 頁）

第Ⅱ部　紛争予防編

【授業のイメージ】

① 種類株式発行会社における譲渡制限株式・自己株式

② トラッキング・ストックの発行とトラッキング・ストック株主の保護

③ 株式移転と子会社が保有する親会社株式の処分

【演習問題】

株式・社債による資金調達

【設例1-1　株式の払込債務と会社に対する債権の相殺】
　株式を東京証券取引所に上場しているP株式会社は，監査役会設置会社であり，種類株式発行会社ではない。P社は，その筆頭株主であるQ株式会社に対して1億円の借入金債務（当該債務の帳簿価額が1億円）を負担している。P社の取締役会は，この債務を消滅させるため，Q社に対して1株の払込金額を200円として50万株を第三者割当ての方法で発行することとし，新株の払込債務と上記借入金債務を相殺することとした。なお，この第三者割当てに関する取締役会の直前日までの1か月間に東京証券取引所が公表したP社株式の終値の平均価格は210円であり，本件新株発行の効力発生日まで，P社の株式の市場価格はほとんど変動しなかったものとする。

(1)　会社に対する債権をもって，募集株式の払込債務と相殺することについて，会社法上どのような問題があるか。

(2)　このような新株発行を行うにはどうすればよいか。P社のQ社に対する債務の弁済期が到来している場合と到来していない場合に分けて検討せよ。

Keypoints

① 募集株式の引受人または会社は，新株の払込債務と会社の同人に対する債務とを相殺することができるか。

② 会社に対する債権を現物出資する場合には，どのような手続を経る必要があるか。

Questions

(1)　**会社に対する債権と株式払込債務の相殺**

Q1　募集株式の引受人は，会社に対する債権と払込債務とを相殺することができるか。

Q2　会社は，募集株式の引受人の払込債務（出資履行義務）と会社が募集株式の引受人に対して負う債務とを相殺することができるか。

(2)　**会社に対する債権の現物出資等**

Q3　設例のような新株発行を行うにはどうすればよいか。

Q4　債権の現物出資については，原則として，検査役の調査が必要になる（会社207条1項）。一般論として（特に弁済期が到来していない場合），検査役は会社に対する債権の公正な価額をどのように評価すべきか。

　↳　たとえば，現物出資の対象となる債権の券面額を1000，当該債権の評価額を10，1株の公正な価額を1とする。会社はこの現物出資者には何株を割り

当てるべきか。

Q5　P 社の Q 社に対する債務の弁済期が到来している場合は，検査役の調査の要否についてどのような違いが生じるか。

Q6　債務の弁済期が到来していない場合に，検査役の調査を不要にするにはどうすればよいか。

Q7　債権の現物出資を行った場合，その評価が正しいことはどのように担保されるか。その評価が正しくなかった場合，現物出資者や取締役等はどのような責任を負うか。

Q8　債権の現物出資以外の方法によって，設例の新株発行を実現するにはどうすればよいか。

Materials

参考文献

□江頭『株式会社法』767〜772 頁，784〜797 頁，813〜816 頁

【設例 1-2　株式の払込金額の不均衡】

　大手広告代理店の経営主体である P 株式会社は，インターネット・メディア事業に進出するため，インターネット・メディア事業を目的とする Q 株式会社を，会社の設立に際して出資される財産の価額 3 億円，発行可能株式総数 5 万株とし，他のいくつかの会社の出資も得たうえで設立した。Q 社の設立時発行株式の総数は 3 万株であり，現在まで新株発行を行っていない。また，Q 社は，監査役設置会社であり，種類株式発行会社ではない。P 社は，Q 社の設立時より Q 社の株式を 2 万 6000 株保有し，Q 社の取締役は全員 P 社が派遣している。

　Q 社が営業成績を急速に伸ばしたので，Q 社の取締役会は，その事業規模を大幅に拡大するため新たに 10 万株を発行することを計画した。この計画に基づき，Q 社の代表取締役は，発行予定の 10 万株のうち 4 万株については P 社に引受けを要請し，残り 6 万株については，P 社の取引先である R 社・S 社および T 社に，それぞれ 2 万株ずつの引受けを要請した。Q 社の株式の公正な価額は 1 株 3 万円と評価されているところ，P 社，R 社および S 社は 1 株 3 万円での引受けを了承したが，T 社は 1 株 1 万円でなければ引き受けないと主張した。Q 社への共同出資を通じて T 社との関係を強化したいと考えている P 社の意向に従い，Q 社は，P 社・R 社および S 社に対しては 1 株 3 万円で新株発行を行い，T 社に対しては 1 株 1 万円で新株発行を行うこととした。なお，R 社・S 社・T 社は，いずれもこの新株発行の前には Q 社の株式を保有していなかった。

　このような新株発行を行うにはどうすればよいか。Q社において「その発行する株式の譲渡による取得について会社の承認を要する」旨の定款規定がある場合とない場合に分けて検討せよ。

Keypoints

① 新株の有利発行を行うには，どのような手続を経る必要があるか。

② 発行可能株式総数を超える新株発行を行うには，どのような手続を経る必要があるか。

③ 募集株式の引受人ごとに払込金額が異なる場合，募集事項の均等原則との関係で問題はないか。

Questions

Q1　　設例のような新株発行の問題点を挙げよ。

Q2　　Q社が公開会社の場合，有利発行手続はどのようになるか。

Q3　　Q社が非公開会社（公開会社でない株式会社）の場合，有利発行手続はどのようになるか。

Q4　　Q社が非公開会社である場合，設例のように，新株発行前の定款に定められている発行可能株式総数を超える新株発行を行うにはどうすればよいか。

　⤷　新株発行を行った結果，発行可能株式総数を超過した場合，当該新株発行は有効か。

Q5　　Q社が公開会社である場合，設例のように，新株発行前の定款に定められている発行可能株式総数を超える新株発行を行うにはどうすればよいか。

　⤷　Q社が公開会社である場合，一度の株主総会で，設例のような定款所定の発行可能株式総数を超える新株発行を行うことはできるか。

Q6　　設例の新株発行について，募集事項の不均等（会社 199 条 5 項）の問題は生じるか。

Materials

参考文献

　□江頭『株式会社法』767〜772 頁，798〜813 頁，868〜869 頁

参考裁判例

　□最判昭和 37 年 3 月 8 日民集 16 巻 3 号 473 頁・百選 A12 事件（*Q5*）

【設例 1 - 3　株式の払込金額】

　インターネット・サービス事業を目的とする P 株式会社は，近時業績を急速に伸ばしつつあった。P 社の代表取締役 A は，会社事業のさらなる発展および関連業種への事業拡大を目指して増資をすることとした。そこで A は，

取引先その他の知人を主たる対象として，1万株の新株発行を公募によって行い，払込金額は引受希望者が参加する入札によって決定する，という方法を考案した。なお，P社は，監査役設置会社であり，種類株式発行会社ではなく，P社の定款には「その発行する株式の譲渡による取得について会社の承認を要する」旨の定めはない。

　本設問の事例に関して，会社法201条5項の規定による適用除外はないものとする。

(1) Aの案には会社法上どのような問題があるか。

(2) P社は，取締役会の決議を経てAの案を実行に移し，「新株の払込金額は入札によって決定する」との公告を行った。この新株発行に疑義を抱くP社の株主は，どのような措置をとることができるか。最高価額を提示したBら6名に，1株20万円で合計1万株が発行されたとすればどうか。

(3) P社の取締役会は，Aの案を修正して，「払込金額を1株18万円とし，募集株式の引受けの申込書面に高い引受価額を記載した者から募集株式を割り当てる（引受価額は1株あたり18万円を下ることはできない）」こととし，その旨を公告した。このような新株発行には問題があるか。

Keypoints

1 入札による株式の払込金額の決定にはどのような問題があるか。

2 違法な新株発行に対して，株主はどのような措置を講じることができるか。

Questions

(1) **入札による払込金額の決定**

Q1 Aの案による新株発行にはどのような問題があるか。

　⇨ 会社法199条1項2号の「募集株式の払込金額……の算定方法」と同201条2項の「払込金額の決定の方法」は，どのように異なるか。

(2) **瑕疵ある新株発行に対する措置**

Q2 P社がAの案を実行に移して行った新株発行の公告にはどのような問題があるか。

Q3 この新株発行に疑義を抱くP社の株主は，新株発行前に，どのような措置をとることができるか。

Q4 この新株発行により株式がBらに発行されたとすれば，**Q3**のP社の株主は，この新株発行の効力を否定するため，どのような措置をとることができるか。

(3) **払込金額の最低額の決定**

Q5 小問(3)のような修正は新株発行を適法なものにするか。

Materials

参考文献

　□江頭『株式会社法』741〜747 頁，767〜772 頁，784〜794 頁，798〜813 頁

参考裁判例

　□最判平成 9 年 1 月 28 日民集 51 巻 1 号 71 頁・百選 24 事件（*Q4*）

【設例 1 − 4　失権株の処理】

　P 株式会社は広告業を事業目的とし，発行済株式総数は 1 万株，定款所定の発行可能株式総数は 4 万株である。P 社は，監査役設置会社であり，種類株式発行会社ではなく，P 社の定款には，「譲渡による株式の取得について会社の承認を要する」旨の定めはない。

　P 社の取締役会は，今後成長が見込まれるインターネット関連事業部門を強化するため，新株発行による資金調達を計画し，1 株の払込金額 1000 円で 2 万株を株主割当ての方法で発行すること，および失権株（株式の割当てを受ける権利を与えられた株主が申込期日までに申込みをしなかった部分）の処理について必要な事項は今後の取締役会において決定することを決議し，同決議に基づいて新株を発行した（以下，「本件株主割当て」という）。本件株主割当てについて，失権株が 5000 株生じたところ，P 社の取締役会において，代表取締役である A がこれを 1 株 1000 円で引き受けることが決議され，この決議の 5 日後，A は，払込金額の全額を払い込み，5000 株の新株の発行を受けた（以下，「本件新株発行」という）。なお，P 社の 1 株の公正な価額は，複数の証券アナリストの意見によると，本件株主割当ての直前の段階では，1 株 5000 円前後であり，本件新株発行後は，1 株 2400 円前後であるという。

⑴　本件新株発行にはどのような問題があるか。

⑵　本件新株発行について，P 社の株主 B は，どのような措置を講じることができるか。

⑶　かりに，A に対する本件新株発行における払込金額が 1 株 2600 円であり，当該金額が「失権株が生じた時点での公正な価額」であったとすれば，⑵について違いが生じるか。

Keypoints

１　株主割当てによる新株発行において失権株が生じた場合，取締役会は，当該失権株を，第三者に引き受けさせることができるか。

２　手続違反の新株発行について，株主は，どのような措置をとることができるか。

Questions

(1)　失権株への対処

Q1　失権株が生じたとき，引受け・払込みのあった株式についてのみ，新株発行の効力を生じさせること（失権株の放置）は可能か。

⇨　設立時と新株発行時で失権株が生じたときの効果に違いはあるか。

Q2　本件新株発行にはどのような問題があるか。

(2)　違法な新株発行に対する措置

Q3　P社の株主Bは，本件新株発行の無効を主張することができるか。

Q4　P社の株主Bは，Aへの本件新株発行を決定したP社の取締役会のメンバーに対して，任務懈怠に基づく損害賠償責任を追及することができるか。

⇨　株主Bは，取締役に対し，会社法429条1項の責任を追及できるか。

Q5　P社の株主Bは，Aに対して，任務懈怠責任以外の責任を追及することができるか。

(3)　払込金額が公正な価額である場合

Q6　Aに対する本件新株発行における払込金額が「失権株が生じた時点での公正な価額」であった場合，**Q2**について違いが生じるか。

Q7　Aに対する本件新株発行における払込金額が「失権株が生じた時点での公正な価額」であった場合，P社の株主Bは，本件新株発行の効力を争うことができるか。

Q8　Aに対する本件新株発行における払込金額が「失権株が生じた時点での公正な価額」であった場合，P社の株主Bは，Aへの本件新株発行を決定したP社の取締役会のメンバーに対して，任務懈怠に基づく責任を追及することができるか。また，Aに対して，任務懈怠責任以外の責任を追及することができるか。

Materials ....

参考文献

□江頭『株式会社法』773～782頁，798～816頁

参考裁判例

□最判昭和46年7月16日判時641号97頁・百選22事件（**Q3**）

□最判平成9年1月28日民集51巻1号71頁・百選24事件（**Q3**）

【設例1-5　社債の発行・社債管理者】

　P株式会社は，公開会社であり，監査役設置会社である。P社は，令和元年11月に，償還時期を令和6年11月末日とする無担保普通社債（以下，「本件社債」という）を発行した。

　本件社債に関して，以下の(1)(2)について検討せよ。なお，(1)(2)はそれぞれ

別個の問題として考えること。

(1)　本件社債は，Ｐ社の代表取締役Ａが独断で発行したものであり，社債管理者を設置していない。Ｐ社の株主であるＢは，投資商品にはあまり詳しくなく，社債と株式の違いをよく理解せずに本件社債の引受けの申込みをし，割当てを受けたが，本件社債の社債権者となった後，知人から本件社債の発行の経緯等を知らされるに及んで，本件社債の適法性に疑問を持つようになった。Ｂは，本件社債の発行の無効を主張することができるか。

(2)　本件社債について，Ｐ社のメインバンクであるＲ銀行が社債管理者となった。

　　Ｐ社は，令和2年末ころより財産状態が悪化してゆき，このままでは本件社債の償還期限までにＰ社が破綻するおそれがあった。Ｒ銀行は，令和3年7月，Ｐ社の本社ビル等Ｐ社の不動産をＲ銀行のＰ社に対する貸付金債権の担保として提供させた（以下，「本件担保提供」という）が，Ｒ銀行は，社債管理者として，社債権者のために債権保全や債務免除のための社債権者集会の招集などの法定の権限を行使することはなかった。

　　Ｐ社は令和3年9月中旬には支払停止に陥り，本件社債元利金の大部分は回収不能となった。一方Ｒ銀行は，本件担保提供に基づき担保権を実行して，Ｐ社への貸付金債権の相当部分を回収した。本件社債元利金の回収不能により損害を被った社債権者は，会社法上，Ｒ銀行に対してどのような請求ができるか。

Keypoints

① 株式と社債は，どのような点が異なるか。

② 違法な社債の発行について，会社法は社債権者救済のための制度を用意しているか。

③ 社債管理者は，社債権者に対して，どのような義務と責任を負担するか。

Questions

(1)　社債の発行と社債管理者設置義務

Q1　次の(a)〜(d)に関して，株主と社債権者の権利にはどのような相違があるか。

　(a)　経営参与権の有無

　(b)　会社から受ける経済的利益と分配可能額の関係

　(c)　清算時の優劣

　(d)　会社に投資（出資）した財産の返還

Q2　Ｐ社において，本件社債の募集事項（会社676条）は，どの機関が決定しなければならないか。

Q3　社債発行手続に違反する社債の発行に対して，Ｂはどのような主張ができるか。社債の成立前と成立後のそれぞれについて検討せよ。

Q4　会社が社債を発行するときに，社債管理者を置かなくともよい場合がある。どのような場合か。それはなぜか。

　↳　社債管理者を設置する義務のある会社が，社債管理者を設置せずに社債を発行した場合，当該社債の発行は有効といえるか。

(2)　**社債管理者の義務と責任**

Q5　社債管理者は，社債権者に対してどのような一般的義務を負担するか。

Q6　社債発行会社の財産状態が悪化しているにもかかわらず，社債管理者が社債の管理を適切に行わなかったために，社債元利金の回収が不能となった場合，社債権者は社債管理者に対してどのような請求ができるか。

Q7　設例のように，社債管理者であるＲ銀行が，Ｐ社が支払停止に陥る前に本件担保提供をさせたことは，社債権者がＲ銀行の責任を追及するうえで，どのような意味を有するか。

Materials

参考文献

□江頭『株式会社法』748〜763 頁，842〜858 頁

【設例 2-1 優先株式の設計と株式分割】

　本設例において，P 株式会社は監査役会設置会社であって，その定款には「その発行する株式の譲渡による取得について会社の承認を要する」旨の定めはないものとする。

　P 社は銀行業を営む株式会社であり，その株価は 500 円程度で推移している。

　P 社は，自己資本比率を引き上げるために，優先株式を発行してその資金で借入金を返済することを計画している。

ケース(1)　P 社は，既存の株式（普通株式）への剰余金配当等になるべく影響を与えないよう，社債に似た態様の優先株式（以下，「社債型優先株式」という）を発行することを検討している。

　(a)　社債型優先株式を発行するには，定款にどのような定めをすればよいか。また，払込金額はどのように設定すればよいか。

　(b)　社債型優先株式を発行した後に普通株式について株式分割を行うにはどのような手続が必要か。その手続が煩雑であるとすれば，優先株式発行時にどのような工夫をしておけばその手続をしなくて済むか。

ケース(2)　P 社は，普通株式に似た優先株式（優先配当金は 1 株 1 円とし，P 社が例年並みの利益を上げる限りは普通株式と優先株式の配当金が同じになるような優先株式。以下，「普通株型優先株式」という）を発行することを検討している。

　(a)　普通株型優先株式を発行するには，定款にどのような定めをすればよいか。また，払込金額はどのように設定すればよいか。

　(b)　普通株型優先株式を発行した後に普通株式について株式分割を行うにはどのような手続が必要か。その手続が煩雑であるとすれば，優先株式発行時にどのような工夫をしておけばその手続をしなくて済むか。

Keypoints

① 社債に似た優先株式，普通株式に似た優先株式を発行するには，それぞれどのように設計すればよいか。

② 優先株式発行後の株式分割にはどのように対処すればよいか。

Questions

(1)　社債型優先株式の設計と種類株主間の利害調整

Q1　優先株式を社債型のものとする場合，剰余金の配当に関する取扱いの内容（会社 108 条 2 項 1 号）について，定款でどのように定めればよいか。

    ⇨ 優先株主が普通株主に先立って配当を受けることができる具体的な金額（優先配当金額）についても定款で定める必要があるか。優先配当金額については，定款で，どこまで詳しく定めなければならないか。

Q2   本件のように P 社の既存の株式の時価が 500 円である場合，優先株式を 1 株 100 円で発行することや，100 万円で発行することは可能か。

    ⇨ 普通株式の時価が 500 円であるとき，議決権の制限された社債型優先株式を払込金額 100 万円で，普通株式と同数発行することに，何か問題はあるか。

Q3   優先株式を社債型とする場合，残余財産の分配や議決権については通例どのように定められるか。

Q4   優先株式を社債型とする場合，取得条項付株式（会社 2 条 19 号）とすることも考えられるが，具体的に，どのように定めればよいか。優先株式を取得条項付株式としておくことにより，会社にはどのようなメリットがあるか。

Q5   社債型優先株式の発行後に，普通株式と優先株式のそれぞれについて同じ割合で株式分割を行うことはできるか。かりにできるとすると，これを行うには株式分割の際にどのような手続が必要となるか。

    ⇨ ***1*** 株式分割の際に特別の手続をとることなく，取締役会決議だけで ***Q5*** のような株式分割を行うためには，優先株式発行時にどのような定めをしておけばよいか。

    ⇨ ***2*** ***Q5*** のような株式分割を行うことは現実的といえるか。現実的ではないとすればそれはなぜか。

Q6   優先株式発行後に普通株式についてのみ株式分割を行うことはできるか。普通株式についてのみ株式分割を行うことにより，社債型優先株式の株主に損害を及ぼすおそれがあるか。あるとすればそれはどのような損害か。

    ⇨ ***Q6*** のような株式分割を行う際に，特別の手続をとることなく，取締役会決議だけで株式分割をすることができるか。そのためには，優先株式発行時にどのような定めをしておけばよいか。株式分割時に優先株式の株主に株式買取請求権を与えずに済ませることはできるか。

(2)　普通株型優先株式の設計と種類株主間の利害調整

Q7   優先株式を普通株型のものとする場合，剰余金の配当に関する取扱いの内容（会社 108 条 2 項 1 号）について，定款でどのように定めればよいか。

Q8   普通株型優先株式の払込金額については，どのように定めればよいか。たとえば，300 円と定めた場合，どのような問題が生じるか。

Q9   普通株型優先株式の発行後に株式分割を行う場合に，普通株式の株式分割の比率と，優先株式の株式分割の比率が異なると，いずれかの種類の株主に損害を及ぼすおそれがあるといえるか。

⇨　普通株式と優先株式の株式分割の比率が同じである場合，いずれかの種類の
株主に損害を及ぼすおそれがあるといえるか。

Materials ･･

参考文献

□江頭『株式会社法』138〜150頁，172〜174頁，296〜297頁

【設例2-2　累積的優先株式における累積未払配当金の縮減】

　本設例において，P株式会社・Q株式会社は取締役会設置会社であって，監
査役設置会社であるものとする。また，それぞれの会社の定款には「その発行
する株式の譲渡による取得について会社の承認を要する」旨の定めはないもの
とする。

　資本金10億円のP社は，普通株式5万株のほかに，あらゆる株主総会決議
事項につき議決権のない非参加的累積的剰余金配当優先株式1万株（1株あた
り優先配当金額300円）を発行しており，上記普通株式2万株と上記優先株式
3000株はベンチャー・キャピタルのQ社によって保有されている。

　P社は不況のあおりで業績不振が続き，3事業年度にわたって欠損状態とな
ったため，優先配当金を支払うことができず，3年分の優先配当金が累積して
しまった。P社経営陣は，このままでは，当分の間普通株式に対する配当が期
待できず，普通株式発行による資金調達が事実上不可能になってしまうことか
ら，会社再建のために累積未払配当金の縮減が必要であると判断するに至った
が，累積未払配当金を一方的に縮減するだけでは優先株主の同意が得にくいで
あろうと考え，普通株式の株式併合をあわせて提案することとした。そこで，
P社は，(a)「累積した優先配当金のうち，2年分を削減すること」，(b)「普通
株式につき，5株を1株にする株式併合を行ったうえで，資本金を10億円か
ら2億円に減らすこと」を株主総会に諮り，いずれの議案も特別決議をもって
可決された。(a)については，優先株主による種類株主総会決議も得た（以下，
「本件種類株主総会決議」という）。なお，Q社はいずれの決議においても賛成票
を投じている。

Keypoints

①　非参加的累積的剰余金配当優先株式の累積未払配当金の縮減は，どのように行
えばよいか。

②　非参加的累積的剰余金配当優先株式の累積未払配当金を縮減する際，その見返
りとして，普通株式の株式併合を行い，資本減少を行うことは，合理的といえるか。

Q1　累積未払配当金を定款変更決議および優先株主の種類株主総会決議により縮減することはできるか。累積未払配当金の現在の金額（現時点でどれだけ累積しているか）が定款に記載されていないことは，妨げとはならないか。

　↳　累積未払配当金の縮減と社債利子の減免の違いはどの点にあるか。

Q2　かりに累積未払配当金を定款変更により直接縮減することはできないとすると，それはどのような理由によると考えられるか。この考え方による場合，累積未払配当金つきの優先株式を消滅させる手段はおよそ存在しないことになるか。

Q3　かりに定款変更決議および優先株主の種類株主総会決議により累積未払配当金を適法に縮減することができるとした場合，本件種類株主総会決議は有効になされたといえるか。

Q4　本件において，普通株式につき5株を1株にする株式併合を行ったことにより，普通株主は優先株主に対して累積未払配当金縮減の見返りを提供したことになるといえるか。

　↳　かりに，優先株式が参加的累積的剰余金配当優先株式であったとしたらどうか。

Q5　本件において，資本減少は，普通株主または優先株主の利益に何らかの影響を与えるか。

Materials . . . .

参考文献

□江頭『株式会社法』172〜174 頁

□龍田＝前田『会社法大要』240 頁

□神田『会社法』80〜83 頁

【設例 3 - 1   新株予約権の用途】

　本設例において，P株式会社は公開会社であって，監査役設置会社であり，種類株式発行会社ではないものとする。

　新株予約権を次のように利用することについて，会社法上の問題点を検討せよ（(1)～(3)はそれぞれ別個の問題として考えること）。

(1)　P社は，取締役に株価を上昇させようとのインセンティブを付与するため，取締役の全員に報酬として新株予約権を発行することを計画している。

(2)　ベンチャー企業であるP社は，取引先Aから機械を購入したいと考えているが，現在は会社には現金が乏しいので，現金支出に代えてAに対し新株予約権を発行することを計画している。

(3)　P社は，発行可能株式総数 4000 万株，発行済株式総数 1000 万株の上場会社であり，P社株式の市場価格は，過去 1 年間 1000 円程度で推移している。P社は，将来の敵対的な企業買収への防衛策として，次のような新株予約権の発行を計画している。

> (a)　令和＊年 3 月 31 日現在の株主名簿上の株主に対し，その所有株式 1 株について 2 個の割合で新株予約権を割り当てる新株予約権無償割当てを行う。
> (b)　新株予約権 1 個あたりの目的となる株式の数は 1 株とする。
> (c)　新株予約権の行使に際して出資すべき価額（権利行使価額）は 1 円とし，行使期間は新株予約権無償割当ての効力発生日から 5 年間とする。
> (d)　ある株主（または株主グループ）が議決権総数の 20 ％以上を取得したことを新株予約権の行使の条件とする。
> (e)　新株予約権の譲渡には会社の承認を要する。
> (f)　取締役会が適当と認めた場合には，会社は新株予約権の全部を無償で取得し，これを消却する。

Keypoints

① 新株予約権をストック・オプションとして利用する場合に，会社法上どのような規制が及ぶか。

② 新株予約権の発行と引替えに現物を給付することは認められるか。

③ 新株予約権を敵対的企業買収への予防策として利用する場合に，会社法上どのような規制が及ぶか。

Questions

(1)　ストック・オプション

Q1　新株予約権を取締役への報酬として発行するには，どのような手続が必要となるか。

　↳　株式そのものを取締役への報酬として付与することはできるか。令和元年改正前は，実質的に報酬として株式を付与するために，実務上どのような方法がとられていたか。

Q2　新株予約権の発行規制として，ストック・オプションの付与は有利発行規制を受けるか。

　↳　一般に，金銭による払込みがなされる場合に，新株予約権の発行が有利発行になるのはどのような場合か。

Q3　監査役報酬を新株予約権の発行の形で付与することに，問題はあるか。

(2)　現物の給付

Q4　新株予約権の発行と引替えにする払込みは，金銭であることを要するか。

　↳*1*　現物給付が行われる場合，検査役調査は必要か。

　↳*2*　新株予約権の行使に際してする払込みは，金銭であることを要するか。

(3)　敵対的企業買収への予防策

Q5　本問のような新株予約権発行が，なぜ敵対的企業買収への対抗策となりうるか。

　↳*1*　新株予約権の権利行使価額が低く設定されているが（(c)），それはなぜか。

　↳*2*　大量に新株予約権が行使されると，敵対的な買収者はどのような影響を受けるか。

　↳*3*　新株予約権に譲渡制限がつけられているが（(e)），それはなぜか。

　↳*4*　新株予約権に取得条項がつけられているが（(f)），それはなぜか。

　↳*5*　新株予約権無償割当ての方法が利用されているが（(a)），それはなぜか。

Q6　本設例のように平時の防衛策として新株予約権を利用するのでなく，敵対的な買収者が現れ支配権争奪が具体化した段階で，支配権の維持・強化を主たる目的として，取締役会の多数派が自派に対してのみ第三者割当ての方法で新株予約権の発行をする旨を取締役会決議で決定すれば，会社法上どのような問題が生じるか。

　↳*1*　敵対的な買収者が現れ支配権争奪が具体化した段階で，取締役会が支配権の維持・強化を主たる目的として，新株予約権無償割当てを行う旨を決定し，当該新株予約権の内容として，「当該敵対的買収者（およびその関係者）だけは行使することができない」旨を行使の条件として定めるとすると，会社法上どのような問題が生じるか。

⇨*2*　P社が定款で新株予約権無償割当てを株主総会の特別決議事項としたうえ，上記⇨*1*の新株予約権無償割当てを株主総会の特別決議により決定したとすると，違いが生じるか。

Q7　本設例のような新株予約権の利用について，会社法上問題はないか。

Materials
参考文献
□江頭『株式会社法』816〜841頁
□龍田＝前田『会社法大要』348〜353頁
参考裁判例
□東京高決平成17年3月23日判時1899号56頁・百選97事件（*Q6*）
□最決平成19年8月7日民集61巻5号2215頁・百選98事件（*Q6*）
□東京高決平成17年6月15日判時1900号156頁・百選A42事件（*Q7*）

【設例3-2　新株予約権の譲渡】

　本設例において，P株式会社は公開会社であって監査役設置会社であり，種類株式発行会社ではないものとする。

　医薬品の製造・販売を業とするP社は，営業部門と研究開発部門の従業員の勤労意欲を高めるため，ストック・オプションとして，新株予約権を両部門の従業員に付与することを計画している。

(1)　営業部門の従業員には，短期的な業績向上への貢献を期待して，付与する新株予約権の行使期間を令和＊年4月1日から1年間とし，研究開発部門の従業員には，長期的な業績への貢献を期待して，行使期間を令和＊年4月1日から10年間としたい。会社法上，生じうる問題を検討せよ。

(2)　付与された新株予約権は，同一の部門内の従業員相互間では自由に譲渡することができるが，それ以外の譲渡は禁止したい。また，新株予約権を付与された従業員が，他の部門へ異動し，または退職する場合には，新株予約権は行使できなくなるようにしたい。どのように新株予約権を設計すればよいか。株式の譲渡制限の制度と比較しつつ，検討せよ。

(3)　新株予約権に譲渡制限が設けられた場合，譲渡をしようとする者は，譲渡承認の請求に際して，承認がなければ会社または指定買受人が新株予約権を買い取るよう請求することはできない（会社264条1号。138条1号と比較せよ）。それはなぜか。

Keypoints

① 行使期間の異なる新株予約権を発行することに，会社法上問題はあるか。

② 新株予約権については，どのような態様の譲渡制限が認められるか。

③ 新株予約権の譲渡制限について，株式との違いが設けられているのはなぜか。

(1)　**ストック・オプションの付与における異なる行使期間の定め**

Q1　使用人に対してストック・オプションを発行するには，どのような手続が必要となるか。

Q2　本設例のように行使期間の異なる新株予約権を発行できるか。

(2)　**譲渡制限の設定等**

Q3　新株予約権に譲渡制限を設けるにはどうすればよいか。

↳　株式と異なり，定款に定めることを要しないのは，なぜか。

Q4　同一の部門内の従業員相互間では自由に譲渡することができるが，それ以外の譲渡を禁止したければ，どうすればよいか。

Q5　異動・退職の場合に行使されないようにするには，どうすればよいか。

(3)　**株式との比較**

Q6　株式に比べて強力な譲渡制限が認められたのはなぜか。

Materials

参考文献

□江頭『株式会社法』816〜841 頁

□龍田＝前田『会社法大要』359〜360 頁

【設例4-1 株式単位の引上げ】
　本設例においてP株式会社は監査役会設置会社であるものとする。また，P社は種類株式発行会社ではなく，P社の定款には「その発行する株式の譲渡による取得について会社の承認を要する」旨の定めはないものとする。
　P社は，定款で，発行可能株式総数（会社37条1項参照）を400万株と定めており，現在の発行済株式総数は200万株である。P社の株式は上場されていないが，P社では近い将来の上場を視野に入れている。証券会社の鑑定によれば，現在のP社株式の価値は1株1000円程度であろうとされている。P社は，株主管理コスト（とりわけ株主総会招集通知の発送費用）の節減のため，株式単位を1株（または1単位）10万円程度まで引き上げたいと考えている。
　株式単位を引き上げるためにはどのような手段があり，それぞれの手段にはどのような得失（会社からみた得失，株主からみた得失）があるかを検討せよ。

Keypoints

株式単位引上げの手段としての株式併合と単元株制度の異同について検討せよ。

Questions

Q1　株式単位を引き上げるための手段にはどのようなものがあるか。実行するためにはそれぞれどのような手続が必要か。

Q2　株式併合や単元株制度を実施するために，会社はどのようなコストを負担しなければならないか。次の各項目について，株式併合の場合（100株を1株に併合するケース）と単元株制度の場合（100株を1単元にするケース）を比較検討せよ。

　(a)　株主総会の特別決議を成立させるためのコスト

　(b)　1株未満の端数が生ずる場合のコスト

　(c)　通知・公告のコスト

　↳　かりにP社が株券発行会社であったとした場合，株式併合や単元株制度を実施するためのコストに違いが生ずるか。

Q3　株式単位引上げ後の会社の株主管理コストはどうなるか。次の各項目について，株式併合の場合（100株を1株に併合するケース）と単元株制度の場合（100株を1単元にするケース）を比較検討せよ。

　(a)　株主総会招集通知のコスト

　(b)　配当金の支払等のコスト（振込手数料や郵便為替の送付コスト）

Q4　株主にとっての利害得失を，次の各項目について，株式併合の場合（100株

を1株に併合する場合の99株の株主）と，単元株制度の場合（100株を1単元と定める場合の99株の株主）とで比較検討せよ。

(a) 株式単位引上げの前と後とで，99株の株主の株主権はどのように変わるか。

(b) 株式単位引上げの後，99株にかかる投下資本の回収はどのように行われることになるか。

⇨ かりにP社が株券発行会社であったとした場合，上記(b)に関して違いが生ずるか。

Materials

参考文献

□江頭『株式会社法』287〜293頁，300〜307頁

【設例4-2 種類株式と単元株制度】

　本設例においてP株式会社は非公開会社であるが，取締役会設置会社であって，監査役設置会社であるものとする。また，P社は種類株式発行会社ではないものとする。

　P社は，近畿一円でレストラン業を営む株式会社であり（資本金の額：1億円，発行可能株式総数：400万株），その発行済株式総数100万株のうち90万株は，P社の創業者で現在の代表取締役であるAとその一族が保有している。P社は，現在，上場会社ではないが，近いうちに種類株式発行会社となったうえで募集株式の発行によってIPO（Initial Public Offering：株式の新規公開・新規上場をいう）を行い，資本市場から25億円以上の資金を調達したいと考えている。なお，証券会社の鑑定によれば，現在のP社株式の価値は，1株1000円程度であろうとされている。

　Aは，P社の顧問弁護士であるあなたに対して，「IPOの後も，Aとその一族がP社の議決権の3分の2以上を保持できるようにしたい。そのようなことが可能であるかどうかを検討してほしい」と，意見を求めてきた。

(1) あらゆる総会決議事項について議決権を有しない株式（以下，「完全無議決権株式」という）を発行する方法

(2) 議決権に制限のない株式を発行する方法

のそれぞれについて，Aの希望を満たすことができるか（そのためにはどのような工夫をすればよいか）を検討してみよ。

Keypoints

　種類株式や単元株制度の活用により，議決権制限株式の発行制限（会社115条）を実質的に超える形で，支配権を維持しつつ株式資本を調達することは可能か。

Questions

Q1 現在発行されている株式を「クラス a 株式」とし，新たに発行する株式を「クラス b 株式」とする。クラス b 株式を上場する場合，当該株式の内容として(1)(2)の方法に共通して必要となるのはどのような内容か（クラス a 株式とは何が異ならなければならないか）。

(1) 完全無議決権株式の発行による支配権の維持

Q2 クラス b 株式を完全無議決権株式とし，払込金額 1000 円程度で 300 万株発行する，という方法により，Ａの希望を満たすことはできるか。

Q3 クラス b 株式を社債型優先株式（設例 2 − 1 を参照）とし，払込金額 3000 円程度で 100 万株発行するには，クラス b 株式の内容をどのように定めればよいか。

⤷ クラス b 株式を普通株型の種類株式（剰余金の配当および残余財産の分配に上限なしに参加できる種類株式）とし，払込金額 3000 円程度で 100 万株発行するには，クラス b 株式の内容をどのように定めればよいか。クラス b 株式の剰余金の配当および残余財産の分配に関する権利内容の定め方を工夫してみよ。

Q4 ***Q3***⤷で検討した方法は会社法の何らかのルールに実質的に抵触するとの批判を受けるおそれはないか。

(2) 議決権に制限のない株式の発行による支配権の維持

Q5 クラス b 株式を議決権に制限のない株式とし，払込金額 1000 円程度で 300 万株発行する，という方法により，Ａの希望を満たすにはどうすればよいか。単元株制度を活用する方法（会社 188 条 3 項参照）を検討してみよ。

Materials

参考文献

□江頭『株式会社法』141〜150 頁，302〜303 頁
□神田『会社法』88〜89 頁

【設例 4 − 3　株式併合と資本減少】

　本設例においてＰ株式会社は監査役会設置会社であるものとする。また，Ｐ社は種類株式発行会社ではなく，Ｐ社の定款には「その発行する株式の譲渡による取得について会社の承認を要する」旨の定めはないものとする。

　大手ゼネコンのＰ社は，公共事業の縮小等の影響で経営不振に陥り，会社再建のため，Ｐ社の大口債権者の一つであるＱ銀行（株式会社）に対して債務免除を求めることにした。これに対して，Ｑ銀行は，Ｑ銀行が一方的に犠牲を強いられる再建策ではＱ銀行の株主の支持を得られないとして，Ｐ社の株主も相応の負担をするような措置が伴わない限り，債務免除に応ずることはで

きないと回答した。そこで，P社は，現在ある820億円の資本金の額を，160億円に減少し，発行済株式総数も現在ある6億8000万株から半分の3億4000万株に減らすという再建計画を立案した（以下，「本件再建計画」という）。

Keypoints

株式併合と資本減少はどのような関係にあるか。また，株主と会社債権者の利害にどのように影響するか。

Questions

Q1　「株式の消却」によりP社の発行済株式総数を半減させるためには，どのような手順を踏む必要があるか。本件においてその手順を踏むことは現実に可能か。

Q2　発行済株式総数の増減と資本金の額にはどのような関係があるか。募集株式の発行，合併の際の存続会社における株式の発行，株式分割，株式併合の各場合について，検討せよ。

Q3　P社が株式併合により発行済株式総数を半減させる場合，P社取締役が株主総会において「減資のために株式併合が必要であるから株式併合を行う」という理由を述べること（会社180条4項）に，何か問題はあるか。

Q4　本件再建計画によれば，P社の資本金は約5分の1に減らされることになるが，これにより，P社の株主は何らかの不利益を被るといえるか。

Q5　本件再建計画に基づき，P社の発行済株式総数が株式併合により半減させられたとすると，これにより，P社の株主は何らかの不利益を被るといえるか。

Q6　Q銀行が，P社の立案した本件再建計画をそのまま受け入れて債務免除に応じた場合，その決定をしたQ銀行取締役は何らかの責任を問われることはあるか。

Materials

参考文献
□江頭『株式会社法』287〜293頁，692〜694頁，721〜724頁
□神田『会社法』122〜126頁，321〜324頁

【設例4-4　株式分割等と発行可能株式総数の関係】

　本設例においてP株式会社は取締役会設置会社であって，監査役設置会社であるものとする。また，P社は種類株式発行会社ではなく，P社の定款には「その発行する株式の譲渡による取得について会社の承認を要する」旨の定めはないものとする（(1)(2)は別個の問題として考えること）。

　P社は，定款で，発行可能株式総数（会社37条1項参照）を40万株と定めており，現在の発行済株式総数は20万株である。

(1)　P社取締役会は，1株を2株に分割する株式分割を決議した。取締役会限

りでは，あと何株発行することができるか。

(2)　P社はその取得した自己株式12万株を消却し，発行済株式総数が8万株
となった。取締役会限りでは，あと何株発行することができるか。5株を2
株にする株式併合により，発行済株式総数が8万株となる場合には違いがあ
るか。

Keypoints

　株式分割・消却・株式併合が行われた場合に，①発行可能株式総数（いわゆる授
権株式数），②発行済株式総数および③未発行枠（発行可能株式総数から発行済株式総数
を減じた数をいう）は，それぞれどのような影響を受けるか。

Questions

(1)　**株式分割と発行可能株式総数**

Q1　株式分割が行われる場合，一般に発行可能株式総数はどうなるか。本件では，
発行可能株式総数はどうなるか。

Q2　本件において，発行可能株式総数を60万株とすることは可能か。

(2)　**株式の消却・併合と発行可能株式総数**

Q3　株式の消却により発行済株式総数が減少する場合に，発行可能株式総数（ま
たは未発行枠）はどうなるか。

Q4　株式の消却により発行済株式総数が減少しても発行可能株式総数が減少する
ことはなく，その分「未発行枠」が増加すると解する場合，自己株式の取得・消
却と再発行を繰り返すことにより，取締役会は無限に株式を発行する権限を持つ
ことにもなりうるが，この点は問題ないか。

Q5　株式併合により発行済株式総数が減少する場合はどうか。本件では，発行可
能株式総数はどうなるか。

Q6　株式の消却の場合と株式併合の場合で違いがあるとすると，その理由は何か。

Materials

参考文献

　□江頭『株式会社法』270〜271頁，287〜291頁

　□神田『会社法』122〜127頁，144〜145頁

【設例5-1　自己株式取得の手続等】

　本設例において，Ｐ株式会社・Ｑ株式会社は，取締役会設置会社であって監査役設置会社であり，種類株式発行会社ではないものとする。

　次の各場合に，Ｐ社が自己株式を取得することについて，会社法上どのような問題があるかを検討せよ。

(1)　上場会社であるＰ社は，市場において機動的に自己株式を取得できるよう，株主総会決議に基づかず取締役会決議だけで自己株式を取得したいと考えている。

(2)　上場会社であるＰ社は，取引先であるＱ社との株式持合関係を解消するため，Ｑ社の有するＰ社株式を取得することを計画しているが，Ｑ社以外の株主の有するＰ社株式は一切取得せず，Ｑ社だけから，その有するＰ社株式すべてを取得したいと考えている。

(3)　Ｑ社はＰ社株式を保有しているところ，Ｐ社とＱ社は，Ｐ社を存続会社，Ｑ社を消滅会社とする吸収合併を行うことを計画している。

(4)　Ｐ社はＱ社株式を保有しているところ，Ｐ社とＱ社は，Ｐ社を存続会社，Ｑ社を消滅会社とする吸収合併を行うことを計画している。

(5)　Ｑ社は，鉄道事業を業とするＰ社の大株主であり，自らも鉄道事業とデパート事業を業としてきたが，このたび，鉄道事業部門をＰ社に事業譲渡し，その際，その有するＰ社株式もＰ社に移転し，鉄道事業からは完全に撤退したいと考えている。

Keypoints

　会社は，自己株式をどのような場合に，どのような手続で取得することができるか。

Questions

　(1)　市場における取得

Q1　会社が自己株式を取得できるのはどのような場合か。

Q2　Ｐ社は，株主総会決議に基づかず取締役会決議だけで自己株式を取得することができるか。

　(2)　取得の方法

Q3　会社が株主との合意により自己株式を取得する方法には，どのような方法があるか。

Q4 Ｐ社は，Ｑ社だけから，その有するＰ社株式すべてを取得することができるか。

⑶ 合併による承継

Q5 Ｐ社は，Ｑ社からＰ社株式を取得することができるか。

⑷ 合併による自己株式の割当て

Q6 Ｐ社は，自己にＰ社株式を割り当てることができるか。

⑸ 事業の一部譲受け

Q7 もしＰ社がＱ社から鉄道事業部門とデパート事業部門の両方を譲り受けるとすると，Ｐ社はＰ社株式を取得することができるか。

Q8 Ｐ社がＱ社から鉄道事業部門だけを譲り受ける場合，Ｐ社はＰ社株式を取得することができるか。

Q9 事業譲渡の手続ではＰ社株式をＰ社に移転することができないとすると，Ｑ社がＰ社株式をＰ社に移転するにはどうすればよいか。

Materials ···

参考文献
  □江頭『株式会社法』249〜268頁
  □龍田＝前田『会社法大要』296〜304頁

【設例5-2 支配権争奪と自己株式の取得・処分】

　本設例において，Ｐ株式会社は，取締役会設置会社であって監査役設置会社であり，種類株式発行会社ではないものとする。

　法律書の出版を業とするＰ社は，その株式を東京証券取引所に上場している。Ｐ社の発行済株式総数は2000万株であるが，そのうち600万株はＰ社が保有している。不動産業を営むＱ株式会社は，長年Ｐ社のごく零細な株主にすぎなかったが，1か月前からＰ社株式を買い集め，現在では600万株を保有するに至っている。この買集めにより，それまで300円前後で推移していたＰ社の株価は，現在1000円前後にまで急騰している。

⑴ Ｐ社は，Ｑ社の議決権比率を低下させるため，その保有するＰ社株式を取引先のＲ社に処分することを計画している。会社法上どのような問題が生じるか。

⑵ Ｐ社は，Ｑ社による支配権取得を阻止するため，自ら市場でＰ社株式を買い集めることを計画している。会社法上どのような問題が生じるか。

⑶ Ｑ社は，Ｐ社代表取締役Ａに対し，買い集めたＰ社株式を1株1,500円でＰ社に譲渡してもよいと申し出てきた。Ｐ社がこのＰ社株式を適法に買い受ける方法はあるか。

Keypoints

① 支配権の維持・強化を主たる目的として自己株式が処分される場合，会社法上どのような問題が生じるか。

② 支配権の維持・強化を主たる目的として市場で自己株式が取得される場合，会社法上どのような問題が生じるか。

③ 敵対的な買収者から会社が自己株式を相対で買い受ける場合，会社法上どのような問題が生じるか。

Questions

(1) R社への自己株式譲渡

Q1 Q社は，P社による自己株式の譲渡に対してどのような措置をとることができるか。

(2) 防戦買い

Q2 Q社は，P社による自己株式の取得に対してどのような措置をとることができるか。

↳ P社による自己株式取得により，Q社による支配権取得が困難となるのはなぜか。

(3) 相対による買受け

Q3 P社がQ社から自己株式を買い受けるためには，どのような手続が必要となるか。

Q4 P社において，株主総会の特別決議により，Q社からの自己株式買受けが承認された場合，P社は，Q社から自己株式を買い受けることができるか。

↳*1* 有効な株主総会決議があったとすればどうか。

↳*2* 有効な株主総会決議は成立しうるか。

Materials

参考文献

□江頭『株式会社法』249〜274頁，364〜366頁

□龍田＝前田『会社法大要』293〜313頁

参考裁判例

□最判平成18年4月10日民集60巻4号1273頁・百選12事件（*Q4*）

【設例5-3 財源規制違反の自己株式取得】

本設例において，P株式会社は，取締役会設置会社であって監査役設置会社であり，種類株式発行会社ではないものとする。

上場会社であるP社は，株主総会決議による授権に基づき，公開買付けの方法で，1株あたり5万円で2万株（取得価額総額10億円）の自己株式を取得

した。P 社株主 A は，この公開買付けに応じ，P 社に P 社株式 200 株を売り付け，P 社から 1000 万円の金銭の交付を受けた。

　ところがその後，P 社の貸借対照表には架空の剰余金が計上されており，P 社の自己株式取得時の分配可能額は，6 億円しか存在しなかったことが判明した。P 社は，A に対して何らかの請求をすることができるか。また，A は P 社に対して何らかの請求をすることができるか。

Keypoints

① 財源規制に違反する自己株式取得の効力はどうなるか。
② 財源規制に違反する自己株式取得が有効か無効かで，どのような違いが生じるか。

Questions

(1) 取得財源の規制

Q1　合意による自己株式取得について，取得財源についてどのような規制があるか。

(2) P 社による請求

Q2　P 社は，A に対してどのような請求をすることができるか。

Q3　A の責任は，P 社による自己株式取得が有効か無効かで，違いがあるか。

　↳　A が，自分の交付した株式（またはこれに相当する金銭）を P 社から返還してもらうまでは，P 社に対して金銭の交付をしないと主張したらどうか。

(3) A による請求

Q4　A の側から P 社に自己株式の返還を求めることはできるか。

　↳　P 社による自己株式取得が有効か無効かで，違いがあるか。

Materials

参考文献

□江頭『株式会社法』261～263 頁
□龍田＝前田『会社法大要』312～313 頁
□相澤哲編著『立案担当者による新・会社法の解説』（別冊商事法務 295 号，商事法務，2006 年）135 頁
□葉玉匡美「財源規制違反行為の効力」商事 1772 号（2006 年）33 頁

【設例6-1　株主提案権】

　本設例において，P株式会社は，公開会社であり監査役設置会社であるが，種類株式発行会社ではないものとする。

　P社は，次回の定時株主総会の会議の目的事項として，①計算書類の承認および②取締役10名の選任を予定している。6か月前より引き続きP社の総株主の議決権の1％を有する株主Aは，株主総会の日の8週間前に，取締役に対し，書面をもって，次の(ア)(イ)の定款の一部変更の件を会議の目的とすべきこと，および(ア)から(ウ)の議案の要領を招集通知に記載すべきことを請求した。

(ア)　定款の一部変更の件：(議案) 定款○条に「当社は監査等委員会を設置する」旨の定めを置く。

(イ)　定款の一部変更の件：(議案) 現在の定款○条の「当社は監査役を置く」という定めを削除する。

(ウ)　上記②の会議の目的事項について，(議案) B_1 から B_{10} の10名を取締役の候補者とする。

　Aの提案する議題および議案の要領は，招集通知に記載された。

(1)　Aが定時株主総会を欠席したため，議長はAの提案を無視し，①計算書類の承認および②取締役10名の選任が，会社提案どおり決議された。この株主総会決議には会社法上どのような問題があるか。

(2)　Aが，事前に自己の提案を会社に通知せず，定時株主総会の場において，上記(ア)から(ウ)の事項を提案したとすれば，議長はこの提案に対してどのように対応すべきか。

(3)　P社が，書面による議決権行使制度または電磁的方法による議決権行使制度を採用している場合は，(1)(2)について結論が異なるか。

Keypoints

[1] 株主提案権を事前に行使した株主が株主総会を欠席した場合，会社は当該提案をどのように取り扱うべきか。

[2] 株主は，株主総会の議場において，議題または議案の提案をすることができるか。

[3] 書面投票または電子投票制度を採用する会社において，株主は議題のみの提案をすることができるか。

Questions

(1)　提案株主の株主総会欠席

Q1　議題提案権および議案提案権（議案要領通知請求権）を会社法の規定に従って行使した株主が株主総会を欠席した場合，議長は当該提案にかかる議案を株主総会に付議しなければならないか。

　　↳　P社の発行する株式が「社債，株式等の振替に関する法律」における振替株式である場合，Aが設例の議題提案権および議案提案権（議案要領通知請求権）を行使するにはどのような手続が必要になるか。

Q2　P社の取締役は，Aの提案する議案の数が10を超えることを理由に，10を超える部分の議案の要領を招集通知に記載しないこととすることができるか。

　　↳　会社法305条4項によると，Aが提出しようとする議案の数はいくつになるか。

Q3　Aにより提案された候補者（B_1からB_{10}）を全く無視して会社提案の候補者のみを対象に行われた取締役選任の決議には瑕疵があるといえるか。

(2)　株主総会の議場での提案

Q4　Aが株主総会の場でB_1からB_{10}を取締役候補者とする旨の議案提案を行った場合，議長はどのように対応すべきか。

Q5　Aが株主総会の場で(ｱ)と(ｲ)の定款変更を提案したことについて，議長はどのように対応すべきか。

(3)　書面投票・電子投票制度と株主提案権

Q6　P社が書面投票制度または電子投票制度を採用している場合に，提案権を行使したAが定時株主総会を欠席したので，議長は「取締役としてB_1からB_{10}を候補者とする」というAの提案を無視して採決を行い，会社側の原案どおりの決議が行われた。この取締役選任の決議には瑕疵があるといえるか。

Q7　P社が書面投票制度または電子投票制度を採用している場合に，Aが，事前に自己の提案を会社に通知せず，定時株主総会の場において，設例の(ｱ)から(ｳ)の事項を提案したとすれば，議長はこの提案に対してどのように対応すべきか。

Materials

参考文献

　□江頭『株式会社法』193～204頁，341～346頁，358～363頁，377～390頁

　□大隅健一郎＝今井宏『会社法論　中巻（第3版）』（有斐閣，1992年）34～44頁

参考裁判例

　□最判平成22年12月7日民集64巻8号2003頁・百選15事件（*Q1*）

【設例6‐2　取締役の説明義務，修正動議と書面投票，株主総会資料の電子提供】
　電子機器の製造販売を業とするP株式会社は，公開会社でかつ大会社であり，種類株式発行会社ではなく，株主総会において議決権を有する株主の人数は1000人以上である。P社の定時株主総会（以下，「本件株主総会」という）では，報告事項として計算書類および事業報告の内容の報告の件が，決議事項として，剰余金の配当の件（第1号議案），任意積立金の積立てその他の剰余金処分の件（第2号議案），および取締役2名選任の件（第3号議案）が，会議の目的となった。

(1)　本件株主総会において，株主Aは，P社の大阪支店において不正な取引が行われた可能性があるとして，同支店における前年度の取引の詳細な説明を取締役に対して求めた。取締役は答えなければならないか。Aが事前に上記質問を質問状に具体的に記載して会社に送付していた場合はどうか。

(2)　本件株主総会において，株主Bは，P社がその年度の後半に発売を予定している新製品の内容について，代表取締役社長の説明を求めた。社長は説明しなければならないか。このとき，議長は他の取締役をして説明させることができるか。

(3)　第1号議案について，原案では1株あたり30円となっていたところ，株主Cは，本件株主総会の席上，1株あたり50円にするという修正動議を提出した。P社は，この修正動議につき，提出されている書面投票および電子投票をどのように扱うべきか。Cが議長不信任の動議を提出した場合はどうか。

(4)　P社の取締役は，株主総会の招集通知に際して株主に送付する株主総会参考書類，計算書類および事業報告（以下「株主総会資料」という）の印刷，封入および郵送に係る時間と費用を節約するため，個々の株主の承諾を得ることなく，インターネットを利用して株主総会資料を提供し，株主への書面の送付を省略したいと考えている。そのような方法をとるためにはどうすればよいか。

Keypoints

①　株主総会における株主の質問について，取締役が説明を拒むことができるのは，どのような場合か。

②　株主総会の議場において，修正提案等が行われたとき，書面投票はどのように扱われるか。

③　株主総会資料を，株主に送付することに代えて，インターネットを利用して株

主に提供することができるか。

⑴　**説明義務と説明拒否事由 1**

Q1　株主総会の報告事項に関して，取締役等は説明義務を負うか。

⤷　本件株主総会において，計算書類の内容が決議事項でなく報告事項とされたのはなぜか。

Q2　P 社大阪支店の一定期間の取引についての詳細な説明を求める A の質問について，取締役には説明義務があるか。

Q3　A が事前に当該質問を具体的に質問状に記載して会社に送付していた場合，取締役は A の質問について説明しなければならないか。

⑵　**説明義務と説明拒否事由 2**

Q4　まもなく発売する新製品の内容に関して説明を求める B の質問について，取締役には説明義務があるか。

Q5　説明は株主の指名する取締役が行わなければならないか。

⑶　**書面投票と修正動議**

Q6　議決権行使書面では，議案に対する株主の意思（賛否・棄権）はどのように記載するようになっているか。

Q7　剰余金配当額に関する修正動議について，書面投票や電子投票はどのように扱われるべきか。

Q8　C が議長不信任の動議を提出した場合，書面投票や電子投票はどのように扱われるべきか。

⑷　**株主総会資料の電子提供措置**

Q9　P 社は，個々の株主の承諾を得ることなく，インターネットを利用して株主総会資料を提供すること（以下「株主総会資料の電子提供措置」という）により，株主への書面の送付を要しないものとすることができるか。P 社が上場会社かどうかで違いがあるか。

⤷　P 社が，株主総会資料の電子提供措置を採用する場合，インターネットを利用することができない株主の保護はどのように図られるか。

Materials ··

参考文献
　□江頭『株式会社法』334〜341 頁，358〜363 頁，366〜369 頁，656〜660 頁
　□前田『会社法入門』390〜395 頁，409〜410 頁

【設例 6‐3　株主総会の議長】
　公開会社である P 株式会社の定款には，「株主総会の議長は，代表取締役社

長がこれにあたる。社長に事故のあるときは，取締役会の決議をもって定めた順序により他の取締役がこれにあたる」と定められている。これを受けて，P社では，数年前に，取締役会決議により，「株主総会の議長は，社長に事故があるときは，副社長，専務取締役，常務取締役の順に務める」旨を株主総会議事運営規則に定めた。以下の各設問における株主総会（以下，「本件株主総会」という）当時のP社の取締役は，代表取締役社長A，代表取締役副社長B，専務取締役C，常務取締役D，および非常勤取締役Eの5名である。

以下の設問はそれぞれ独立したものとして考えること。

(1) 本件株主総会では，同総会終結時に取締役を退任するAに対する退職慰労金贈呈の件が議題の一つになっている。退職慰労金贈呈が付議されるとき，Aが議長を務めることに問題はないか。

(2) 本件株主総会にはP社のすべての取締役が出席している。Aが定足数を満たしていることを確認して議事に入ろうとしたとき，出席株主から株主総会の議長として株主ではない監査役Fを選出すべき旨の動議が提出された。Aがその動議について採決したところ，出席株主の議決権の過半数の賛成により，Fが議長に選出され，以後議長を務めた。この株主総会において問題となりうる点につき検討せよ。

Keypoints

① 議題ないし議案につき特別の利害関係のある者は議長になることができるか。

② 株主でない者は株主総会の議長になることができるか。

Questions

(1) 特別利害関係人が議長となる場合

Q1 Aに対する退職慰労金贈呈が会議の目的となる場合，Aはその議題につき株主総会の議長を務めることができるか。

(2) 議長の資格等

Q2 定款の定めで議長（およびその順序）が定められているときに，それと異なる議長を株主総会で選出することができるか。

　↳　株主総会の議長について定める設例の定款規定は，少数株主が招集した株主総会についても適用されるか。

Q3 株主ではない監査役Fが議長を務めた場合，その株主総会で行われた決議には瑕疵があるといえるか。

Materials

参考文献

□江頭『株式会社法』366～369頁

□前田『会社法入門』395〜397 頁
□森本滋『会社法（第 2 版）』（有信堂高文社，1995 年）208〜210 頁

【設例 6 - 4　議決権の代理行使】

　P 株式会社の定款では，株主総会における議決権行使の代理人を株主に限る旨の定めがある。株主の代理人として株主ではない弁護士が委任状を所持して株主総会の会場に現れたとき，P 社はどのように対処すべきか。

■ *Keypoints* ──────────────────────────────

① 議決権行使の代理人資格を株主に限る旨の定款規定は有効か。

② 議決権行使の代理人資格を株主に限る旨の定款規定がある場合，例外的に株主ではない者が代理人となりうる場合はあるか。

■ *Questions* ──────────────────────────────

⑴　議決権行使の代理人資格の制限

Q1　議決権行使の代理人資格を株主に限る旨の定款規定は有効か。

⑵　議決権行使の代理人資格を株主に限る旨の定款規定の適用範囲

Q2　*Q1* の定款規定が有効である場合，株主である法人は株主ではない使用人を代理人にすることができるか。

Q3　*Q1* の定款規定が有効である場合，株主ではない弁護士が代理人として株主総会の会場に現れたとすれば，会社はどのように対処すべきか。

■ Materials ┈┈┈┈┈┈┈┈┈┈┈┈┈┈┈┈┈┈┈┈┈┈┈┈┈

参考文献
□江頭『株式会社法』354〜358 頁
□龍田 = 前田『会社法大要』205〜206 頁

参考裁判例
□最判昭和 43 年 11 月 1 日民集 22 巻 12 号 2402 頁・百選 29 事件（*Q1*）
□最判昭和 51 年 12 月 24 日民集 30 巻 11 号 1076 頁・百選 34 事件（*Q2*）
□神戸地尼崎支判平成 12 年 3 月 28 日判タ 1028 号 288 頁（*Q3*）
□東京地判昭和 57 年 1 月 26 日判時 1052 号 123 頁（*Q3*）
□札幌地判平成 31 年 1 月 31 日判タ 1467 号 249 頁（*Q3*）

【設例7‐1　指名委員会等設置会社または監査等委員会設置会社への移行】

　Ｐ株式会社は，資本金の額7億円，資産の総額100億円，負債の総額70億円の監査役会設置会社であり，現在，指名委員会等設置会社または監査等委員会設置会社への移行を検討している。Ｐ社の現在の取締役は，代表取締役2名（Ａ・Ｂ），代表権のない業務執行取締役2名（Ｃ・Ｄ），使用人兼務取締役8名（Ｅ等）であり，社外取締役は置いていないが，指名委員会等設置会社または監査等委員会設置会社への移行にあたり，取締役を12名から10名以下に減員し，3名程度の社外取締役を選任する案が浮上している。また，Ｐ社は，指名委員会等設置会社または監査等委員会設置会社への移行により，取締役会の決議事項を減らして機動的な意思決定を行えるようにすることを目指している。

(1)　指名委員会等設置会社または監査等委員会設置会社に移行する前のＰ社が，社外取締役を置いていないことに問題はないか。

(2)　指名委員会等設置会社への移行後，Ａ・Ｂを代表執行役，Ｃ・Ｄ・Ｅを代表権のない執行役とするとき，Ａ・Ｂ・Ｃが取締役を兼任することに問題はあるか。Ａ・Ｂ・Ｃが，それぞれ指名・監査・報酬の各委員会の委員となる場合はどうか。

(3)　指名委員会等設置会社または監査等委員会設置会社への移行後，取締役（指名委員会等設置会社の場合は取締役および執行役）の任期はどのようになるか。それが，監査役会設置会社の取締役の任期と原則的に異なるのはなぜか。

(4)　指名委員会等設置会社または監査等委員会設置会社では，取締役会の専決事項をどの範囲までに限定することができるか。

(5)　Ｐ社では，1億円以上の金銭の借入れ，および3000万円以上の債務の保証を行うには，取締役会の決議を要する旨が，同社の取締役会規則に定められており，指名委員会等設置会社または監査等委員会設置会社に移行した後も，この定めを維持することとした。

　　指名委員会等設置会社への移行後，代表執行役Ａが，取締役会の決議なしに，Ｐ社を代表して3億円の借入れを行った場合，当該借入れの効力はどうなるか。監査等委員会設置会社への移行後，代表取締役Ａが，取締役会の決議なしに，Ｐ社を代表して3億円の借入れを行った場合はどうか。

Keypoints

① 社外取締役を置かなければならない株式会社はどのような会社か。

② 執行役は，取締役や，各委員会の委員を兼ねることができるか。

③ 指名委員会等設置会社・監査等委員会設置会社の取締役等の任期は，監査役会設置会社の取締役の任期とどのように異なるか。それはなぜか。

④ 指名委員会等設置会社または監査等委員会設置会社では，取締役会は業務執行に関するどの範囲の事項の決定を，執行役や代表取締役等に委任することができるか。

⑤ 指名委員会等設置会社の代表執行役または監査等委員会設置会社の代表取締役が，必要な取締役会決議を経ずに行った多額の借財等の取引の効力はどうなるか。

Questions

(1) 社外取締役の設置

Q1　指名委員会等設置会社または監査等委員会設置会社に移行する前のP社が，社外取締役を置いていないことに問題はないか。

　↳　会社法上，社外取締役を置かなければならない株式会社はどのような会社か。

(2) 執行役と取締役・各委員会委員との兼任

Q2　執行役は，取締役を兼任することができるか。

　↳　指名委員会等設置会社の取締役は，使用人を兼務することができるか。

Q3　執行役は，使用人を兼務することができるか。

Q4　執行役は，各委員会の委員を兼任することができるか。

(3) 指名委員会等設置会社・監査等委員会設置会社の取締役等の任期

Q5　任期2年として選任された取締役が，選任後1年経過した時点で，会社が指名委員会等設置会社または監査等委員会設置会社になった場合，その取締役の任期はどうなるか。

Q6　指名委員会等設置会社の取締役・執行役の任期はいつまでか。

Q7　監査等委員会設置会社の取締役の任期はいつまでか。

　↳　*Q6*と*Q7*の任期が監査役会設置会社の取締役の任期と異なっているのはなぜか。

(4) 取締役会の権限

Q8　指名委員会等設置会社の取締役会が執行役に決定を委任できる事項の範囲は，監査役会設置会社の取締役会が代表取締役等に決定を委任できる事項の範囲とどのように異なるか。

Q9　監査等委員会設置会社の取締役会が代表取締役等に決定を委任できる事項の範囲は，監査役会設置会社の取締役会が代表取締役等に決定を委任できる事項の範囲とどのように異なるか。

　↳　監査等委員会設置会社の取締役会の専決事項を限定するためには，どのような要件が満たされなければならないか。

(5) 代表執行役等の専断的行為

Q 10 P社が指名委員会等設置会社または監査等委員会設置会社に移行する前に，代表取締役Aが，取締役会の決議なしに，P社を代表して3億円の借入れを行った場合，当該借入れの効力はどうなるか。

Q 11 指名委員会等設置会社への移行後に，代表執行役Aが，取締役会の決議なしに，P社を代表して3億円の借入れを行った場合，当該借入れの効力はどうなるか。

Q 12 監査等委員会設置会社への移行後に，代表取締役Aが，取締役会の決議なしに，P社を代表して3億円の借入れを行った場合，当該借入れの効力はどうなるか。

Materials

参考文献

□江頭『株式会社法』398〜404頁，578〜589頁，598〜614頁

参考裁判例

□最判昭和40年9月22日民集19巻6号1656頁・百選61事件（***Q 10***）

【設例7‒2 指名委員会等・監査等委員会】

指名委員会等設置会社の各委員会（指名委員会・監査委員会・報酬委員会）および監査等委員会設置会社の監査等委員会について，次の問題を検討せよ。

(1) 指名委員会の決定した取締役選任議案に対して，取締役会・執行役または株主は，対立候補を立てることができるか。

(2) 取締役会は，指名委員会に執行役の選任を委ねることはできるか。

(3) 報酬委員会は執行役の個人別の報酬を決定し，取締役の報酬については，お手盛り防止の観点から，株主総会がその総額を決定し，具体的な配分を取締役会に一任するという制度設計は可能か。

(4) 報酬委員会は，取締役・執行役および会計参与にストック・オプションとして新株予約権を交付することを決定できるか。

(5) 監査等委員会は，監査等委員である取締役以外の取締役の選解任や報酬の決定にどのように関与するか。

(6) 監査委員会または監査等委員会には常勤の監査委員・監査等委員が必要か。また，個々の監査委員・監査等委員は，会社または子会社に対する業務・財産の調査や取締役・執行役・使用人に対する報告請求をする権限を有するか。監査役会設置会社の監査役会・監査役と比較しながら考察せよ。

(7) 大会社でない指名委員会等設置会社および監査等委員会設置会社の取締役会は，いわゆる内部統制システムの整備について決定しなければならないか。

> 指名委員会等設置会社や監査等委員会設置会社が内部統制システムを整備する場合，監査委員会・監査等委員会はそれにどのようにかかわることになるか。

Keypoints

① 指名委員会が，株主総会に提出する取締役選任議案（候補者）を決定する権限を有するのはなぜか。

② 報酬委員会が，執行役・取締役の個人別の報酬を決定する権限を有するのはなぜか。

③ 監査等委員会は，監査等委員である取締役以外の取締役の人事や報酬の決定にどのように関与するか。

④ 監査委員会・監査等委員会と監査役会・監査役はどのような点が異なるか。

⑤ 内部統制システムについて，監査委員会と監査等委員会はどのように関与するのか。

Questions

(1) 指名委員会の権限

Q1　指名委員会の決定した取締役候補者に対して，取締役会・執行役は対立候補を立てることができるか。

Q2　指名委員会の決定した取締役候補者に対して，株主は株主提案権を行使して対立候補を立てることができるか。

(2) 取締役会の権限

Q3　取締役会は，指名委員会に執行役の選任を委任することができるか。

(3) 報酬委員会の権限と取締役の報酬

Q4　指名委員会等設置会社において，報酬委員会が取締役・執行役の報酬を決定するものとされているのはなぜか。

Q5　指名委員会等設置会社において，株主総会が取締役全員の報酬の総額を決定し，具体的配分を取締役会に一任するという定めを，定款に置くことはできるか。

(4) 役員へのストック・オプションの付与

Q6　指名委員会等設置会社の取締役・執行役にストック・オプションとして新株予約権を交付するにはどのような手続を経る必要があるか。

Q7　指名委員会等設置会社の会計参与にストック・オプションとして新株予約権を交付することはできるか。指名委員会等設置会社でない会計参与設置会社の場合はどうか。

(5) 監査等委員会の監査等委員である取締役以外の取締役の人事・報酬への関与

Q8　監査等委員会設置会社の取締役の選任・解任はどのような手続で行われるか。

Q9　監査等委員会設置会社の取締役の報酬はどのような手続で決定されるか。

Q10　監査等委員会は，監査等委員である取締役以外の取締役の選解任や報酬の決定にどのように関与するか。

⑹　**監査委員会・監査等委員会と監査役会**

Q11　監査委員会または監査等委員会には常勤の監査委員・監査等委員を置かなければならないか。

Q12　個々の監査委員または個々の監査等委員は，会社または子会社に対する業務・財産の調査や取締役・執行役・使用人に対する報告請求をする権限を有するか。監査役会設置会社の監査役はどうか。

⑺　**内部統制システム**

Q13　指名委員会等設置会社および監査等委員会設置会社の取締役会は，大会社でなくとも内部統制システムの整備について決定しなければならないか。

Q14　取締役会は，内部統制システムの整備についての決定を監査委員会・監査等委員会に委任することができるか。

Q15　監査委員会・監査等委員会は内部統制システムにどのように関与するか。

Materials ....

参考文献
　□江頭『株式会社法』583～584頁，588～598頁，608～618頁

閉鎖会社における定款自治と株主間契約

【設例8-1　類似する諸制度の比較】

　R株式会社（監査役設置会社であり，種類株式発行会社ではない）は，乳酸菌飲料の製造を業とする合弁会社であり，P株式会社が6000万円，Q株式会社が4000万円を出資して設立され，R社の発行済株式総数1万株のうち，P社が6000株，Q社が4000株を保有している。R社の取締役は5名であり，これまでは5名ともP社側の派遣する者が取締役として選任されてきた。R社は株式の譲渡制限の定めを定款に置いていなかったが，P社・Q社間の合弁契約の中で，一方が株式を譲渡しようとする場合には，他方がそれを買い受ける旨が約定されていた。

　R社の業績が思わしくなく，かねてP社主導の経営体制に不満を持っていたQ社は，乳酸菌飲料事業から手を引きたいので，R社株式を買い取るようP社に申し出た。買受資金の乏しいP社は，Q社に対し，R社株式の売却を思いとどまるよう依頼するとともに，「その代わり，R社の取締役5名中，1名をP社，4名をQ社から派遣することにする」案を申し出た。Q社は，もし確実に4名の取締役をR社に派遣できるのであれば，P社の申出を受け入れてよいと考えている。

(1)　P社の案を，取締役の選任に関する種類株式（会社108条1項9号）を利用して実現するには，どうすればよいか。

(2)　P社・Q社間の契約（株主間契約）において，「P社が1名，Q社が4名の取締役候補者を指名する」旨，および「取締役選任決議においては，相手方の指名した候補者に対して賛成票を投じる」旨を合意することにより，P社の案を実現することはできるか。

(3)　P社はA（1名）を，Q社はB〜E（4名）を，それぞれR社の取締役として派遣したいと考えている。議決権制限株式（会社108条1項3号）を利用して，P社の保有するR社株式をa株式，Q社の保有するR社株式をb株式とし，R社の取締役選任について，a株式はAの選任議案しか議決権がなく，b株式はB〜Eの選任議案しか議決権がないものとすることはできるか。

(4)　P社の案を，拒否権付種類株式（会社108条1項8号）を利用して実現することはできるか。

___

Keypoints

閉鎖的な会社において，ある株主が一定数の取締役を確実に選任したいと考える

とき，それを実現する方策として，会社法上どのような制度がありうるか。

Questions

(1) 取締役の選任に関する種類株式

Q1 取締役の選任に関する種類株式を発行できるのは，どのような会社か。

⇨ R社が非公開会社になるにはどうすればよいか。

Q2 P社の有する株式とQ社の有する株式を別の種類とし（P社保有株式をa株式，Q社保有株式をb株式とする），株式の内容として，a株式は取締役1名，b株式は取締役4名を選任できるようにするには，どうすればよいか。

⇨ 同一内容であった株式を2つの種類に分ける場合には，定款変更にはどのような手続が必要となるか。

(2) 議決権拘束契約

Q3 設例のような議決権拘束契約が締結された場合に，これに反する取締役選任が行われたとすると，その選任の効力はどうか。

⇨ 本設例のように総株主が契約当事者となっている場合と，そうでない場合とで違いはあるか。

(3) 議決権制限株式

Q4 議決権制限株式の内容として，本設例のように，取締役Aの選任議案についてのみ議決権を行使できる旨を定めることは認められるか。

Q5 本設例のように議決権制限株式の利用をするには，どうすればよいか。

Q6 議決権制限株式でなく，非公開会社における属人的定め（会社109条2項）を利用することにより，P社・Q社の意向を実現することはできるか。

(4) 拒否権付種類株式

Q7 P社の案を，拒否権付種類株式を利用して実現することはできるか。

Materials

参考文献

□江頭『株式会社法』147〜150頁，166〜172頁，351〜353頁

□龍田＝前田『会社法大要』244〜245頁

□江頭憲治郎ほか編著『改正会社法セミナー　株式編』（有斐閣，2005年）351〜356頁（***Q4***）

【設例8-2　譲渡制限株式の譲渡承認手続に関する定款の定め】

　R株式会社は，P株式会社とQ株式会社によって設立された合弁会社であり，P社・Q社ともR社株式をそれぞれ1万株ずつ保有している。R社は，株式の全部に譲渡制限を付しており（会社107条1項1号），取締役会を設置していない。下記のような定款規定の効用と有効性について検討せよ。

ケース(1)　「P社が保有するR社株式について会社法138条の譲渡等承認請求がなされた場合，会社法139条1項の決定はQ社が行い，Q社が保有するR社株式について会社法138条の譲渡等承認請求がなされた場合，会社法139条1項の決定はP社が行う」とする規定

ケース(2)　「P社が保有するR社株式について会社法138条の譲渡等承認請求がなされた場合，会社法139条1項および140条2項の株主総会決議においてP社は議決権を行使することができず，Q社が保有するR社株式について会社法138条の譲渡等承認請求がなされた場合，会社法139条1項および140条2項の株主総会決議において，Q社は議決権を行使することができない」とする規定

ケース(3)　「P社が保有するR社株式について会社法138条の譲渡等承認請求がなされた場合，会社法139条1項および140条2項の株主総会決議においてQ社は1株につき10個の議決権を有し，Q社が保有するR社株式について会社法138条の譲渡等承認請求がなされた場合，会社法139条1項および140条2項の株主総会決議において，P社は1株につき10個の議決権を有する」とする規定

ケース(4)　「P社が保有するR社株式について会社法138条の譲渡等承認請求がなされた場合（会社法138条1号ハまたは同2号ハの請求もなされているものとする）で，承認をしない旨の決定がなされたときは，Q社を指定買取人（会社140条4項。以下同じ）とし，Q社が保有するR社株式について会社法138条の譲渡等承認請求がなされた場合（会社法138条1号ハまたは同2号ハの請求もなされているものとする）で，承認をしない旨の決定がなされたときは，P社を指定買取人とする」とする規定

ケース(5)　「P社が保有するR社株式について会社法138条の譲渡等承認請求がなされた場合（会社法138条1号ハまたは同2号ハの請求もなされているものとする）で，承認をしない旨の決定がなされたときは，Q社が指定買取人（会社140条4項。以下同じ）を指定し，Q社が保有するR社株式について会社法138条の譲渡等承認請求がなされた場合（会社法138条1号ハまたは同2号ハの請求もなされているものとする）で，承認をしない旨の決定がなされたときは，P社が指定買取人を指定する」とする規定

ケース(6)　(a)「会社法141条1項または142条1項の通知があった場合の対象株式の売買価格は，○○円とする」または(b)「会社法141条1項または142条1項の通知があった場合の対象株式の売買価格は，最終の貸借対照表の純資産額を発行済株式総数で除した額とする」とする規定

Keypoints

譲渡制限株式の譲渡承認手続に関して，会社法のルールと異なることを定款でどこまで定めることができるか。

Questions

Q1 R社においてはどの機関が譲渡制限株式の譲渡承認を行うことになるか。

Q2 本件のR社のように，P社とQ社の議決権の比率が50％ずつであってP社・Q社の意見が食い違うために会社法139条1項の決議をすることができない場合，どのような事態が生じることになると考えられるか。

ケース(1)について

Q3 (1)のような定めはどのような意味を持つと考えられるか（このような定めがないとどのような問題が生じるか）。

Q4 (1)のような定めは適法か。

ケース(2)について

Q5 (2)のような定めはどのような効用があると考えられるか（(1)のような定めの場合と比較せよ）。

Q6 (2)のような定めがかりに適法であるとすると，会社法のどの条文に基づくものと考えられるか。

Q7 議決権制限株式（会社108条1項3号・2項3号）を利用して，(2)の定めと実質的に同じことを実現することは可能か。P社が保有するR社株式をa株式，Q社が保有するR社株式をb株式として，それぞれを議決権制限株式としたうえで，(2)の定めと実質的に同じことを実現できるように，a株式とb株式の議決権の制限の仕方について検討してみよ。

ケース(3)について

Q8 (3)のような定めにはどのような効用があると考えられるか。

Q9 (3)のような定めは適法か。かりに適法だとすると，会社法のどの条文に基づくものと考えられるか。

↳ P社はa株式を，Q社はb株式を保有することとしたうえで，「b株式の譲渡等承認請求にかかる会社法139条1項の決議において，a株式は1株につき10個の議決権を有する。a株式の譲渡等承認請求にかかる同項の決議において，b株式は1株につき10個の議決権を有する」と定めることは適法か。このような定めをした場合のa株式やb株式のことを講学上，何と呼ぶか。

ケース(4)について

Q10 (4)のような定めは適法か。かりに適法だとすると，会社法のどの条文に基づくものと考えられるか。

Q11 (4)の定めによれば，譲渡等承認請求者が誰であるかにより指定買取人が異な

ることになるが，かかる定めは株主平等原則に反しないか。

ケース(5)について

Q12　(5)のような定めにはどのような効用があると考えられるか（(4)のような定めの場合と比較せよ）。

Q13　(5)のような定めは適法か。かりに適法ではないとすると，(5)のような定めと実質的に同じことを実現するためにどのように定めればよいか。

ケース(6)について

Q14　(6)(a)または(6)(b)のような定めは適法か。適法ではないとすると，いかなる理由によると考えられるか。(a)と(b)とで適法性に違いはあるか。

│ Materials │ ┈┈

参考文献

□江頭『株式会社法』170〜172頁，237〜245頁

【設例8‐3　決議要件に関する定款の定め】

　R株式会社は，P株式会社とQ株式会社によって設立された合弁会社であり，持株比率は，P社60％，Q社40％である。R社は種類株式発行会社ではないものとして，次のような定款規定の有効性について検討せよ。

(1) 「すべての株主総会決議事項について総株主の同意がなければならない」とする規定

(2) 「取締役を選任する株主総会決議については，総株主の同意がなければならない」とする規定

(3) 「すべての株主総会決議事項（ただし，会社法309条3項および4項に掲げられた決議事項を除く）について総株主の議決権の3分の2以上の賛成がなければならない」とする規定

Keypoints

　株主総会の決議要件に関して，会社法のルールと異なることを定款でどこまで定めることができるか。

Questions

Q1　定款で決議要件を加重することの可否について，会社法はどのような考え方に立っているか（会社法制定前商法と比較して違いはあるか）。

Q2　(1)のような規定は適法か。かりに適法ではないとすると，それはいかなる理由によると考えられるか。

Q3　(2)のように，取締役選任決議に限って総株主の同意を要求する場合はどうか。(2)のような規定が設けられると，取締役選任決議が常に成立しないおそれがある

が，そのことにより会社に不都合は生じないか。

Q4 　R社のような合弁会社において(3)のような定めが置かれると，どのような事態が生じることになるか。

Q5 　R社のような合弁会社において(3)のような定めを置くことに問題はあるか。

Materials ....

参考文献

□江頭『株式会社法』371 頁

【設例 8‒4　定款の定めまたは株主間契約による会社の閉鎖性の維持】

　P社はテニス用品の製造販売を主たる事業目的とする株式会社であり，Q社は自動車用タイヤの製造販売を主たる事業目的とする株式会社であるが，両社はテニスボールの製造販売を行うため，合弁会社としてR株式会社を設立することに合意した。両社の話合いにより，R社株式の全部に譲渡制限を付すこと，R社の資本金は 10 億円とすること，P社とQ社は 5 億円ずつを出資し，それぞれ 1000 株ずつ取得すること，R社には取締役会を設置しないこと，R社の取締役の員数は 4 名とし，P社とQ社がそれぞれ 2 名ずつを派遣すること，うち 1 名ずつを代表取締役とすること等の基本方針が取り決められた。

(1)　「R社の取締役の員数は 4 名とし，P社とQ社がそれぞれ 2 名ずつを派遣すること，うち 1 名ずつを代表取締役とすること」という方針を実現するには，どのようにすればよいか。(a)定款の定め（種類株式の利用を含む）による場合と，(b)定款の定めによらない場合とを比較検討せよ。

(2)　P社は，将来，Q社がその保有するR社株式を外部の第三者（かりにSとする）に譲渡し，Sが名義書換えを請求しないままQ社に議決権の行使について指示し，Q社がこれに従うという状況が生ずることは望ましくないと考えている（Q社も，P社が保有するR社株式について同様に考えている）。定款による株式譲渡制限の仕組みにより，このような状況が生ずるのを阻止することができるか。できないとすれば，どうすればよいか。なお，上記(1)の方針は，定款の定め（種類株式の利用を含む）によって実現されているものとする。

(3)　P社は，将来，Q社がP社のライバル会社（かりにT社とする）に買収されたときに，R社の企業秘密がT社に漏れることがないようにしたいと考えている（Q社も，同様の希望を有している）。このような目的を達するための手段として，どのようなものが考えられるか。会社法上の制度（定款に基礎を置く手段）のほか，株主間契約についても検討せよ。なお，上記(1)の方針は，定款の定め（種類株式の利用を含む）によって実現されているものとする。

(4)　P・Q両社は，R社の経営に関してP社の派遣する取締役とQ社の派遣す

る取締役の意見が対立し，デッドロック状態に陥ったときに，合弁事業を解消するため，Ｐ社またはＱ社が相手方の保有するＲ社株式をすべて買い取ることができる旨を契約で定めておくべきであると考えている。その場合の買取価格の決定について，どのように定めればよいか。なお，上記(1)の方針は，定款の定め（種類株式の利用を含む）によって実現されているものとする。

Keypoints

定款の定めや株主間契約を活用して，会社の閉鎖性を維持するにはどのようにすればよいか。

Questions

(1) **取締役・代表取締役の派遣**

Q1　２名ずつの取締役の派遣については，どのような種類株式を利用するべきか。

Q2　１名ずつの代表取締役の派遣については，定款等でどのように定めればよいか（会社法のどの規定を活用すればよいか）。

Q3　Ｒ社が取締役会設置会社である場合にも，*Q2*と同様の定めを置けるか。

Q4　株主間契約による場合は，契約においてどのように定めればよいか。

(2) **株式が事実上譲渡されることの阻止**

Q5　(2)の方針を，定款による株式譲渡制限の仕組みで実現することはできるか。

Q6　(2)の方針を，株主間契約で実現するには，Ｐ社・Ｑ社間の契約でどのように定めればよいか。

Q7　Ｐ社・Ｑ社間の株主間契約に違反して，Ｑ社が，その有するＲ社株式をＳに譲渡した場合，その譲渡の効力はどうなるか。

(3) **合弁事業の相手が他社により買収される場合の措置**

Q8　Ｑ社がＴ社によって買収される場合に，定款による株式譲渡制限の仕組みを通じて，Ｑ社がＲ社株式を保有することをやめさせることは可能か。

Q9　定款による株式譲渡制限以外の会社法上の制度（定款に基礎を置く手段）で，Ｑ社がＲ社株式を保有することをやめさせる手段はあるか。取得条項付株式を活用する方法を検討してみよ。

Q10　株主間契約を活用して，(3)の方針を実現するには契約でどう定めればよいか。

(4) **合弁事業解消の際の株式買取価格の決定方法**

Q11　株式の売渡側にとっても株式の買取側にとっても納得のいく買取価格決定方法としては，どのようなものが考えられるか。

Materials

参考文献

□江頭『株式会社法』239～249頁

企業再編(1)：親子会社関係

【設例9-1　持株会社を利用した企業グループの形成】
　P社は，パンの製造販売を事業目的とする株式会社であり，その株式を東京証券取引所に上場している。P社は，持株会社が完全親会社となり，その持株会社が傘下にパンの製造販売会社を完全子会社として有する形となるよう，企業組織を再編成することを計画している。将来は，持株会社の傘下で，レストラン事業，ホテル事業等を子会社形態で多角的に展開していくことを目標としている。
(1)　P社自身が持株会社となり，その下に完全子会社としてパンの製造販売会社（S株式会社）を有することとするには，どのような方法がありうるか。
(2)　持株会社（H株式会社）を新設し，P社がその完全子会社となるようにするには，どのような方法がありうるか。
(3)　持株会社H社がその傘下にパンの製造販売会社P社を完全子会社として有する形の企業再編が実現した後，H社は，レストラン事業を業とする上場会社R株式会社の株式の51％以上（現時点ではH社はR社株式をまったく保有していない）を，H社株式を対価として取得し，R社をH社傘下の子会社にしたいと考えている。どのような方法がありうるか。
(4)　持株会社における定款の事業目的をどのように記載すべきかについて，次の3つの案が浮上している。それぞれの案の適否を検討せよ。
　(a)案　「他の会社の株式を所有することにより，当該会社の事業活動を支配・管理すること」
　(b)案　「パンの製造販売を業とする会社の株式を所有することにより，当該会社の事業活動を支配・管理すること」
　(c)案　「パンの製造販売」

Keypoints
① 持株会社を利用した企業グループを形成するにはどのような方法があり，それぞれどのような手続を要するか。
② 持株会社の定款の事業目的には，どのような記載をすべきか。

Questions
(1)　抜け殻方式
Q1　持株会社とは何か。
Q2　P社が事業全部を完全子会社（S社）に現物出資または譲渡するには，どのような手続が必要か。

⇨*1* P社株主はどのように保護されるか。

⇨*2* 検査役調査は必要か。

⇨*3* P社の債務をS社に免責的に移転するにはどのような手続が必要か。

Q3 P社が会社分割によってS社に事業を承継させるには，どのような手続が必要か。

⇨ 新設分割または吸収分割，いずれの方法をとるのがよいか。

Q4 P社の事業を会社分割によってS社に承継させる方法は，前記の事業の現物出資または譲渡の方法と比較して，どのような利点があると考えられるか。

(2) **持株会社の新設**

Q5 株式移転または株式交換，いずれの方法をとるのがよいか。

Q6 H社（P社の子会社でない会社とする）を新設し，H社がP社株式について株式公開買付けを行い，P社を子会社化するという方法はどうか。

(3) **株式を対価として既存の会社を子会社化する方法**

Q7 株式交付，株式交換，またはH社によるR社株式についての株式公開買付けのうち，いずれの方法をとるのがよいか。

Q8 株式交付においては，H社がR社株主からR社株式を譲り受ける対価として，現物出資規制を受けることなくH社が新株発行・自己株式処分をすることができるが，R社株式の過大評価の危険から，H社の株主はどのように保護されることとなるか。

(4) **持株会社の定款の事業目的**

Q9 定款に会社の事業目的を記載しなければならないのはなぜか。

Q10 会社法の下で，事業目的の記載は明確・具体的である必要はあるか。

Q11 親子関係にある会社一般について，子会社の行う事業は，親会社の定款の事業目的として記載する必要があるか。

Q12 持株会社の定款の事業目的には，どのような記載が必要か。

⇨*1* (a)案にはどのような問題があるか。

⇨*2* (b)・(c)案にはどのような違いがあり，どのような問題が生じうるか。

| **Materials** | ⋯⋯⋯⋯⋯⋯⋯⋯⋯⋯⋯⋯⋯⋯⋯⋯⋯⋯⋯⋯⋯⋯ |

参考文献

□江頭『株式会社法』10頁，70〜71頁，931〜932頁，965〜967頁

□龍田＝前田『会社法大要』55頁，547〜550頁

┌─────────────────────────────────────┐
【設例9-2 少数株主の締出し（キャッシュ・アウト）】

製薬会社であるP株式会社，および健康食品の製造・販売を業とするQ株式会社は，いずれも東京証券取引所の上場会社である。P社は，公開買付けの

方法により，Ｑ社（種類株式発行会社ではない）の発行済株式 10 万株のうち，7 万株の株式を取得した。残りのＱ社株式 3 万株は，約 800 名の株主により保有され，その中ではＸが最も多数の 9000 株を有していた。

　Ｐ社は，全部取得条項付種類株式を利用し，次のような方法で，Ｑ社の残存少数株主を全員締め出し，Ｑ社を完全子会社化することとした。

> ①　Ｑ社において，既存株式（「クラス a 株式」とする）と異なる内容の種類株式（「クラス b 株式」とする）を新たに発行する旨の定款の定めを設ける株主総会決議を行う。
> ②　クラス a 株式を全部取得条項付種類株式とする旨の定款の定めを設ける株主総会決議・種類株主総会決議を行う。
> ③　全部取得条項に基づき，クラス a 株式をＱ社が取得する旨の株主総会決議を行う。その際，取得対価として，クラス a 株式 1 万株に対してクラス b 株式 1 株を交付することとする。

(1)　このような手続でＱ社がＰ社の完全子会社とされた場合，Ｘには，会社法上どのような救済が与えられるか。

(2)　かりに，Ｐ社が公開買付けの方法でＱ社株式 10 万株のうち，9 万株の株式の取得に成功し，Ｘが最も多数の 9000 株の株主として残存したとする。特別支配株主の株式等売渡請求の方法によりＱ社がＰ社の完全子会社とされた場合，Ｘには，会社法上どのような救済が与えられるか。

Keypoints

① 全部取得条項付種類株式を利用した少数株主の締出しは，どのような方法で行われ，少数株主にはどのような保護が与えられるか。

② 特別支配株主の株式等売渡請求による締出しは，どのような方法で行われ，少数株主にはどのような保護が与えられるか。

Questions

(1)　**全部取得条項付種類株式を利用した少数株主の締出し**

Q1　Ｐ社がＱ社を完全子会社とすることには，どのような利点があると考えられるか。

Q2　設例の①〜③の手続によりＸを含む少数株主はＱ社から締め出されることとなるが，それはなぜか。

Q3　Ｑ社にとどまりたいと考えるＸは，会社法上，Ｑ社によるＱ社株式取得の効力を争うことができるか。

⤷　一般に，全部取得条項付種類株式の取得の効力を争うことができるのは，どのような場合か。

Q4　取得の効力を否定するほか，Ｘには会社法上どのような救済がありうるか。

Q5　取得の効力発生前であれば，Ｘは，取得の差止めを請求できるか。

Q6　取得対価に不満を持つＸは，取得日（会社 171 条 1 項 3 号）の前日に，裁判所に価格決定の申立てをしたが，個別株主通知の申出をしていなかった。Ｘが Ｑ 社株主であることを Ｑ 社が争った場合，この価格決定申立ては適法に行われたといえるか。

⤷　Ｑ 社株式が上場廃止となり，個別株主通知がなされないまま，取得日に振替機関による取扱いが廃止されたとすると，Ｘによる価格決定の申立てはどうなるか。

(2)　**特別支配株主の株式等売渡請求による締出し**

Q7　完全子会社化の方法として，特別支配株主の株式等売渡請求の方法は，全部取得条項付種類株式を利用する方法に比べて，どのような利点があると考えられるか。

Q8　Ｘには会社法上どのような救済がありうるか。

Q9　Ｐ 社による株式等売渡請求については Ｑ 社取締役会の承認が要求されるが，それはなぜか。

⤷ ***1***　承認にあたって取締役会が考慮すべき要素は何か。

⤷ ***2***　売渡請求の条件等が適正でないにもかかわらず，Ｑ 社取締役会が承認を与えると，どのような問題が生じるか。

Q10　取得の効力発生前であれば，取得対価が著しく不当であることは，取得の差止事由となるか。

Q11　取得対価が著しく不当であることは，取得の無効の訴えの無効原因となるか。

Materials ....

参考文献
□江頭『株式会社法』160〜166 頁，202〜204 頁，279〜286 頁
□龍田＝前田『会社法大要』243〜244 頁

参考裁判例
□最決平成 21 年 5 月 29 日金判 1326 号 35 頁（***Q4***）
□最決平成 22 年 12 月 7 日民集 64 巻 8 号 2003 頁（***Q6***）・百選 15 事件
□最決平成 24 年 3 月 28 日民集 66 巻 5 号 2344 頁（***Q6***⤷）

【設例 9−3　持株会社の株主保護】
　本設例において，Ｐ 株式会社・Ｑ 株式会社・Ｈ 株式会社は，いずれも取締役会設置会社であり，監査役設置会社であるものとする。
　Ｈ 社は，持株会社であり，その傘下の子会社として，土木建設事業を業と

するP社（H社の完全子会社）と，運送事業を業とするQ社（H社が発行済株式総数の80％を保有）とを有している。H社の有するP社株式の帳簿価額はH社の総資産額（約10億円）の約50％，H社の有するQ社株式の帳簿価額はH社の総資産額の約50％を占める。

以下の設問は，それぞれ独立したものとして考えること。

(1) P社は，その取締役Aが贈賄事件を起こし，公共工事を受注することができなくなった。P社には多額の損害が生じ，H社は当分の間，P社からの剰余金配当を期待できない状況となった。H社の議決権の1％を有する株主Xは，会社法上，何らかの措置を講じることができるか。Q社が同じ状況となった場合はどうか。

(2) H社は，P社およびQ社から，経理・税務・法務の助言等を行う対価として，経営運営費を年1億円受け取ることとしたい。会社法上，どのような問題が生じるか。

(3) H社はP社株式全部を売却することを検討しているが，H社の株主Xはそれに反対している。Xは会社法上，何らかの措置を講じることができるか。

Keypoints

持株会社が利用される場合，持株会社の株主はどのような状況に置かれ，会社法上どのような保護が与えられるか。

Questions

(1) **子会社で違法行為が行われた場合**

Q1　Xは，H社による子会社P社の管理が不適切であったことを理由に，H社取締役の責任を追及することができるか。

Q2　Xは，Aの責任を追及することができるか。

Q3　Xは，H社がAの責任を全部免除することを阻止することができるか。

Q4　Q社がP社と同じ状況になった場合（Q社取締役Aが贈賄事件を起こしQ社に損害が生じた場合），Xは，Aの責任を追及することができるか。

Q5　Q社がP社と同じ状況になった場合，Xは，Aの責任が全部免除されることを阻止することができるか。

　⇨　Aの責任が全部免除されたとすると，Xには会社法上どのような救済がありうるか。

(2) **親会社の利益を図る取引**

Q6　H社がP社とする取引についてはどのような問題があるか。

Q7　H社がQ社とする取引についてはどのような問題があるか。

　⇨　H社が親会社としての影響力を背景に，Q社に不当に不利な条件で取引を

　行った場合，Ｑ社少数株主にはどのような救済がありうるか。

⑶　子会社株式の譲渡

Q8　もしＨ社が持株会社でなく，自ら土木建設事業と運送事業を行っているとすると，当該土木建設事業を他に譲渡するには，どのような手続が必要となるか。

Q9　持株会社であるＨ社がＰ社株式を売却するには，どのような手続が必要となるか。

Q10　Ｘには，会社法上どのような救済がありうるか。

Materials

参考文献

　□江頭『株式会社法』464〜465頁，530〜533頁，1012頁

　□龍田＝前田『会社法大要』537〜539頁

【設例 10‒1　合併決議の瑕疵，合併比率の公正と合併の効力】

　本設例において，Ｐ株式会社とＱ株式会社はいずれも公開会社であり，監査役設置会社であるものとする。また，Ｐ社とＱ社はいずれも種類株式発行会社ではなく，自己株式を保有していないものとする。

　電化製品小売業を全国展開するＰ社は，純資産額約 100 億円，資本金約 60 億円，発行済株式総数約 5 万株の上場会社である。Ｐ社は，平成 21 年 6 月に，京都府においてスーパーマーケット事業を営んでいた非上場会社であるＱ社に対して資本参加を行い，以来，議決権の過半数を支配して取締役の全員を派遣するなどして経営不振に陥っていたＱ社の建て直しを図ってきた。しかし，Ｑ社の業績には一向に改善が見られないことから，Ｐ社は，Ｑ社をスーパーマーケット運営会社として再建することを断念し，Ｑ社を消滅会社，Ｐ社を存続会社とする合併を行って，Ｑ社の保有する店舗等をＰ社の店舗として活用することにした（以下，「本件合併」という）。

　令和 3 年 3 月末日現在のＱ社貸借対照表によれば，Ｑ社の純資産額は 5000 万円であった。また，Ｑ社の発行済株式総数は，5000 株であり，うち，3000 株をＰ社，500 株をＱ社代表取締役Ａ，1000 株をＱ社の創業者であるＢ，500 株をＣ（Ｂの妻）が保有している。令和 3 年 6 月 18 日，合併の効力発生日を令和 3 年 8 月末日と定めた合併契約書がＰ社・Ｑ社間で締結された（以下，「本件合併契約書」という）。本件合併契約書では，Ｑ社株式 20 株に対して，Ｐ社株式 1 株を割り当てることとされており，合併条件算定理由書には，Ｐ社の株式価値は直近 6 か月間の市場価格の終値の平均から 1 株 20 万円と算出され，他方，Ｑ社の株式価値は，令和 3 年 3 月末日現在の貸借対照表により，1 株 1 万円と算出された旨が記載されている。なお，Ｐ社の株価は令和 2 年 6 月には 25 万円以上あったが，その後 1 年間で下落を続け，本件合併契約書締結当日には 19 万円になっていた。市場では，Ｐ社で不適切経理が行われている旨の内部告発があったとの噂が流れていることが株価下落の原因と目されていた。

　令和 3 年 7 月 21 日，本件合併契約書の承認を附議するため，Ｑ社の臨時株主総会が開催された。議長は，Ａが務めた。ＢとＣは，投票に先立ち，「Ｐ社の不適切経理の噂について調査したのか。合併交渉の際，この点につきＰ社からどのような説明を受けたのか」，「もし不適切経理が本当にあったとすると，Ｐ社の株価はこの先さらに下落するのではないか」，「かりにＰ社の不適切経理がなかったとしても，Ｑ社が保有する土地には多額の含み益があるはずな

のに，合併条件算定理由書がそれを考慮せず，Ｑ社株式の価値を１株１万円と評価しているのは不当ではないか」などと質問した。これに対し，Ａは，「両社の株式価値の算定や合併比率については，Ｐ社と私が誠実に交渉し，適正に評価した結果であり，全く問題ない」「結果に問題がない以上，Ｐ社の不適切経理やＱ社資産の評価について回答する必要はない」などと回答し，なおも質問しようとするＢらを無視して，投票に移った。Ｂ・Ｃは反対票を投じたが，Ｐ社およびＡの賛成により，本件合併契約書を承認する決議が成立した（以下，「本件決議」という）。一方，Ｐ社では，令和３年７月21日に開催された取締役会において，Ｐ社・Ｑ社の簡易合併が承認された。本件合併にかかる債権者異議手続は会社法の規定に則ってすべて適正に行われ，令和３年９月１日に合併登記がなされた。

Keypoints

① 合併決議に瑕疵があった場合または合併の際に交付される対価の定め方が不公正であった場合，不利益を被った消滅会社株主はどのような救済を求めることができるか。

② 債務超過会社を消滅会社とする吸収合併を行うことはできるか。

Questions

Q1　本件合併において，Ｑ社の発行済株式5000株のうち，Ｐ社が保有している3000株はどのように扱われるか（この3000株にもＰ社株式が割り当てられるか）。

Q2　本件決議には何らかの瑕疵があるか。

Q3　本件合併に反対していたＢらが，本件決議後，本件合併の効力が発生するのを阻止するにはいかなる手段を講じればよいか。その手段を講じるにあたり，Ｂらはどのような主張をすることが考えられるか。

Q4　本件合併の効力が発生した後，当該効力を覆すためにはＢらはいかなる手段を講じればよいか。

　↳　当該手段を講ずるにあたり，Ｂらが本件決議後直ちに行動を起こしていた場合と，令和３年12月まで行動を起こしていなかった場合とで，違いが生ずるか。合併条件の不公正それ自体が合併無効事由になるとする見解をとった場合はどうか。

Q5　本件設例とは異なり，令和３年３月末日現在のＱ社貸借対照表において，Ｑ社に1000万円の債務超過があり，Ａ・Ｂ・Ｃには，Ｐ社株式その他の財産の交付は一切行わない形で，Ｐ社とＱ社の合併が行われたとする（Ｑ社の債務超過は単なる帳簿上のものではなく，経済実質上も債務超過であったとする）。会社法の下では，このような合併をすることは可能か。会社法制定前商法の下での考え方と違

いがあるとすると，それはいかなる理由によるか。

  ↳ Q社に債務超過がある場合に，本件設例と同様の手続で合併を行うことはできるか（P社側の手続に問題はないか）。

Q6 債務超過会社を吸収合併することにより，存続会社株主の利益は一方的に害されることにならないか。存続会社株主にとって何かメリットはあるのか。

Materials ·····

参考文献

  □江頭『株式会社法』384〜385頁，885〜887頁，892〜898頁，909頁，922〜925頁

  □神田『会社法』384〜385頁，394〜396頁

【設例10-2　合併の効力の発生と権利義務の承継】

  P株式会社とQ株式会社は，P社を存続会社，Q社を消滅会社とし，令和3年7月29日を合併の効力発生日とする合併契約書を締結した。令和3年6月25日に開催されたそれぞれの会社の定時株主総会において，合併承認決議がなされた後，各社において債権者異議手続が行われ，令和3年8月10日に合併登記が行われた。下記(1)〜(5)を検討せよ（(1)〜(5)はそれぞれ独立の事案として考えること）。

(1) Q社代表取締役Aは，令和3年7月1日にQ社所有の遊休地をXに売却した（所有権移転登記無し）。令和3年8月25日，P社代表取締役Bは，この土地につき，合併による所有権移転登記を行った。XはP社に対して，この土地の引渡しと移転登記を求めることができるか。

(2) Q社代表取締役Aは，令和3年7月1日にQ社所有の遊休地をXに売却した（所有権移転登記無し）。令和3年8月25日，P社代表取締役Bは，この土地を，Yに売却した。登記上の所有者は現在もなおQ社のままである。誰がこの土地の所有権を取得するか。

(3) Q社代表取締役Aは，Q社が所有していた遊休地を，令和3年8月5日に「Q社代表取締役A」の肩書きでXに売却した（所有権移転登記無し）。令和3年8月25日，P社代表取締役Bは，この土地につき，合併による所有権移転登記を行った。XはP社に対して，この土地の引渡しと移転登記を求めることができるか。

(4) Q社代表取締役であったAは，令和3年9月1日，P社とQ社が合併したことを秘匿して，Q社が所有していた遊休地を，「Q社代表取締役A」の肩書きでXに売却した（所有権移転登記無し）。Xは，この土地の引渡しと所有権移転登記をP社に対して求めることができるか。

(5) Q社が本件合併前に新株予約権を発行していた場合，本件合併に際して

新株予約権は，どのように扱われるか。

Keypoints

合併の効力発生により，消滅会社の権利義務は存続会社にどのように承継されるか。権利の承継に，対抗要件の具備は必要か。

Questions

(1) 合併の効力発生前に消滅会社が行った取引の効果帰属

Q1　Q社代表取締役AがXとの間で行った取引により，Q社はどのような義務を負担するか。

Q2　Xは，合併の効力発生後に，P社に対していかなる根拠に基づきいかなる請求をすることができるか。

(2) 合併の効力発生前に消滅会社が売却した不動産を，合併の効力発生後に存続会社が他者に売却した場合

Q3　Q・X間の売買と，P・Y間の売買はどのような関係に立つか。

Q4　本件土地の所有権をXまたはYが確定的に取得するには，XまたはYはどうすればよいか。

(3) 合併の効力発生後に消滅会社が行った取引の効果帰属

Q5　合併の効力発生後にQ社代表取締役AがXとの間で行った不動産売買の効果は誰にどのように帰属するか。

Q6　合併の効力が7月29日に発生していることをXが知っていた場合，違いがあるか。

Q7　かりに，会社法750条2項の法意について，第三者との関係では，Q社代表取締役Aに代表権があるものとして扱うものの，Q社からP社への包括承継の効力それ自体を否定するものではない（会社法750条2項は，Aの無権代表を治癒するにすぎず，それ以上の効果は有しない）という考え方をとった場合，XのP社に対する請求（土地引渡し＋移転登記）はどのように扱われることになるか。P社がXからの請求を無視して，合併登記後に本件土地のQ社からP社の所有権移転登記をした場合，Xは何らかの救済を求めることができるか。

Q8　かりに，P社・Q社が，合併ではなく，Q社の全財産をP社に承継させる会社分割を行ったとする（会社分割を承認する株主総会決議が6月25日，分割の効力発生日〔会社759条1項〕が7月29日，分割の登記〔同923条〕が8月10日であったとする）。同様にQ社代表取締役AがXに遊休地を売却した場合（8月5日に売却，8月25日にQ社からP社への所有権移転登記），合併の場合と違いが生ずるか。

(4) 合併登記後に消滅会社名義で行われた売買の効果

Q9　合併登記後にQ社代表取締役A名義で行われた土地売買の効果はどのよう

になるか。

Q10 Xは，この土地の引渡しと所有権移転登記をP社に対して求めることができるか。

Q11 この土地について，合併による所有権移転登記（Q社→P社）がなされた場合となされていない場合とで違いはあるか（不動産登記簿を見てQ社が土地の所有権者であると信じたXは保護されるか）。

(5) 消滅会社が新株予約権を発行していた場合

Q12 Q社が新株予約権を発行していた場合，P社は合併に際して，当該新株予約権者に対して何らかの義務，たとえばQ社新株予約権に代えてP社新株予約権を交付する義務を負うことがあるか。

Q13 Q社が，新株予約権の内容として，「将来，Q社が吸収合併により消滅する場合，Q社新株予約権と引換えに，同価値の存続会社の新株予約権が交付される」と定めており，合併契約でも同旨の定めがされたにもかかわらず，P社がQ社新株予約権者に対してP社新株予約権の交付を拒んだ場合は，どのような問題が生ずるか。

Materials

参考文献

□江頭『株式会社法』884〜885頁，896〜897頁，902〜903頁，910〜913頁，942〜943頁

□神田『会社法』394頁，403〜404頁

□相澤哲編著『立案担当者による新・会社法の解説』（別冊商事法務295号，商事法務，2006年）189〜190頁

【設例 11‐1　会社分割と事業譲渡・事業の現物出資の比較】

　P株式会社およびQ株式会社は，いずれも公開会社であり，種類株式発行会社ではなく，新株予約権を発行していない。

　ホテル業と不動産業を営むP社では，今後ホテル業を拡大するとともに，業績が芳しくない不動産業は，これを切り離して既存会社であるQ社（P社とは親子会社関係にない）に受け継がせることを計画している。その方法として，(a)Q社にP社の不動産部門を事業譲渡する（対価は金銭），(b)Q社にP社の不動産部門の事業を現物出資する，(c)P社を分割会社，Q社を承継会社として，吸収分割の方法でP社の不動産部門をQ社に承継させる，という3つの案が浮上している。なお，この計画立案時において，P社のホテル部門に属する資産の帳簿価額と不動産部門に属する資産の帳簿価額はほぼ等しく，その状態はこの計画が実行に移されるまでほとんど変わらないものとする。

(1)　検査役調査の要否の点で，(a)・(b)・(c)を比較せよ。

(2)　株主総会決議の要否および反対株主に株式買取請求権が認められるか否かの点で，(a)・(b)・(c)を比較せよ。

(3)　債権者保護の点で，(a)・(b)・(c)を比較せよ。

(4)　以上の考察を基礎に，(a)・(b)・(c)の優劣を検討せよ。

Keypoints

① 事業の譲渡，事業の現物出資および会社分割のうち，検査役の調査が必要なものはどれか。

② 事業の譲渡，事業の現物出資および会社分割において，株主総会特別決議が必要な当事会社はどれか。反対株主に株式買取請求権が認められる当事会社はどれか。

③ 事業の譲渡，事業の現物出資および会社分割では，当事会社の債権者はどのように保護されるか。

Questions

(1)　**検査役調査の要否**

Q1　(a)・(b)・(c)のうち，原則として検査役の調査が必要なものはどれか。

(2)　**株主総会決議の要否，反対株主の株式買取請求権**

Q2　(a)の事業譲渡について，P社において株主総会特別決議は必要か。P社において，反対株主の株式買取請求権は認められるか。

Q3　(a)の事業譲渡について，Q社において株主総会特別決議は必要か。Q社に

おいて，反対株主の株式買取請求権は認められるか。

Q4　(b)の現物出資について，P 社において株主総会特別決議は必要か。P 社において，反対株主の株式買取請求権は認められるか。

Q5　(b)の現物出資について，Q 社において株主総会特別決議は必要か。Q 社において，反対株主の株式買取請求権は認められるか。

Q6　(c)の吸収分割について，P 社において株主総会特別決議は必要か。P 社において，反対株主の株式買取請求権は認められるか。

⤷　P 社の反対株主が，自己の有する株式を「公正な価格」で買い取るべきことを P 社に請求した場合，当該「公正な価格」はいつの時点で P 社株式が有していた（であろう）価格を意味するか。

Q7　(c)の吸収分割について，Q 社において株主総会特別決議は必要か。Q 社において，反対株主の株式買取請求権は認められるか。

(3)　**債権者保護**

Q8　(a)の事業譲渡および(b)の現物出資について，P 社の債権者はどのように保護されるか。

⤷　(a)の事業譲渡および(b)の現物出資について，P 社において譲渡対象となった事業部門に従事していた従業員との雇用関係はどうなるか。

Q9　(a)の事業譲渡および(b)の現物出資について，Q 社の債権者はどのように保護されるか。

Q10　(c)の吸収分割について，P 社の債権者はどのように保護されるか。P 社において，債権者異議手続によって保護されるのは，どのような債権者か。

⤷　(c)の吸収分割について，P 社の従業員の保護のために，どのような法制度が用意されているか。

Q11　(c)の吸収分割について，Q 社の債権者はどのように保護されるか。

(4)　**制度の優劣**

Q12　以上の考察を基礎に，(a)・(b)・(c)の優劣を検討せよ。

| **Materials** |
. . . .
参考文献
　□江頭『株式会社法』873〜880 頁，928〜954 頁，958〜961 頁，1008〜1015 頁
参考裁判例
　□最決平成 23 年 4 月 19 日民集 65 巻 3 号 1311 頁・百選 84 事件（***Q6***）

┌─────────────────────┐
│　**【設例 11 - 2　債権者の保護】**
　家庭用医薬品の製造販売部門と殺虫剤・農薬等の製造販売部門を有する P 株式会社は，殺虫剤・農薬等の製造販売部門を Q 株式会社に新設分割の方法

で承継させた（以下，「本件会社分割」という）。Ｐ社の新設分割計画には，殺虫剤・農薬等の製造販売部門に関する一切の債務はＱ社に免責的に承継させることが記載されていた。

　Ｐ社は，本件会社分割の数年前より，殺虫剤・農薬等の製造工程で生じる排水を法令に違反して近くの河川にたれ流していた。そのころ当該河川の河口付近でＢが養殖していた魚が大量に死滅するという事件が発生していたが，Ｐ社は，本件会社分割前には，このような事件が発生していることを知らなかった。本件会社分割後に行われた調査により，Ｂが養殖していた魚はＰ社の工場排水に含まれていたヒ素化合物によって死滅したことが，明らかとなった。

　本件会社分割に際し，Ｐ社は，本件会社分割に異議があれば一定の期間内に異議を述べるべき旨を公告し，知れている債権者に催告を行ったが，Ｐ社の知れている債権者のうち，Ｐ社に農薬の原料を販売し，その代金債権を有していたＡには，催告がされなかった。なお，Ｐ社の定款には，会社の公告方法として，官報による旨が定められている。

⑴　Ａは，本件会社分割後，Ｐ社に対し，農薬の原料の代金債務の弁済を請求できるか。

⑵　Ｂは，本件会社分割後，Ｐ社に対し，養殖魚の死滅によって生じた損害の賠償を請求できるか。

⑶　Ｐ社の定款において，会社の公告方法として，時事に関する事項を掲載する日刊新聞紙であるＳ新聞に掲げて行うと定められており，Ｐ社が，官報のほかＳ新聞にも会社分割に対する異議申立てに関する公告をしていた場合，ＡおよびＢは，Ｐ社に弁済または賠償の請求をすることができるか。

Keypoints

① 新設分割計画において分割会社に債務の履行を請求できないものとされた取引上の債権者が，会社分割後，分割会社に債務の履行を請求できるのは，どのような場合か。

② 新設分割計画において分割会社に債務の履行を請求できないものとされた不法行為債権者が，会社分割後，分割会社に債務の履行を請求できるのは，どのような場合か。

③ 公告方法の違いにより，債権者への催告手続その他の債権者保護制度に，どのような影響が及ぶか。

Questions

⑴　取引上の債権者

Q1　ＡのＰ社に対する債権は，本件会社分割の新設分割計画によれば，Ｐ社と

Ｑ社のいずれが弁済すべきものとされているか。

Q2　　Ａは，本件会社分割後，Ｐ社に代金債権の弁済を請求できるか。

(2)　**不法行為債権者**

Q3　　ＢのＰ社に対する不法行為債権は，本件会社分割の新設分割計画によれば，Ｐ社とＱ社のいずれが弁済すべきものとなるか。

Q4　　Ｂは，本件会社分割後，Ｐ社に損害賠償を請求できるか。

(3)　**時事に関する事項を掲載する日刊新聞紙における公告がされた場合**

Q5　　Ｐ社が，官報のほかＳ新聞にも分割に対する異議申立てに関する公告をしていた場合，Ａは，本件会社分割後，Ｐ社に代金債権の弁済を請求できるか。

Q6　　Ｐ社が，官報のほかＳ新聞にも分割に対する異議申立てに関する公告をしていた場合，Ｂは，本件会社分割後，Ｐ社に損害賠償を請求できるか。

┃ **Materials** ┃ ···

参考文献

□江頭『株式会社法』948〜954 頁

□伊藤靖史＝伊藤雄司＝大杉謙一＝齊藤真紀＝田中亘＝松井秀征『事例で考える会社法〔第 2 版〕』(有斐閣，2015 年) 459〜463 頁

【設例 11 - 3　会社分割により承継される権利義務・詐害的会社分割】

　Ｐ株式会社は，健康食品の通信販売を業とする株式会社であり，令和 3 年 9 月当時，ＡとＢに対してそれぞれ 4000 万円の債務を負っており，そのほかにもＣら 10 名に対して合計 3000 万円の債務を負担し，負債の合計額が 1 億 1000 万円の状況であった。

　Ｐ社は，令和 3 年 9 月 10 日，① Ｑ株式会社を新たに設立すること，② Ｐ社は，京都市内の土地・建物 (以下「本件不動産」という) とＡに対する債務をＱ社に承継させること，③ Ｐ社はＱ社が承継するＡに対する債務について重畳的債務引受けをすること，④ Ｑ社がＰ社にＱ社の発行する株式の全部を割り当てることなどを内容とする新設分割計画を作成し (以下，この新設分割計画に基づく新設分割を「本件新設分割」という)，同年 10 月 1 日に，Ｑ社の設立の登記がされ，本件新設分割の効力が生じた。なお，本件新設分割当時において，本件不動産には約 1 億円の担保余力があったが，Ｐ社は，その当時，本件不動産以外には債務の引当てとなるような特段の資産を有しておらず，本件新設分割により，Ｑ社の株式以外には全く資産を保有しない状態となった。

　本件新設分割によってＰ社のＢに対する 4000 万円の債務 (以下「本件債務」という) はＱ社に承継されなかった。Ｂは，Ｑ社に対して何らかの救済を求めることができるか。

Keypoints

[1] 会社分割によって分割会社から承継される財産は，どのようなものでなければならないか。

[2] 会社分割の残存債権者は債権者異議手続の対象となるか。人的分割型会社分割の場合はどうか。

[3] 詐害的な会社分割が行われる場合，残存債権者には，民法の詐害行為取消権のほか会社法上どのような救済方法が考えられるか。

Questions

(1)　**承継の対象と人的分割型新設分割**

Q1　会社分割によって設立会社または承継会社に承継させることのできる財産とはどのようなものか。

⤷　P 社は，本件不動産と A に対する債務のみを，新設分割によって Q 社に承継させることができるか。

Q2　本件の新設分割において，P 社が Q 社の株式を取得するのではなく，P 社の株主が持株比率に従って Q 社の株式を取得するという方法をとることができるか。

(2)　**債権者異議手続の要否**

Q3　本件において債権者異議手続を行う必要があるか。なお，C ら 10 名に対する 3000 万円の債務は Q 社に承継されなかったものとする。

⤷　本件新設分割が ***Q2*** の方法によって行われた場合はどうか。

(3)　**残存債権者の保護**

Q4　B は，会社法上，Q 社に対して本件債務の履行を請求することができるか。

⤷　B は，民法 424 条により本件新設分割を取り消すことができるか。

Q5　B は，本件新設分割について，新設分割無効の訴えを提起できるか。なお，B は P 社の株主や役員ではないものとする。

Materials

参考文献

□江頭『株式会社法』928〜932 頁，948〜952 頁，963〜965 頁

参考裁判例

□最判平成 24 年 10 月 12 日民集 66 巻 10 号 3311 頁・百選 91 事件（***Q4***）

授業のイメージ

Ⅱ-① 種類株式発行会社における譲渡制限株式・自己株式

【設　例】

　P社は，香川県内で製麺業を営む株式会社であり，完全な議決権のある株式（以下，「a種類株式」という）1000株と完全無議決権株式（以下，「b種類株式」という）1000株とを発行している。P社はAによって創業され，a種類株式はA（700株）のほか，Aの子Bら（300株）が保有し，これらの者が取締役となり，Aは代表取締役となっている。b種類株式は，銀行であるQ社とR社が500株ずつ保有している。P社の株式には定款に譲渡制限の定めはない。

(1)　P社の業績が悪化し，経営方針をめぐりAとBらとの間に意見が対立することが少なくなくなった。Aは，Bらが株式を好ましくない者に譲渡すると困ると考え，a種類株式について譲渡制限の定めを設けることを検討している。

　　Aは弁護士であるあなたのところに，①「このような譲渡制限を設けるためにはどのような手続をとればよいか」，②「Aが株式を譲渡するのは自由であるが，Bらが株式を譲渡する場合にだけ会社の承認を要することとできるか」，③「Aへの譲渡だけは会社の承認を要せず自由にできるようにすることはできるか」，④「譲渡制限を設けた場合，承認機関は株主総会となるのか，それとも取締役会となるのか」について，相談に来た。回答すべき内容を検討せよ。

(2)　P社の業績が悪く，ここ数年は剰余金配当がなされない状態が続いたため，これに不満を持ったb種類株式の株主であるQ社は，代表取締役Aに対し，P社にb種類株式を買い取ってほしい旨を依頼してきた。Aは，b種類株式が無議決権株式とはいえ，依頼を拒絶して他に譲渡されるのは好ましくないこと，および，P社にはb種類株式を買い受けるだけの財源はあることを考慮し，P社がQ社からb種類株式を買い取ることとした。

　　Aは弁護士であるあなたのところに，①「このような自己株式の取得にはどのような手続が必要となるか」，特に②「P社がQ社から自己株式を買い受けることをBらおよびR社が知ると，BらおよびR社もP社に対して株式の買取りを請求してくる可能性がある。P社の定款の定めを工夫して，Q社だけから自己株式を取得することはできないか」について，相談に来た。回答すべき内容を検討せよ。

Keypoints

① 会社法はどのような手続でどのような譲渡制限を設けることを認めているか。

② 会社が特定の種類株主から自己株式を取得するには，どのような手続が必要か。

Questions

(1) **株式の譲渡制限の態様等**

Q1 a種類株式についてだけ譲渡制限の定めを設けるには，どのような手続が必要か。

Q2 Aが株式を譲渡するのは自由であるが，Bらが株式を譲渡する場合にだけ会社の承認を要する旨を定款に定めることはできるか。

Q3 Aへの譲渡だけは会社の承認を要せず自由にできる旨を定款に定めることはできるか。

Q4 譲渡制限株式の譲渡について承認をするか否かの決定をする機関について，定款で別段の定めをしない場合，P社では当該決定をするのはどの機関か。

Q5 譲渡について承認をするか否かの決定をする機関について，P社が定款で株主総会とすることは賢明か。

(2) **特定の種類株主からの自己株式取得**

Q6 P社がb種類株式をQ社から取得するには，どのような手続が必要か。

Q7 BらおよびR社には，売主追加の議案変更請求権はあるか。

Q8 P社が売主追加の議案変更請求権を排除するには，どうすればよいか。

Materials

参考文献

□江頭『株式会社法』150〜152頁，235〜245頁，254〜255頁

□龍田＝前田『会社法大要』273〜274頁，298〜299頁

〔問題の意図〕

本問は，2種類の株式を発行している閉鎖的な株式会社において，会社が一方の種類の株式について新たに譲渡制限の定めを設けることを検討し，またある特定の種類株主から自己株式を取得することを検討しているという事例を素材として，会社法はどのような手続でどのような譲渡制限を設けることを認めているか，会社が特定の種類株主から自己株式を取得する場合にはどのような規制が及ぶかについて，会社法に関する理解を問う問題である。

具体的には，小問(1)は，種類株式発行会社がある種類の株式にだけ譲渡制限を設けるためにはどのような手続が必要か，会社法はどのような態様の譲渡制限まで認めているか，譲渡を承認するのはどの機関かを問うものである。

　小問(2)では，会社がある特定の種類株主から自己株式を取得するにはどのような手続が必要か，とりわけ他の株主に売主追加の議案変更請求権があるかどうかを検討することが求められている。

　株式の譲渡制限，自己株式取得は，一般には馴染みの深いテーマではあるが，これに種類株式がからんでくると複雑な利益調整が必要となる。本問の検討を通じて，これらの問題についての理解を深めてほしい。

〔解　説〕
(1)　株式の譲渡制限の態様等

> **Q1**　a種類株式についてだけ譲渡制限の定めを設けるには，どのような手続が必要となるか。

　通常の定款変更のための株主総会決議（会社466条・309条2項11号）のほか，a種類株式の種類株主総会決議（同111条2項・324条3項1号）が必要であり，反対株主には株式買取請求権が与えられる（同116条1項2号）。株主総会決議とa種類株式の種類株主総会決議において，議決権を行使できるのは，いずれもa種類株主だけであるが，決議要件は異なる。

> **Q2**　Aが株式を譲渡するのは自由であるが，Bらが株式を譲渡する場合にだけ会社の承認を要する旨を定款に定めることはできるか。

　譲渡株主の属性により承認の有無を区別することは，株主平等原則に反して認められず，このような定款の定めは無効であると解するのが多数説である。

> **Q3**　Aへの譲渡だけは会社の承認を要せず自由にできる旨を定款に定めることはできるか。

　Aへの譲渡は承認したものとみなす旨を定款に定めることは，明文で認められている（会社108条2項4号・107条2項1号ロ）。取得者の属性により承認の有無を区別する場合は，すべての株主に同一の制限がかかるため株主平等原則に反するという問題は生じず，すべての株主にとって承認を要する場合を限定することになるにすぎないからである。

> **Q4**　譲渡制限株式の譲渡について承認をするか否かの決定をする機関について，定款で別段の定めをしない場合，P社では当該決定をするのはどの機関か。

　a種類株式が譲渡制限株式となっても，P社は依然として譲渡制限のない株式（b種類株式）を発行しており，公開会社である（会社2条5号）。したがってP社は取締役会設置会社であり（同327条1項1号），定款に別段の定めがない

限り，決定機関は取締役会である（同 139 条 1 項）。

> **Q5** 譲渡について承認をするか否かの決定をする機関について，P 社が定款で株主総会とすることは賢明か。

　定款で定めれば，承認の決定機関を株主総会とすることはできる（会社 139 条 1 項但書）。しかし，もしこのような定めを設けると，全員出席総会とするか，全員の同意で招集手続を省略するか（同 300 条）しない限りは，2 週間で承認があったものとみなされ（同 145 条 1 号），譲渡制限を設けた意味がなくなってしまう。したがって，決定機関を株主総会とすることは賢明ではなかろう。

(2) 特定の種類株主からの自己株式取得

> **Q6** P 社が b 種類株式を Q 社から取得するには，どのような手続が必要か。

　P 社が b 種類株式を特定の株主 Q 社から取得するには，株式の数・取得総額などの事項（会社 156 条 1 項）とともに，Q 社から取得する旨を株主総会の特別決議により決定しなければならない（同 160 条 1 項・309 条 2 項 2 号）。

　この株主総会では，譲渡人となる当該特定の株主は議決権行使を排除されるが（同 160 条 4 項），b 種類株式は無議決権株式であり，Q 社（R 社が売主追加請求権を行使した場合は Q 社と R 社）には，いずれにせよもとから議決権がない。

> **Q7** B らおよび R 社には，売主追加の議案変更請求権はあるか。

　他の株主には，売主追加の議案変更請求権が与えられるが（会社 160 条 2 項・3 項），種類株式発行会社については，この請求権は，取得する株式の種類の種類株主にしか与えられない（同 160 条 2 項括弧書）。本件では R 社にはこの請求権があるが，B らにはこの請求権はないこととなる。

> **Q8** P 社が売主追加の議案変更請求権を排除するには，どうすればよいか。

　P 社が R 社の売主追加の議案変更請求権を排除するには，その旨を定款に定めておく必要があり，定款変更によりこの定めを設けるには，株主全員の同意が必要である（会社 164 条）。R 社の反対があればこのような定款変更はできず，P 社が R 社の売主追加の議案変更請求権を排除するのは困難であろう。

　なお，前記のように，B らには売主追加の議案変更請求権はもとから与えられない（同 160 条 2 項括弧書）。株主平等の扱いは種類ごとに貫かれていれば足りるとの考慮によるものであろうが，これで実質的に株主間の平等が確保されているか，立法論としては問題がある。

トラッキング・ストックの発行とトラッキング・ストック株主の保護

【設　例】

　本設例において，Ｐ株式会社・Ｑ株式会社は取締役会設置会社であり，監査役設置会社であるものとする。また，それぞれの会社の定款には「その発行する株式の譲渡による取得について会社の承認を要する」旨の定めはないものとする。

　電気製品メーカーであるＰ社は，多様な事業部門と子会社を有しているが，中でも液晶パネルを製造する100％子会社であるＱ社は高い収益を上げており，今後の成長も見込まれる。そこで，Ｐ社は，Ｑ社の設備拡充のために募集株式の発行による資金調達をしたいと考えている。ただ，Ｐ社の他部門の収益性はＱ社ほどには高くなく，Ｐ社自体の株価も１株500円程度と低迷している。そこで，Ｐ社は，Ｑ社の収益に連動して配当が支払われるような株式をＰ社の種類株式として発行し（これを「TS株式」とする），これによる資金をＱ社の設備拡充にあてることを検討している。

(1)　この目的を達するためには，定款等でどのような定めをしてTS株式を発行すればよいか。

(2)　TS株式発行後に，Ｐ社取締役がＱ社の配当額や利益額を低く抑えるような行動に出た場合，TS株式の株主（以下，「TS株主」という）はどのような措置をとることができるか。

(3)　TS株式が発行された後，Ｐ社はＱ社（Ｑ社株式）を売却することができるか。TS株主を保護するためにはどのような措置（または事前の定款の定め）が考えられるか。

■ *Keypoints* ━━━━━━━━━━━━━━━━━━━━━

1 トラッキング・ストックとはどのようなもので，どのようにアレンジしたらよいか。

2 トラッキング・ストック株主を保護するにはどのような工夫が考えられるか。

■ *Questions* ━━━━━━━━━━━━━━━━━━━━━

(1)　トラッキング・ストックの発行

Q1　いわゆるトラッキング・ストックとはどのような株式か。具体例を挙げてみよ。

Q2　トラッキング・ストックは，剰余金配当優先株式（＝剰余金の配当に関する優先株式）とはどこが異なるか。

Q3　本件において，TS株式の権利内容についてどのように定めればよいか。

(2) トラッキング・ストック株主の保護

Q4 P社取締役は，どのようにすればQ社の剰余金配当額や剰余金の額を低く抑えることができるか。

Q5 Q社の剰余金配当額または剰余金の額が減少した結果，親会社たるP社が損害を被ったとしてTS株主はP社取締役に対して株主代表訴訟を提起することはできるか。

Q6 株主代表訴訟以外に，TS株主はどのような救済を受けられるか。

(3) トラッキング・ストック発行後の特定事業（子会社）の売却

Q7 P社は，TS株式発行後にQ社（Q社株式）を売却することができるか。売却のためには，TS株主による種類株主総会決議が必要であるという解釈は可能か。

Q8 会社法322条1項による保護は解釈上不可能であるとした場合，TS株主を保護するためには事前にどのような定めをしておけばよいか。

⤷*1* P社がそのような「定め」を無視してQ社（Q社株式）を売却した場合，当該売買の法律効果はどうなるか。

⤷*2* TS株式の権利内容を定めた定款の規定は，P社がQ社株式を保有することを前提とするものであって，Q社株式を保有しなくなれば，この定款規定も効力を失い，TS株式は自動的に普通株式になる，という解釈により，TS株主を救済することはできるだろうか。

Q9 種類株主総会決議はTS株主の保護策として実際的ではない（手続として煩瑣であるし，可決されない可能性もある）とすると，種類株主総会決議によることなく，Q社（Q社株式）の売却からTS株主の利益を保護するための適当な方策はあるか。

⸨ Materials ⸩ ....

参考文献

□江頭『株式会社法』146～147頁

〔問題の意図〕

　本設例は，トラッキング・ストックと呼ばれる種類株式が発行された場合に，トラッキング・ストック株主の利益を害するような会社側の措置からトラッキング・ストック株主を保護するためには，いかなる仕組を利用しうるかについて検討しようとするものである。

　法学部または法科大学院の未修者コースでの会社法の授業では，限られた時間の中で会社法全般に関して膨大な情報量を学生に伝えなければならず，種類株式についての一般的な説明すらごく簡単に済ませなければならないというの

が，実際のところであろう。法科大学院のほとんどの学生にとっては，法科大学院における会社法の授業が種類株式について本格的に学ぶ初めての機会であろうし（したがって，紛争予防編の設例2-1なども，相当の難問であると思われる），ましてや，種類株式の特殊な形態であるトラッキング・ストックについては，学生が取っつきにくいという印象を抱くのも無理からぬところであると思われる。しかしながら，トラッキング・ストックを含む種類株式は，会社法が用意している様々な仕組みの中から，各仕組みのメリット・デメリットを検証しながら，会社のニーズに最も適合的な仕組みを選び出す（さらには複数の仕組みを組み合わせる）という，いわゆるビジネス・プランニングの学習には最適の素材である。トラッキング・ストックは，平成13年商法改正で発行が認められた後，現実にはほとんど利用されていないが，ビジネス・プランニング学習の観点からは，実に興味深い素材であることから，独立の設例として取り上げたものである。

Q4～Q6は，TS株式発行後に，P社がQ社株式を保有しながら，TS株主への剰余金配当額を減ずるような措置をとってきた場合に，TS株主はどのような救済を得られるかという問題を扱っている。

Q7～Q9は，TS株式発行後に，P社が事業上の理由からQ社株式を売却したいと希望した場合に，その希望をスムーズに実現し，かつ，TS株主の利益を守ることもできるような仕組みを検討しようというものである。**Q9**で扱われている取得条項付株式・全部取得条項付種類株式の活用は，専門的で難解に感じられるかもしれないが，会社法が提供している様々なメニューの中から会社のニーズに合致するものを選び出すという作業は，会社法学習の醍醐味でもある。本設例などを通じて，是非それを味わってほしい。

〔解　説〕

(1)　トラッキング・ストックの発行

> **Q1**　いわゆるトラッキング・ストックとはどのような株式か。具体例を挙げてみよ。

　　トラッキング・ストック（特定事業連動株式）とは，会社が営む特定の事業（事業部門・完全子会社等）の業績にのみ価値が連動するよう設計された株式をいう。たとえば，剰余金配当額の算定の基準として，当該トラッキング・ストック株主に対して，ある特定の子会社から支払われる剰余金配当額と同額を剰余金の配当として支払うことを定款で定めれば，トラッキング・ストックの価値と子会社の業績が連動することとなる（江頭『株式会社法』146頁）。

> **Q2** トラッキング・ストックは，剰余金配当優先株式（＝剰余金の配当に関する優先株式）とはどこが異なるか。

　優先株式は，普通株式に優先して所定の剰余金配当を受けることができるのに対して，トラッキング・ストックでは，トラッキング・ストック株主には配当が支払われないにもかかわらず他の株主には配当が支払われる可能性があり（例：子会社からの配当がゼロの場合），常に優先的に剰余金の配当の支払を受けられるわけではないという点で，剰余金配当優先株式とは異なる（江頭『株式会社法』147頁注12）。

> **Q3** 本件において，TS株式の権利内容についてどのように定めればよいか。

　たとえば，Q社からP社に支払われる剰余金の配当額と同額をトラッキング・ストック株主に対して支払う（「Q社→P社」の剰余金配当額と「P社→TS株式」の剰余金配当総額が同額になるようにする），と定めればよい。ただし，これだと，TS株主の受ける剰余金配当の額は，Q社の配当政策次第ということにもなるので（Q社の配当政策は実質的にはP社によって決められる），これに代えて，Q社の年度剰余金の2分の1に相当する額をTS株主に対する剰余金の配当として支払う，というような定め方でもよい。

(2) トラッキング・ストック株主の保護

> **Q4** P社取締役は，どのようにすればQ社の剰余金配当額や剰余金の額を低く抑えることができるか。

　Q社はP社の100％子会社であるから，P社取締役会（またはP社代表取締役）は，Q社株主総会での議決権行使（Q社取締役の選任決議，剰余金の配当決議）を通じて，実質的に，Q社の剰余金配当の額を決することができる。また，Q社が，P社の他の子会社（Q社の兄弟会社）に対して格安の価格で製品を販売する（または他の子会社から不合理に高い価格で原料を購入する）よう，Q社経営陣に対してP社が指図することにより，Q社の剰余金の額を抑えることもできる。

> **Q5** Q社の剰余金配当額または剰余金の額が減少した結果，親会社たるP社が損害を被ったとしてTS株主はP社取締役に対して株主代表訴訟を提起することはできるか。

　完全子会社が完全親会社に対する剰余金配当を抑えて内部留保しても，完全親会社の損害となるわけではない（完全子会社に内部留保された分は翌期以降に配当することができる）。また，子会社間取引において取引価格の操作により，あ

る完全子会社の利益が減少させられても，その分他の完全子会社の利益が増大するはずであるから，完全親会社にとっては差引きゼロで，損害が生ずるわけではない。P社に損害が生じていない以上，P社に対する取締役の責任を追及することはできないと思われる。

Q6 　株主代表訴訟以外に，TS株主はどのような救済を受けられるか。

Q社の剰余金配当額または剰余金の額を意図的に減少させるというP社取締役の行為は，TS株主に対する不法行為を構成し，また，任務懈怠にもなると考えられる。したがって，TS株主は，民法709条または会社法429条1項の規定により，P社取締役に対する損害賠償責任を追及することができよう。

⑶　トラッキング・ストック発行後の特定事業（子会社）の売却

Q7 　P社は，TS株式発行後にQ社（Q社株式）を売却することができるか。売却のためには，TS株主による種類株主総会決議が必要であるという解釈は可能か。

TS株式を発行したことにより，P社は，当然にQ社株式の処分権を失うわけではない。しかし，Q社の剰余金配当額とTS株主への剰余金配当額が連動させられている場合，Q社株式を売却すればTS株主が受けられる剰余金配当額も減少する（Q社株式を全株売却すれば，TS株主への剰余金配当額はゼロになる）から，Q社株式の売却によりTS株主は損害を被ることになる。問題は，種類株主総会決議が必要とされる場合を定めている会社法322条1項各号に，Q社株式売却に相当する事由が挙げられていない点をどう解するかである。Q社株式の売却は形式的にはTS株式の権利内容を変更する定款変更ではないが，Q社株式の売却は実質的にTS株式への剰余金配当額を減じることになるから，会社法322条1項1号ロを類推適用して種類株主総会決議を要するという解釈もありうるだろう（これに対して会社法322条1項は限定列挙であって類推適用もありえないとみるならば，この解釈はとれない）。

Q8 　会社法322条1項による保護は解釈上不可能であるとした場合，TS株主を保護するためには事前にどのような定めをしておけばよいか。

Q社株式の売却には，TS株主の種類株主総会決議を要すると定款で定めることは，可能である（会社323条）。この場合，TS株式は拒否権付種類株式となる。

⇨*1*　P社がそのような「定め」を無視してQ社（Q社株式）を売却した場合，当該売買の法律効果はどうなるか。

　　会社法322条1項の類推適用によるのであれ，定款の定めによるのであれ，TS株主の種類株主総会決議が必要な場合に当該決議なしにQ社株を売却する行為は，必要な株主総会決議を欠く取引として処理されることになる。

⇨*2*　TS株式の権利内容を定めた定款の規定は，P社がQ社株式を保有することを前提とするものであって，Q社株式を保有しなくなれば，この定款規定も効力を失い，TS株式は自動的に普通株式になる，という解釈により，TS株主を救済することはできるだろうか。

　　もともとTS株式の価値が普通株式の価値を上回っているケースでは，TS株式が普通株式に変更されても，TS株主は十分な保護を受けられない。

Q9　種類株主総会決議はTS株主の保護策として実際的ではない（手続として煩瑣であるし，可決されない可能性もある）とすると，種類株主総会決議によることなく，Q社（Q社株式）の売却からTS株主の利益を保護するための適当な方策はあるか。

　　TS株式を取得条項付株式または全部取得条項付種類株式にしておくことが考えられる。たとえば，定款で，「会社は，取締役会がQ社株式を売却することを決定した場合，取締役会が定める日に〇〇円で（もしくは××の算式により計算される価額の金銭で，または，P社の普通株式を対価として）TS株式を取得することができる」と定めたり（会社108条1項6号・2項6号。金銭を対価とする場合はいわゆる償還株式となり，P社の株式を対価とする場合はいわゆる強制転換条項付株式となる），または，「会社は，株主総会の特別決議により，すべてのTS株式を取得することができる」と定めること（同条1項7号・2項7号。この場合TS株式はいわゆる全部取得条項付種類株式となる）が考えられる。全部取得条項付種類株式の場合，取得対価の価額については，定款で定めた決定の方法に則して（同条2項7号イ）株主総会の特別決議で決せられるが（同171条1項1号），決議された取得対価に不満な株主は，裁判所に対し，取得価格決定の申立てをすることができる（同172条1項）。なお，取得条項付株式の場合も，全部取得条項付種類株式の場合も，株式の取得は分配可能額の範囲内でのみすることができる（同170条5項，461条1項4号・2項）。

【設　例】

　京都市内でホテル業を行うP株式会社は，大阪市内で同一グループのホテルを運営しているQ株式会社の発行済株式のすべてを保有している。P社の取締役会は，持株会社を設立してP社とQ社をその傘下の兄弟会社とし，今後名古屋と福岡に建設する予定の同一グループのホテルについても，その運営主体をP社とQ社の兄弟会社として設立することを計画した。

　この計画に従い，P社とQ社は，共同の株式移転により持株会社となるH社を設立することとなった。株式移転計画においては，P社とQ社の株主に対して，それぞれP社およびQ社の株式1株に代えてH社の株式1株を交付すること，H社は株券を発行すること等が定められ，会社法の規定に従った手続を経て，令和3年8月に株式移転の効力が生じた（以下，「本件株式移転」という）。なお，P社とQ社の事業年度は，いずれも4月から翌年3月までであり，これまでは，いずれの会社も毎年1回6月に剰余金の配当を行ってきた。

　本件株式移転により，P社はH社の株式を取得することになったので，その株式を処分する必要が生じたところ，H社は譲渡制限株式を発行していないが上場会社ではないので，H社の株式の譲渡先を容易に見出すことができなかった。そこで，P社の法務担当者はH社の法務担当者と相談のうえ，次のような2つの案を考えた。

(a)案　H社がP社からH社の株式を売買によって取得する。

(b)案　P社を分割会社，H社を承継会社，承継の対象となる権利はP社が有しているH社の株式のみとする吸収分割を行う。

　以上の案の問題点について検討せよ。

Keypoints

① 子会社による親会社株式の取得・保有はどのように規制されているか。

② 子会社からの自己株式取得については，通常の「特定の株主からの取得」と，手続がどのように異なるか。

③ 承継会社の株式を，会社分割の承継の対象とすることができるか。

Questions

(1) **株式移転と子会社による親会社株式の取得**

Q1　本件株式移転によって，P社がH社の株式を取得したのはなぜか。

Q2　P社によるH社株式の取得に問題はないか。P社はH社の株式を保有する

ことはできるか。

(2) 子会社からの自己株式取得

Q3 (a)案で，H 社が，P 社から H 社の株式を取得するための手続は，通常の「特定の株主からの取得」の手続と，どのように異なるか。

Q4 H 社は，純粋持株会社であり，設立直後であるため剰余金が十分にない。このことは，H 社による自己株式取得にどのような支障を生じさせるか。

Q5 H 社が売買によって P 社から自己株式を取得するための財源を確保するには，どのような方法があるか。

(3) 会社分割における承継の対象

Q6 (b)案によって H 社が自己株式を取得する場合は，(a)案による場合とどのように異なるか。

Q7 (b)案にはどのような問題があるか。

> **Materials** ....

参考文献

□江頭『株式会社法』274〜279 頁，928〜952 頁，965〜984 頁

□相澤哲編著『立案担当者による新・会社法の解説』(別冊商事法務 295 号，商事法務，2006 年) 181 頁 (**Q7**)

〔問題の意図〕

> 本問は，共同の株式移転により完全親会社の株式を取得することとなった完全子会社が，当該親会社株式を処分するための方法を考察するものである。設例では，具体的に 2 つの案が提示されており，それぞれの問題点を検討するという形で，授業が進められる。
>
> **Questions** の(1)では，共同の株式移転とはどのような組織再編行為か，株式移転による子会社の親会社株式の取得に問題はないか，といった，本設例の具体的問題を検討する前提となる基本的な法制度の構造を確認する (**Q1, Q2**)。
>
> (2)では，親会社が子会社から自己株式を取得する場合，一般的な特定の株主との合意による自己株式の取得とどの点が異なりどの点が共通するかを明らかにしたうえで (**Q3, Q4**)，設立間もない純粋持株会社が自己株式取得のための財源 (分配可能額) を確保するための方法を検討する (**Q5**)。
>
> (3)では，吸収分割による自己株式の承継を，株主との合意による自己株式取得と対比したうえで (**Q6**)，自己株式のみを，吸収分割における承継の対象となる「事業に関して有する権利義務」とすることの問題点を検討する (**Q7**)。
>
> (1)および(2)は，株式移転や自己株式取得についての理解を問うもので，教科

書類を読めば，比較的容易に解答に至ることができるだろう。(3)は，教科書類で直接触れられることの少ない応用問題であるが，会社分割の手続と自己株式取得手続の対比，会社分割の対象となる権利義務の範囲などを踏まえたうえで，各自が問題点を発見できるように，設問を工夫している。

〔解　説〕

(1)　株式移転と子会社による親会社株式の取得

Q1　本件株式移転によって，Ｐ社がＨ社の株式を取得したのはなぜか。

　　この共同株式移転では，Ｐ社とＱ社の株主に対し，その有するＰ社およびＱ社の株式１株に代えてＨ社の株式１株が交付される。Ｑ社の株主はＰ社のみであるため，Ｐ社が有するＱ社の株式とＨ社の株式が１対１で交換され，Ｐ社は親会社であるＨ社の株式を取得することになった。

Q2　Ｐ社によるＨ社株式の取得に問題はないか。Ｐ社はＨ社の株式を保有することはできるか。

　　子会社は原則として親会社株式を取得することはできないが（会社135条１項），組織再編行為によって親会社株式の割当てを受ける場合などには例外が認められ（同条２項），設問のように，Ｐ社が株式を有しているＱ社が株式移転を行うことにより，Ｑ社株式と引換えに親会社株式が交付される場合にも，例外的に子会社による親会社株式の取得が許容される（同項５号，会社則23条６号ニ）。

　　子会社が例外的に親会社株式を取得できる場合でも，子会社は，相当の時期にそれを処分しなければならない（会社135条３項）。相当の時期の処分の懈怠には過料の制裁がある（同976条10号）。

(2)　子会社からの自己株式取得

Q3　(a)案で，Ｈ社が，Ｐ社からＨ社の株式を取得するための手続は，通常の「特定の株主からの取得」の手続と，どのように異なるか。

　　親会社が子会社から自己株式を取得する場合については，子会社による親会社株式の処分を容易にするために，特則が設けられている。

　　子会社からの自己株式取得は相対取引であるが，会社法157条から160条の適用を受けない（会社163条後段）。したがって，他の親会社株主への通知・公告は不要であり，他の親会社株主に売主追加提案を認める必要もない。親会社が取締役会設置会社であれば，剰余金の配当等を取締役会が決定するための会

社法 459 条の要件を満たさなくても，取締役会決議により，子会社から自己株式を取得することができる（同 163 条前段）。

> **Q4**　H 社は，純粋持株会社であり，設立直後であるため剰余金が十分にない。このことは，H 社による自己株式取得にどのような支障を生じさせるか。

　　子会社からの自己株式取得でも，財源規制（会社 461 条 1 項 2 号）やその違反・期末の財産状態の予測に関する取締役の責任規定（同 462 条・465 条 1 項 2 号）の適用がある。したがって，H 社に分配可能額が不足する場合には，H 社は自己株式取得ができない。

> **Q5**　H 社が売買によって P 社から自己株式を取得するための財源を確保するには，どのような方法があるか。

　　純粋持株会社の場合，主たる収入源は子会社からの剰余金配当である。設例の場合，H 社が P 社および Q 社から初めて剰余金の配当を受けるのは，例年どおりであれば本件株式移転の翌年の 6 月になる。

　　もっとも，会社法は，剰余金配当の時期・回数にかかる制限を廃止したので，6 月以外の時期でも P 社および Q 社からの剰余金配当を受けることによって，財源となる剰余金を確保することが可能になる。ただし，当該剰余金は H 社の株主への配当の財源でもあるので，自己株式取得に振り分けることのできる額には自ずと限界がある。

　　自己株式の取得価額を無償に近い額にすることによって，財源の問題をクリアする場合は，P 社の債権者保護の観点からの配慮が必要になる（詐害行為，P 社取締役の会社法 429 条 1 項の責任等）。

(3)　会社分割における承継の対象

> **Q6**　(b)案によって H 社が自己株式を取得する場合は，(a)案による場合とどのように異なるか。

　　吸収分割による自己株式の取得は，株主との合意による取得とは別の，自己株式取得事由であり（会社 155 条 12 号），会社法 156 条以下の自己株式取得規制や財源規制等（同 461 条 1 項 2 号・462 条・465 条 1 項 2 号）の適用はない。ただし，会社分割による承継会社株式の分割会社からの承継は，吸収分割契約において明示され（同 758 条 3 号），承継会社において債権者異議手続を経る必要がある（同 799 条 1 項 2 号。設例では，分割会社の債権者には異議手続はない〔同 789 条 1 項 2 号〕）。H 社が P 社に交付する対価は，（H 社に財産が不足していれば）たとえば H 社の社債であってもよい（同 758 条 4 号ロ）。

Q7　(b)案にはどのような問題があるか。

　　会社法は，会社分割における承継の対象を従前の「営業」から「事業に関して有する権利義務」に変えた。したがって，承継の対象は，客観的意義の営業の実質（一定の営業目的のため組織化され有機的一体として機能する財産であること）を備えている必要はない。もっとも，およそ営業概念あるいは組織再編の対象として想定されている権利義務からかけ離れた権利義務でも会社分割の対象となると解してよいかは，解釈に委ねられる。

　　会社分割の場合に自己株式取得が許容されるのは，承継対象となる権利義務の中に承継会社の株式が含まれている場合を意味し，承継会社の株式のみが承継対象となることは想定されていない。承継会社株式のみの承継は，自己株式取得規制の脱法となりうる。吸収分割の場合，反対株主には株式買取請求権が認められ（会社797条），債権者には異議手続がある（同799条）が，株主との合意による自己株式取得とは趣旨も手続も異なる。また，子会社による親会社株式の取得・保有は禁止されているのだから子会社が親会社の株式を事業に関して有することは原則としてないはずであり，Ｐ社が有しているＨ社の株式は，「Ｐ社が事業に関して有する権利義務」に該当するかどうかも疑問である。

　　以上より，(b)案については，会社分割の有効性に関して問題があると解される。

演 習 問 題

演習 27　デット・エクイティ・スワップ，資本減少・株式併合決議

　Ｐ株式会社は，監査役設置会社であるが，種類株式発行会社ではない。Ｐ社は上場会社ではないが，Ｐ社の定款には，「譲渡による株式の取得について取締役会の承認を要する」旨の定めはない。Ｐ社の発行済株式総数は 10 万株であり，定款所定の発行可能株式総数は 40 万株である。

　Ｐ社は，数年来業績不振で，このまま事態が推移すれば近いうちに債務超過に陥る可能性が高くなった。そこで，Ｐ社経営陣は，大口債権者であるＱ株式会社がＰ社に対して有する債権をＰ社株式に変えてもらい，またＱ社から経営陣のテコ入れを受けることにより，Ｐ社の再建を図ることとした。令和 3 年 10 月 1 日現在，Ｐ社はＱ社に対して 3000 万円の債務を負っており，その履行期は同年 12 月 1 日である。また，Ｐ社株式の価値を複数の証券アナリストに調査させたところ，同年 9 月末日現在で 1 株 100 円程度であるとの結果を得た。

　Ｐ社取締役会は，令和 3 年 10 月 1 日，Ｑ社がＰ社に対して有する 3000 万円の債権の期限の利益を放棄すること，同債権の現物出資によりＱ社に対して 30 万株の募集株式を発行することを決議し，会社法 201 条 1 項・3 項・4 項の規定に従って募集事項の公告を行うとともに，206 条の 2 第 1 項・第 2 項の公告も行った（以下，「本件募集株式の発行」という）。

(1)　Ｐ社の株主であるＡは，倒産間近であるＰ社に対する額面額 3000 万円の債権には，当該額面に相当するだけの価値はないはずだと考えている。Ａが，本件募集株式の発行の差止めその他の救済を求めることができるかどうかを検討せよ。

(2)　本件募集株式の発行が行われてから 10 か月経過した頃（(1)の差止請求はなされなかったものとする），Ｐ社の経営権を掌握したＱ社は，Ｐ社の自己資本調達を容易にするため，Ｐ社の資本金を減らし，あわせて株式併合を行うこととした。このために招集されたＰ社臨時株主総会では，5 億円の資本金を 100 分の 1 の 500 万円にまで引き下げるという第 1 号議案と，1000 株を 1 株に併合し，発行可能株式総数を 400 株に引き下げるという第 2 号議案が提案され（第 2 号議案の提案に際しては，株主管理コストを引き下げるためという理由が説明された），いずれの議案も，株主Ｂ・Ｃらの反対にもかかわらず，議決権の 75 ％を保有するＱ社の賛成により，可決された（以下，それぞれを「第 1 号決議」，「第 2 号決議」という）。第 1 号決議・第 2 号決議のそれぞれにつき，Ｂが決議の取消しを求めた場合，取消しが認められるかどうかを検討せよ（資本減少や株式併合の効力はまだ生じていないものとする）。

（解説は 254 頁）

演習 28　　失権株の処理，払込金額の不均衡等

　電化製品の製造を事業目的とする P 株式会社は，監査役設置会社であり，種類株式発行会社ではなく，P 社の定款には「譲渡による株式の取得について会社の承認を要する」旨の定めはない。

　P 社は，新しい半導体部品の開発に成功し，業績を伸ばしつつあった。そこで，P 社は，新製品の大量生産を軌道に乗せるため，既存工場における機械の増設と新しい工場の建設を段階的に行うこと，およびそのための資金を新株発行により調達することを計画した。

　第一段階として，既存工場における機械の増設のための資金を調達するため，P 社の取締役会は，1 株の払込金額を 1 万円として 1 万株を株主割当ての方法で発行することを決議した（以下，「本件株主割当て」という）。本件株主割当てについて，株式の割当てを受ける権利を与えられた株主が申込期日までに申し込まなかった部分が 2000 株分あったので，P 社では，当該申込期日の翌日に急遽取締役会が開催され，代表取締役である A に 1 株の払込金額を 1 万円として 2000 株を発行すること，払込期日は本件株主割当ての払込期日と同日とすることが決議された（A は，この決議に参加しなかった）。この決議の日の 3 日後が本件株主割当ての払込期日であり，A はその日に払込金額の全額を支払って 2000 株の新株の発行を受けた（以下，「新株発行①」という）。

　第二段階として，P 社では，新しい工場の建設のため，P 社に資本参加する企業を求めていたところ，Q 株式会社と R 株式会社が出資に応じる旨の回答を寄せてきた。そこで，P 社の取締役会は，Q 社に対し 1 株の払込金額を 1 万 5000 円として 2 万株を発行し，R 社に対し 1 株の払込金額を 2 万円として 8 万株を発行することとした（以下，「新株発行②」という）。なお，新株発行②を行う直前において，P 社の発行可能株式総数は 4 万株（これについては P 社設立以来変更はない），発行済株式総数は 2 万株であり，P 社株式 1 株の公正な価額は 2 万円であったものとする。

(1)　A に対して行われた新株発行①にはどのような問題があるか。P 社の株主 X が，A に対して行われた新株発行①の無効の訴えを提起したとすれば，X の請求は認められるか。

(2)　新株発行②にはどのような問題があるか。P 社が新株発行②を行うためにはどのような手続を経る必要があるか。

（解説は 255 頁）

演習 29　　株式・社債による資金調達

　公開会社であり監査役設置会社であるＰ株式会社は，現在，次のような態様の資金調達を行うことを計画している。

> (a)　不特定多数の者から同じ条件で資金を調達する。
> (b)　調達した資金は，一定期間経過後に返還する。
> (c)　資金提供者には，原則として，毎年，提供された資金の額の一定割合（たとえば2％）または一定の金額が支払われるようにする。
> (d)　Ｐ社の業績が良好であるときには，(c)の金額に加えて，さらなる金額が支払われるようにする。
> (e)　資金提供者は，Ｐ社の株主総会において議決権を有しない。

(1)　このような資金調達を「新株の発行」として行う場合，発行する種類株式をどのように設計すればよいか。

(2)　このような資金調達を「社債の発行」として行う場合，募集社債の内容をどのように設計すればよいか。

（解説は 255 頁）

演習 30　　種類株式と株式分割

　Ｐ社は不動産業を営む監査役会設置会社であり，現在のところは種類株式発行会社ではない。Ｐ社の発行可能株式総数は 100 万株であり，発行済株式総数は約 50 万株である。Ｐ社株式は証券取引所に上場されており，その株価は5000 円程度を推移している。

　Ｐ社は，会社支配権の変動を懸念することなく自己資本による資金調達を行うため，次のような態様の優先株式を，主として機関投資家に割り当てて計10 万株発行することを検討している。

> (a)　優先株式は，社債に似た態様のものとする。すなわち，優先配当金は非参加的・累積的とし，残余財産分配に関しても払込金額（5000 円程度を予定）と累積配当金の合計額について優先権を与えるが，非参加的とする。
> (b)　優先株式は，総会決議事項のすべてについて議決権を有しないものとする。

　なお，Ｐ社では，これまで，およそ3年に一度くらいの頻度で，10 株を 11株にするという株式分割を実施して，株主に配当される剰余金を実質的に増大

させるということを行っており，P社としては，優先株式発行後もこのような株式分割の慣行を続けたいと考えている。

(1) 優先株式の発行に際して，株式分割に関して定款で特に定めを置いていなかったとすると，優先株式発行後に，P社が従来行ってきたような株式分割（少なくとも普通株式に関して，その株数を1.1倍に増やすような株式分割を指す）を実行しようとする場合，どのような手続が必要となるか。

(2) 株式分割のたびに(1)のような手続をすることを避けるためには，優先株式の発行の際に，どのような「工夫」をしておけばよいか（理論上考えられる手段が複数ある場合には，実務的な観点からみた実現可能性も含めて，それらの優劣を比較検討すること）。

（解説は256頁）

演習 31　　種類株式と募集株式の発行

　P株式会社の定款には，全部の株式の内容としても，一部の株式の内容としても，「その株式の譲渡による取得につき会社の承認を要する」旨の定めはない。
　P社は，定款において，P社が発行することができる株式の総数を8万株とし，このうちa株式の発行可能種類株式総数を4万株，b株式の発行可能種類株式総数を4万株とすることを定めている。a株式とb株式の内容について，P社の定款は，次のように定めている。

> ○剰余金の配当について
> 　a株式がb株式に先んじて1株につき1円の配当を受けた後，b株式が1株につき1円の配当を受け，その後はa株式とb株式は平等に剰余金の配当を受ける。
> ○議決権の行使について
> 　a株式は株主総会におけるあらゆる決議事項について議決権を有しないが，b株式は議決権を制限されない。
> ○株式分割について
> 　株式分割を行う場合には，a株式とb株式を同一の割合で分割する。

　以下に掲げる①・②の場合について，a株式の株主であるAが，①・②所定の募集株式の発行の差止めをすることができるかどうかを検討せよ（①・②の各場合はそれぞれ独立のものとして考えること）。
　ただし，①・②の発行が行われる時点で，P社は自己株式を保有しておらず，

a株式とb株式の発行済種類株式総数はそれぞれ1万株と2万株であり，a株式とb株式の株式価値はいずれも500円であるとする。また，①・②で記載されている以外の募集事項や株式の引受けの申込みの期日は適法に定められているものとし，①については会社法202条4項の手続も適法になされているものとする。

① 取締役会決議に基づき，a株式の株主には払込金額300円でa株式の割当てを受ける権利を与え，b株式の株主には払込金額200円でb株式の割当てを受ける権利を与え，a株式は1万株，b株式は2万株を発行する場合。

② 株主総会の特別決議に基づき，P社の取引先計5社に対して，払込金額100円でa株式のみを計1万株発行する場合（決議に際しては代表取締役による理由説明があったものとする）。

（解説は258頁）

演習 32　　株式と社債の違い，種類株式と株式無償割当て

P株式会社は，上場会社であり指名委員会等設置会社である。P社の取締役会は，会社法416条4項の規定に従い，同項が業務執行の決定を執行役に委任することを許容するすべての業務執行の決定を，執行役に委任している。

P社の株式の市場価格は，この6か月間，500円前後で推移している。P社は，近年，株主には1株につき1～2円程度の剰余金配当しかできていないところ，このたび，資金調達の必要性から，次の①～④の要件を満たす種類の株式（以下「A種類株式」といい，これに対し既存の株式を「普通株式」という）を発行することとした。なお，A種類株式を発行する前のP社の発行済株式総数は1000万株である。

① P社は，普通株式を有する株主（以下「普通株主」という）に剰余金の配当を行う場合は，その配当に先立ち，A種類株式を有する株主（以下「A種類株主」という）に対し，その有するA種類株式1株あたり10円の剰余金の配当を行う。

② P社は，A種類株主に対し，1株あたり10円を超えて剰余金の配当を行わない。①の場合のA種類株主への配当の額が1株あたり10円に不足するとき，その不足額を累積し，翌期以降の剰余金配当に際して，A種類株主に対し累積した不足額の剰余金配当を行う。

③ A種類株主は，株主総会において議決権を行使することができない。

④ A種類株式の発行から10年経過後のP社が別に定める日に，P社は，

A 種類株式発行時の払込金額の 100 ％に当たる額の金銭と引き換えに，A 種類株式全部を取得する。

(1) P 社は，A 種類株式の発行を可能にする定款変更を行った後，A 種類株式 40 万株を，1 株あたりの払込金額 500 円で取引先に対して発行することとした。このような A 種類株式の発行をする場合，P 社においてどのような機関の決定が必要になるか。

(2) A 種類株式と P 社が発行する社債（償還期限は発行から 10 年）とを比べた場合，(ア)経営の監督是正に関与する権利，および(イ)株式・社債の発行に際し会社に払い込んだ金額の 10 年後の返還，について，どのような違いがあるか。

(3) A 種類株式の発行後，P 社が，すべての株主にその有する P 社の株式 1 株につき普通株式 1 株を無償で割り当てることは可能か。可能である場合，それを行うために P 社においてどのような機関の決定が必要になるか。なお，P 社の定款において，普通株主と A 種類株主の利益を調整するための工夫となるべき事項は何ら定められていないものとする。

（解説は 258 頁）

演習 33　　種類株式と新株予約権無償割当て

P 株式会社は公開会社であり，監査役会設置会社である。P 社の発行済株式総数 4 万株のうち 3 万株は，P 社の創業者で現在の代表取締役である A とその一族が保有していた。P 社はもともと種類株式発行会社ではなかったが，A は，種類株式の制度を利用して，経営に関心のある A の一族だけで議決権のすべてを掌握しておきたいと考えるようになった。そこで，P 社において定款変更の手続がとられ（以下「本件定款変更」という），A 一族の有する P 社株式は普通株式（「a 種類株式」とする），A 一族以外の株主の有する P 社株式は，あらゆる株主総会決議事項につき議決権のない非参加的累積的剰余金配当優先株式（「b 種類株式」とする）とされた。

その後 P 社において，a 種類株式 1 株について 1 個の割合で新株予約権を割り当てる新株予約権無償割当て（以下「本件割当て」という）を行うこと，当該新株予約権 1 個あたりの目的となる株式を a 種類株式 1 株とすること，権利行使価額を 100 円とすること，行使期間を効力発生日から 1 か月とすることなどが決定された。

以上の事実関係を前提として，次の(1)～(3)に答えよ。

(1) 本件定款変更にはどのような手続が必要か。

(2)　本件割当ての決定にはどのような手続が必要か。あらかじめ定款において何の工夫もなされていない場合と，何らかの工夫がなされている場合とに分けて検討せよ。なお，前記(1)の手続は適法に行われたものとする。

(3)　本件定款変更がなされた直後は，Ａがａ種類株式の40％を保有し，他のＡ一族12名が約5％ずつａ種類株式を保有していたが，Ａ一族に属し日頃からＡの経営に反感を持っていたＸが，ａ種類株式を買い集め，ａ種類株式の20％近くを保有するに至った。かりに，本件割当てが，Ｘによる買集めをＡが知った直後に計画されたものであり，かつ，「Ｘおよびその関係者だけは行使することができない」旨の行使条件が，当該新株予約権の内容として定められたものとすると，Ｘは，本件割当ての差止めを請求することができるか。なお，前記(2)の手続は適法に行われたものとする。

（解説は259頁）

演習 34 　　種類株主間の利益調整(1)

　Ｒ株式会社は，公開会社でない会社（非公開会社）であるが，取締役会設置会社であり，監査役設置会社であるものとする。

　ベンチャー企業Ｒ社では，創業者であるＡが議決権のある株式3000株（以下，「ａ株式」とする）を保有し，ベンチャー・キャピタルＰ株式会社が完全無議決権株式3000株（以下，「ｂ株式」とする）を保有している。Ｒ社の取締役は5名であり，これまでは5名ともＡおよびＡの親族が取締役として選任されてきた。ところがＲ社の業績が思わしくないことから，Ｐ社は，「Ｒ社の取締役5名中，2名をＡが選任し，3名をＰ社が選任することとする」案をＡに申し出た。Ｐ社からの出資を継続してもらいたいＡは，これに応じることにした。

　そこでＲ社は，その発行する株式を取締役の選解任に関する種類株式（会社108条1項9号）に変更し，ａ株式を取締役5名中2名を選任できる種類株式とし，ｂ株式を取締役3名を選任できる種類株式とした（(1)～(3)は別個独立の問題として考えること）。

(1)　このような種類株式の内容の変更には，どのような手続が必要か。

(2)　Ａは，将来，もしＲ社の業績が改善すれば，取締役の選解任に関する種類株式についての定款の定めを廃止し，もとどおり取締役全員をＡおよびＡの親族で占めたいと考えている。このような定款の定めの廃止には，どのような手続が必要となるか。

(3)　取締役の選解任に関する種類株式の定めに基づき，ａ株式の種類株主総会

において，取締役 A・B 2 名が選任された。R 社の定款では「取締役は，選任決議のときに 70 歳未満の者とする」いう定年制の定めがあったにもかかわらず，取締役に選任された B は 70 歳であった。P 社は，取締役 B の選任決議の効力を争うことができるか。

（解説は 260 頁）

演 習 35　　種類株主間の利益調整(2)

　ベンチャー企業 R 株式会社（公開会社でない会社であるが，取締役会設置会社であって監査役設置会社である）では，創業者グループの A・B・C が，1000 万円ずつ出資をし，1000 株ずつ株式を保有している。ベンチャー・キャピタル P 株式会社が R 社に 2000 万円を出資し，R 社株式 2000 株を取得することとなったが，P 社は出資の条件として，R 社取締役 5 名中，2 名は P 社の指名する者を取締役とすべきことを求めた。

　そこで R 社では，取締役の選任に関する種類株式（会社 108 条 1 項 9 号）を利用し，A・B・C の有する株式を a 株式，P 社に発行する株式を b 株式とし，a 株式は取締役 3 名，b 株式は同 2 名を選任できる旨を定款に定めることとした。

　以下の設問は，それぞれ独立したものとして考えること。

(1)　P 社は，A らが好ましくない者を a 株式の種類株主総会において選任することを阻止するため，a 株式の種類株主総会における取締役選任について，P 社が拒否権を行使できるようにしたい。これは可能か。P 社は，a 株式の種類株主総会に出席し，質問をする権利を有するか。

(2)　定款の定めに従い，a 株式の種類株主総会において，取締役 A・B・D 3 名が選任されたが，この種類株主総会において，C には招集通知が発せられていないことが発覚した。また，R 社の定款では「取締役は，選任決議のときに 70 歳未満の者とする」いう定年制の定めがあったにもかかわらず，取締役に選任された B は 70 歳であった。P 社は，取締役選任決議の取消しを求めることができるか。

(3)　R 社株主総会において，b 株式の種類株主総会において選任された 2 名の取締役の報酬額が，a 株式の種類株主総会において選任された 3 名の取締役よりも著しく低く決定された。どのような問題が生じるか。P 社としてはどのような対処がありうるか。

(4)　定款の定めを変更し，R 社取締役 5 名中，a 株式・b 株式でそれぞれ取締役 2 名ずつを選任し，あと 1 名は全体の株主総会で選任することはできるか。

（解説は 260 頁）

演習 36　　種類株主間の利益調整⑶

　P株式会社は上場会社ではないが，その発行する株式には定款による譲渡制限は付されていない。P社の発行可能株式総数は8万株（普通株式6万株，優先株式2万株），発行済株式総数は2万5000株（普通株式2万株，優先株式5000株）である。P社は自己株式を保有しておらず，単元株制度を採用していない。また，P社には会社法179条1項の特別支配株主は存在しない。

　定款では，優先株式の内容について，大要，剰余金の配当に関して優先権を有すること，優先配当金額は1株50円とし，配当優先権は累積的かつ非参加的とすること，議決権を有しないこと，取締役会の決定により，金銭を対価として発行時の払込金額（累積配当金がある場合はこれを加えた額）の120％の金額で会社が取得できることが定められている。なお，会社法322条2項の定めは設けられていない。

　P社がQ株式会社と合併について交渉を始めたところ，Q社は，合併に応じる条件として「合併前にP社の発行済株式がすべて普通株式になっていること」を求めてきた（以下「要望①」という）。また，要望①の実現にあたっては「P社から流出する財産がなるべく少なくなる方法が望ましい」とも申し入れてきた（以下「要望②」という）。そこで，P社では，Q社の「要望②」の観点も考慮しつつ，「要望①」を実現する方法を検討することとなった。ただし，P社としては，P社株式について1株に満たない端数が多数生ずるとその処理に手間と費用がかかることから，そのような方法はできる限り避けたいと考えている（以下「要望③」という）。

　なお，P社での検討開始時にP社株式の価値について証券会社に簡単な調査を依頼したところ，普通株式は4000円程度，優先株式は2000円程度だろうとの回答を得た。

　要望①を実現する方法（ただし，要望③にも沿うもの）を次の区分にしたがって挙げたうえで，各方法につき，P社において必要となる手続，要望②を満たす見込みについて検討しなさい（方法によっては一定の条件を満たす必要がある場合にはその条件にも言及すること）。なお，優先株主全員の同意を要する方法は検討対象とはしないこと。また，Q社との合併に関する手続には一切触れなくてよい。
⑴　株主総会決議を要しない方法
⑵　株主総会決議を要する方法

（解説は261頁）

演習 37　　取締役選任に関する種類株式とトラッキング・ストック

　R株式会社は，インスタント・ラーメンの製造・販売を業とする合弁会社（公開会社でない会社かつ取締役会設置会社であり，監査役設置会社である）であり，P株式会社とQ株式会社とが出資して設立された。R社は，完全子会社として，春雨を主材料とするカップ麺の製造・販売を業とするS社を有している。R社の発行済株式総数1万株のうち，P社の有する6000株（a株式）は普通株式であったが，Q社の有する4000株（b株式）は，完全無議決権株式であり，かつ，剰余金配当については，S社からR社に支払われる配当金と同額が支払われることとされていた。

　R社は，その発行する株式を取締役の選任に関する種類株式（会社108条1項9号）に変更し，a株式を取締役5名中3名を選任できる種類株式とし，b株式を取締役2名を選任できる種類株式とした。そしてa株式の種類株主総会において，取締役A・B・Cが選任され，b株式の種類株主総会において，取締役D・Eが選任された。

　以下の設問は，それぞれ独立したものとして考えること。

(1)　S社の事業規模を拡大するため，R社がS社に低利で多額の貸付けを行う案がR社の取締役会で審議され，取締役の意見は分かれた。S社への貸付けは，b種類株主（Q社）にとって有利であることは疑いなかったが，取締役D・Eは，この案はR社の財務状況を悪化させる可能性があると判断して反対し，結局この案は否決された。このことを知ったQ社は，直ちに取締役D・Eを解任した。D・EはR社に対し，解任によって生じた損害の賠償を請求することができるか。

(2)　D・Eは，R社取締役会において，R社がS社に低利で多額の貸付けを行う案を提出するなど，R社を犠牲にしてS社の利益を増大させるための発言を繰り返した。これらの案は，A・B・Cの反対によりことごとく退けられてきたが，D・Eの行動が目に余るため，a種類株主（P社）としては，D・Eを解任したいと考えている。解任は可能か。

（解説は262頁）

演習 38　　監査等委員会設置会社，種類株式・単元株の利用

　[1]　監査等委員会設置会社であるR株式会社は乳酸菌飲料の製造を業とする合弁会社であり，P株式会社が6億円，Q株式会社が4億円を出資して設立された。R社が監査等委員会設置会社であるのは，将来，その発行する株式を

上場することも視野に入れ，ガバナンスの充実をアピールするためである。R社の設立に際して，P社にはa種類株式5000株が，Q社にはb種類株式5000株がそれぞれ発行され，これらがR社の設立時発行株式の全てである。R社の定款において，a種類株式1株とb種類株式1株は6対4の割合で剰余金の配当を受ける旨が定められている。a種類株式とb種類株式はいずれも譲渡制限株式である。

［2］　R社の運営に関して，P社とQ社は，(i)監査等委員である取締役の候補者をそれぞれ2名ずつ指名し，それ以外の取締役の候補者をそれぞれ1名ずつ指名すること，(ii)取締役選任決議においては，相手方の指名した候補者に対して賛成票を投じること，を合意している（以下「本件合意」という）。

［1］［2］を前提にして，問1，問2に答えよ。

問1　P社とQ社がそれぞれ指名した2名ずつの候補者が監査等委員である取締役に選任されたが，選任された4名のうち1名は社外取締役ではなかった。P社とQ社は，取締役のうち社外取締役でない者はすべて代表取締役に就任させたいと希望しているが，この希望が実現されることに問題はないか。

問2　本件合意のうち(i)と(ii)の内容を種類株式を用いて実現するために，議決権制限株式を利用する方法，およびそれ以外の種類株式を利用する方法のそれぞれについて，検討せよ。

［3］　R社の運営が軌道に乗り出したころ，Q社は，合弁会社から離脱し，その有するb種類株式のすべてをS株式会社ら10社に500株ずつ譲渡したい旨を申し出てきた。P社は，Q社の希望通りのb種類株式の譲渡を認めるとともに，b種類株式を新たに1万株発行することにより多数の投資者から資金を調達するため，b種類株式を譲渡制限株式ではない株式とし，a種類株式とb種類株式は平等に剰余金配当を受けることとする旨の定款変更を行うというプランをQ社に提示したところ，Q社はb種類株式の譲渡が認められるのであれば，P社の考えに全面的に協力する旨を約束した。なお，問2で検討した方法は採用されず，Q社の合弁会社からの離脱によって，本件合意は解消されるものとする。

［1］から［3］を前提にして，問3に答えよ。

問3　P社は，［3］の定款変更がされ，b種類株式が新たに1万株発行された後であっても，R社の創業者として，R社の議決権の3分の2以上を有す

ることとなるようにしたいと考えている。会社法に基づく制度を利用してP社の考えを実現できるかどうか，検討せよ。なお，P社の有するa種類株式の数は変わらず，P社はb種類株式を取得しないものとする。

（解説は262頁）

演 習 39　　ストック・オプション

　P社は，東京証券取引所に上場する株式会社であり，監査役設置会社である。P社の取締役は18名，監査役は5名である。P社は，業績向上に対する取締役の意欲を高めることを目的として，取締役18名全員に対し，職務執行の対価として，1名あたり公正な評価額1000万円の新株予約権（ストック・オプション）を発行することを計画している。

(1)　P社法務部の担当者が弁護士であるあなたのところに，「このようなストック・オプションの発行を取締役会決議だけで決定することができるか」について，相談に来た。回答すべき内容を検討せよ。

(2)　P社法務部の担当者が弁護士であるあなたのところに，「取締役に付与する新株予約権は，その付与の目的に照らし，当該取締役が取締役を退任した後は行使されることがないようにしたい。どうすればよいか」について，相談に来た。回答すべき内容を検討せよ。

(3)　P社は，将来は，監査役5名に対してもストック・オプションを付与することができないかを検討している。P社法務部の担当者が弁護士であるあなたのところに，「監査役に対してストック・オプションを発行することはできるか。できるとすると，どのような手続をとればよいか」について，相談に来た。回答すべき内容を検討せよ。

(4)　P社は，子会社としてQ株式会社を有しており，将来は，Q社取締役に対してもストック・オプションを付与することができないかを検討している。P社法務部の担当者が弁護士であるあなたのところに，「P社がQ社取締役に対してストック・オプションを発行することはできるか。できるとすると，どのような手続をとればよいか」について，相談に来た。回答すべき内容を検討せよ。

（解説は263頁）

演 習 40　　新株予約権の有利発行

　P株式会社は公開会社であって監査役設置会社であり，種類株式発行会社で

はないものとする。

　特殊鋼メーカーのP社は，その株式を東京証券取引所に上場している。令和3年9月1日，P社取締役会は，新株予約権の発行に関する次のような内容の決議をした。

(a)　新株予約権1000個を，第三者割当ての方法で発行する。

(b)　この新株予約権の目的となる株式の数は，1万株とする。

(c)　この新株予約権の払込金額は，1個あたり2万4200円（総額2420万円）とする。

(d)　払込期日は，令和3年10月20日とする。

(e)　行使価額は1個あたり9万7200円（総額9720万円）とし，行使期間は，令和3年10月21日から令和7年10月18日までとする。

　前記(e)については，令和3年8月2日から8月31日までの東京証券取引所におけるP社株式の終値の平均値が9720円であったことから，これを基準となる株価とし，新株予約権の1株あたりの行使価額としたものである。前記(c)については，金利には残存年数が行使期間までと同程度の長期利付国債複利利回りを，ボラティリティーには市場の状況等を総合的に勘案して35％を採用したうえ，ブラック＝ショールズ・モデルの算定結果に基づき，新株予約権1個の払込金額を2万4200円と算定したものである。

　本件の新株予約権発行は有利発行ではなく，株主総会決議は必要ないと考えてよいか。有利発行かどうかは，「行使期間中の予想株価の平均値が，1株あたりの新株予約権の払込金額と行使価額の合計額を上回るかどうか」いう基準で判断すべきとの見解について，どう考えるか。

（解説は264頁）

■演習41　株式併合と発行可能株式総数等

　P株式会社は公開会社であり，監査役会設置会社である。P社は，定款で，発行可能株式総数を800万株と定めており，現在，普通株式（「a種類株式」とする）を100万株，あらゆる株主総会決議事項につき議決権のない非参加的累積的剰余金配当優先株式（「b種類株式」とする）を100万株発行している。単元株制度は採用していない。

　P社において，株主総会の招集通知に要するコストの削減を目的として，a種類株式についてのみ，10株を1株とする株式併合（以下，「本件株式併合」と

いう）を行うこととなった。なお P 社の定款には，a 種類株式・b 種類株式の
いずれについても，その内容として種類株主総会決議を要しない旨の定めはな
いものとする。

　以上の事実関係を前提として，次の問いに答えよ。なお，各問いはそれぞれ
別個の問題として考えること。

(1)　本件株式併合を行うための手続が適法に行われたものとすると，本件株式
　　併合の効力発生により，P 社の発行可能株式総数はどうなるか。

(2)　本件株式併合を行うために，種類株主総会の決議は必要か。

(3)　a 種類株式 25 株を保有する株主 X は，本件株式併合に不満を持ち，株主
　　総会（または種類株主総会）において反対をしたが，賛成多数により決議が成
　　立した。しかし，P 社が併合の割合など所定の事項を公告した日は，効力発
　　生日の 2 週間前であったとする（本件株式併合を行うために必要な決議，および
　　事前開示書類の備置は適法に行われたものとする）。効力発生日前に X が求める
　　ことのできる救済には，どのようなものがありうるか。

（解説は 264 頁）

演習 42　　株式単位の引上げ

　公開会社たる P 株式会社は株券発行会社ではないが，種類株式発行会社で
あり，定款では，譲渡による株式の取得について P 社の承認を要しない A 株
式と，譲渡による株式の取得について P 社の承認を要する B 株式を発行する
ことを定めている（以下「本件規程」という。なお，譲渡制限の有無を除き，A 株式
と B 株式の株式の内容に違いはない）。P 社の発行可能株式総数は 5000 万株であ
るが，A 株式の発行可能株式総数は 4000 万株（うち 2000 万株が発行済み），B
株式の発行可能株式総数は 1000 万株（うち 500 万株が発行済み）である。P 社は
自己株式を保有していない。

　A 株式は東京証券取引所に上場されており，その株価は 100 円程度を推移
している。B 株式は上場されておらず，P 社の創業者である甲の一族 10 名が
それぞれ 30 万株～100 万株を保有している。

　P 社は単元株制度を採用しており，A 株式・B 株式とも単元株式数は 100 で
ある。

　P 社では，株主総会の招集通知の送付コストを引き下げるため，A 株式につ
いては，招集通知の送付対象をその保有する株式価値が 10 万円程度以上であ
る株主に限りたいと考えており，そのための方策（ただし，その実施に種類株主
総会決議を要しないものに限るものとする。以下「本件プラン」という）を検討して

いる。

(1)　本件プランを実現するために会社法上可能とされる方法を複数挙げ，それ
　　ぞれにつき，当該方法を実施するためにどのような手続が必要となるかを検
　　討せよ。

(2)　P社の希望が，かりに「A株式については，招集通知の送付対象をその保
　　有する株式価値が20万円程度以上である株主に限りたい」というものであ
　　ったとする。この場合に，(1)の検討結果と違いが生ずるかどうかを検討せよ。

(3)　P社の定款には，本件規程に加えて，「B株式は，A株式に先んじて1株
　　につき1円の剰余金の配当を受け，次いでA株式が1円の剰余金の配当を
　　受け，なお剰余金があれば，その配当にはA株式とB株式が平等に参加す
　　る」旨の規程も置かれていたとする。この場合に，(1)の検討結果と違いが生
　　ずるかどうかを検討せよ。

（解説は265頁）

演習 43　　自己株式取得の効力等

　P株式会社は，上場会社であって監査役会設置会社であり，種類株式発行会
社ではない。P社は，定款で，発行可能株式総数を50万株と定めており，現
在の発行済株式総数は20万株である。P社は，余剰資金を株主に返還するた
め，自己株式を取得することを計画している。

　以上の事実関係を前提として，次の問いについて検討せよ。各問いはそれぞ
れ独立のものとして考えること。

(1)　P社は，株主総会決議を経ることなく取締役会決議によって，市場におい
　　て行う取引により，機動的にP社株式を10万株取得したいと考えている。
　　このような自己株式取得は可能か（取得財源は十分に存在するものとする）。

(2)　P社は，適法に取得した自己株式10万株を，取締役会決議により消却す
　　る決定をした。この株式消却により，P社の取締役会限りで発行を決定でき
　　る株式数は，何株となるか。

(3)　P社は，大株主Aから，相対取引により，P社株式1万株を市場価格（A
　　からの自己株式取得を決定する株主総会の日の前日のP社株式の終値）で取得した
　　が，その後，当該取得についての株主総会決議において，Aが議決権を行
　　使していたことが判明した。P社による自己株式取得ののちP社株式の市
　　場価格が上昇し，Aは，P社に対してP社株式の返還を請求した。Aの請
　　求は認められるか。

（解説は266頁）

演習 44　　自己株式取得，株式消却

　P 株式会社は，上場会社であって監査役会設置会社であり，種類株式発行会社ではない。P 社は，定款で，発行可能株式総数を 50 万株と定めており，現在の発行済株式総数は 20 万株である。

　次の各問いは，それぞれ別個の問題として考えること。

(1)　Q 株式会社は長年 P 社の零細な株主にすぎなかったが，1 か月前から P 社株式を市場で買い集め，現在では 3 万株を保有するに至っている。この買集めにより，過去 1 年間 3000 円前後で推移してきた P 社の株価は，現在 1 万円程度まで急騰している。P 社は，Q 社による支配権取得を阻止するため，市場において行う取引によって 1 万株の自己株式を取得することとした（以下，「本件取得」という）。本件取得のために P 社がとるべき手続は履行され，また取得の財源は十分に存在したものとする。

　　この自己株式取得によって Q 社による支配権取得が困難になるのはなぜか。Q 社は，本件取得の前または後に，どのような措置をとりうるか。

(2)　P 社は，余剰資金を株主に返還するため，市場において行う取引によって 10 万株の自己株式を取得し（以下，「本件取得」という），取得した自己株式を取締役会決議により消却する決定をした。本件取得のために P 社がとるべき手続は履行され，また取得の財源は十分に存在したものとする。

　　この株式消却により，P 社の取締役会限りで発行を決定できる株式数は，何株となるか。いわゆる 4 倍規制（公開会社においては，発行可能株式総数が発行済株式総数の 4 倍を超えてはならないという規制。会社法 37 条 3 項・113 条 3 項・180 条 3 項参照）との関係にも触れながら答えよ。

(3)　P 社は，大株主 A から，相対取引により P 社株式 1 万株を取得し（以下，「本件取得」という），A に金銭 3000 万円を交付した。本件取得は，売主追加の議案変更請求の機会を他の株主に付与して行う必要があったところ，同請求ができる旨の通知が大部分の株主に対してなされていなかったことが本件取得後に判明した。A は，この通知漏れについて善意であったものとし，また，この通知漏れの点を除き，本件取得のために P 社がとるべき手続は履行され，取得の財源は十分に存在したものとする。

　　P 社は，A に対して，交付した 3000 万円の返還を求めることができるか。A は，P 社に対して，P 社株式 1 万株の返還を求めることができるか。

（解説は 267 頁）

演習 45　　株主提案権

　P株式会社は，取締役会設置会社で監査役設置会社であり，種類株式発行会社ではないものとする。P社は，株主数1000名以上の会社であり，その株式を東京証券取引所に上場しているものとする。

　5年以上前からP社の議決権総数の1％以上を保有し続けている株主Xは，P社の業績が低迷する中，取締役報酬が過大であると考え，令和3年6月26日に開催されるP社の定時株主総会（以下，「本件総会」という）において，取締役報酬を減額する決議を成立させるため，株主提案権を行使したいと考えている。次の小問について検討せよ。なお，各小問はそれぞれ別個の問題として考えること。

(1)　Xは，令和3年3月26日，株主提案権を行使し，「取締役の報酬額改定の件」を本件総会の目的とするとともに，「取締役報酬を月額2000万円以内に減額する」旨の議案の要領を招集通知に記載することを請求した。本件総会の議場においてこの議案は審議に付されたが，その際，別の株主Aより，「取締役報酬を月額1500万円以内に減額する」旨の議案が提出された。Aの提案の表決にあたり，P社に送付された議決権行使書面を議長はどのように扱うべきか。

(2)　Xは，令和3年3月26日，株主提案権を行使し，「取締役の報酬額改定の件」を本件総会の目的とするとともに，「取締役報酬を月額2000万円以内に減額する」旨の議案の要領を招集通知に記載することを請求した。しかし，議決権行使の基準日（3月31日）後である4月1日にXがその有するP社株式すべてを他に譲渡したことが判明したので，P社はこの議題および議案を無視し，これらを本件総会の招集通知に記載しなかった。会社法上，何らかの問題が生じるか。

（解説は267頁）

演習 46　　株主提案権と株主総会の権限

　鉄道運送業を目的とするP株式会社は，公開会社である監査役会設置会社で，種類株式発行会社ではない。P社の総資産額は約600億円であり，P社において議決権を有する株主の数は約2000人である。P社は，プロ野球チームであるK球団を運営するQ株式会社の発行済株式のすべてを保有しており，Q社株式全部の帳簿価額は約60億円である。近時は，K球団の集客力が低下したにもかかわらず選手の年俸や球場使用料等の負担がかさみ，P社がQ社

に対して行ってきた資金援助がＰ社の経営を圧迫するようになっていた。Ｐ社の取締役会では，数年前よりＱ社の全株式を譲渡してＫ球団を身売りするかどうかについて話し合いが行われていたが，Ｐ社の経営状態を良好に保つためにはＱ社株式を譲渡すべきという球団身売りに賛成の意見と，Ｐ社の運営する鉄道の沿線にはＫ球団のファンが多いこと等を考慮して，Ｑ社株式の譲渡（球団身売り）に反対する意見が拮抗していた。Ｐ社の総株主の議決権の10％を保有しているＡは，もともとＰ社の創業者の個人的趣味から始まった球団運営への関与がＰ社の経営を圧迫しつつあるのを苦々しく思っていた。そこで，Ａは，IT関連事業を営むＲ株式会社に球団運営に関心があるかどうか問い合わせたところ，Ｑ社株式の現在の価値を相当程度超える価額でＱ社株式の全部を買い取ってもよいとの回答を得た。

　Ａは，株主総会を通じて，Ｑ社株式全部のＲ社への譲渡を実現するための措置を講じたいと考えている。なお，Ｐ社の定款には，株主総会の権限につき特段の定めはないものとする。

(1)　Ａが，株主提案権の行使により，Ｑ社株式全部のＲ社への譲渡を実現する方法について検討せよ。

(2)　Ｐ社の取締役の任期は２年であり，次期定時株主総会で任期満了となる取締役はいない。Ａは，Ｑ社株式の譲渡（球団身売り）に反対する取締役を解任するために，定時株主総会の日の８週間前に，代表取締役に対し，書面をもって，取締役の解任を会議の目的とすべきことを提案したが，解任の議案（解任の対象となる取締役）は，譲渡（球団身売り）に反対する取締役が誰であるかを会日までに見きわめたうえで，定時株主総会の場で提案することとした。Ａのこのような提案の仕方は適法か。

（解説は 268 頁）

演習 47　　修正動議と書面投票の取扱い・吸収分割と事業の現物出資の異同

　Ｐ株式会社は，公開会社であり，令和元年10月に開催されたＰ社の臨時株主総会（以下「本件総会」という）において議決権を行使できる株主の人数は約1500人であった。また，Ｐ社において，株主総会決議にかかる定足数の要件は，会社法上それを緩和することに制限がある事項を除き，定款の定めにより排除されている。なお，Ｐ社は種類株式発行会社ではない。

　本件総会の決議事項は，①取締役の報酬増額の件，および②Ｑ株式会社との間の吸収分割契約の承認の件であり，それぞれについて事前に株主による議案の提案はなく，株主に送付された議決権行使書面には，会社の提案する議案

について賛否を記載する欄が設けられていた。①に関する議案の具体的内容は，「取締役全員の報酬総額の上限を，現在の5億円から6億円に増額する」というものである。②の吸収分割契約の内容は，P社の事業の重要な一部を構成する甲事業（債務を含む）を，P社の完全子会社であるQ株式会社に，Q社株式を対価として承継させるというものである。

　本件総会については，総株主の議決権の60％を有する株主が書面による議決権行使を行い，そのうち総株主の議決権の45％を有する株主が①②とも議案に賛成し，総株主の議決権の15％を有する株主が①②とも議案に反対した。なお，本件総会では委任状を提出した株主はなく，本件総会当日は総株主の議決権の30％を有する株主が出席した。

　以上の事実関係を前提として，次の(1)(2)に答えよ。

(1)　本件総会の議場で，株主Aは，①に関し，「取締役全員の報酬総額の上限を10億円に増額する」という修正提案を提出した。議長は，修正提案の採決に際し，書面による議決権行使については欠席として扱うこととした。修正提案は，当日出席の株主の議決権の3分の2（総株主の議決権の20％）を有する株主が賛成したため，議長は，修正提案が可決されたことを宣言し，修正提案と相反する内容の当初の議案については採決しなかった。この採決方法にはどのような問題があるか。問題があるとすれば，議長はどのような採決をすべきであったか。

(2)　②の吸収分割が実施されるのと同じ結果は，P社が甲事業をQ社に現物出資することによってももたらされる。これにつき，本件総会の議場で，P社の代表取締役Bは，「甲事業の移転につき会社法の規定を検討した結果，吸収分割の方法によることが適切であると判断した」と説明した。甲事業の移転につき，現物出資ではなく吸収分割の方法を採用した理由はどのような点にあったと考えられるか。

（解説は269頁）

演習 48　　指名委員会等設置会社への移行

　公開会社であるP株式会社は，監査役会設置会社であり，種類株式発行会社ではない。P社の最終事業年度（令和2年度）にかかる貸借対照表において，資産の部に計上した額の合計額は130億円，負債の部に計上した額の合計額は100億円，純資産の部の資本金として計上された額は4億円であり，これらの金額は，令和3年度中も大きな変動はない。また，P社の定款には，「帳簿価額が3億円を超える財産を処分する場合には，取締役会の決議を要する」旨の

定め（以下，「本件定め」とする）がある。なお，P社は，現在（令和3年10月時点）まで内部統制システムを整備していない。

現在，P社の取締役は5名であり，社外取締役はいない。また，監査役は3名であり，うち2名（A・B）が社外監査役である。P社の取締役会は，令和4年度中に指名委員会等設置会社に移行すること，指名委員会等設置会社移行後も定款に「本件定め」を置くこと，指名委員会等設置会社への移行に際し，現在の取締役全員とA・Bを取締役に選任すること，ならびに，C（現在，P社の代表取締役社長），およびD・E（いずれも，現在，P社の業務執行取締役）の3人が執行役となり，Cが唯一の代表執行役となることを計画している。

以上の事実関係の下で，以下の問いに答えよ。なお，各問いは独立のものとして考えること。

(1) 指名委員会，報酬委員会および監査委員会の委員の員数をすべて3人とし，A・BとEがすべての委員会の委員となることができるか。

(2) P社は，指名委員会等設置会社への移行前または移行後において，内部統制システムを整備しなければならないか。

(3) Cは，P社が指名委員会等設置会社へ移行する前に，取締役会の決議を経ることなく，帳簿価額10億円のP社の土地を，P社を代表して第三者Fに譲渡した。この譲渡の効力はどうなるか。Cが，指名委員会等設置会社移行後に同じ行為をした場合はどうか。なお，Fは，P社の取締役との利害関係がないものとする。

(4) P社は，指名委員会等設置会社への移行前に，複数の取引先に対して同じ種類の社債を発行することにより，合計2億円の資金を調達しようと考えている。この種類の社債の発行に関して，募集社債に関する事項は，どの機関が決定すべきか。指名委員会等設置会社移行後であればどうか。なお，指名委員会等設置会社への移行の前後を通じて，P社の定款には，募集社債に関する事項を決定する機関に関する定めはないものとする。

（解説は270頁）

演習49　　各委員会の権限，ストック・オプション

広告代理業を目的とするP株式会社は，その株式を東京証券取引所に上場している。P社の発行可能株式総数および発行済株式総数はいずれも1000万株であり，P社は自己株式を保有していない。P社は，経営の刷新と経営監督体制の充実を図るべく，数年前に指名委員会等設置会社に移行した。

P社において役員や使用人の地位にあるA・Bは，弁護士であるあなたに以

下の点について助言を求めた。どのように答えればよいかを検討せよ。なお，P社は種類株式発行会社ではないものとする。

(1)　P社では，執行役のほとんどが取締役を兼任していることから取締役会における執行役の影響力が強い。そこで，P社の社外取締役Aは，業務執行と監督の分離を図るため，執行役の選任を指名委員会が行うべきであると考えている。Aは，取締役会決議によって執行役の選任を指名委員会に委任することができるかどうかについて，あなたに助言を求めた。

(2)　P社は，取締役および執行役に株価上昇のインセンティブを付与するため，取締役と執行役の全員に，報酬として新株予約権を発行することを計画している。P社の法務課長であるBは，この計画を実行するために会社法上どのような手続が必要かについて，あなたに助言を求めた。

（解説は 270 頁）

演習 50　監査等委員会設置会社における重要な財産の処分，種類株式発行会社における募集株式の発行

　P株式会社は，公開会社であり，監査等委員会設置会社である。P社の取締役の過半数は社外取締役である。P社は，定款の定めに基づく取締役会規則により，帳簿価格1億円以上の資産の譲渡については取締役会の決議による承認を要する旨を定めている。P社の事業は，ホテル部門とレストラン部門から成っていた。なお，P社の定款においては，事業譲渡等の手続について別段の定めはない。

　Q株式会社は，レストランの運営を事業目的とする公開会社であり，監査役設置会社である。Q社は，設立の当初から，議決権のある普通株式（以下「a種類株式」という）のほか，1株当たりの優先配当金額の上限を100円とする非参加的累積的剰余金配当優先株式であり完全無議決権株式である種類株式（以下「b種類株式」という）を発行できる旨を定款で定めていた。Q社は，R社を含む5社（以下「R社ら」という）が出資することにより3年前に設立されたが，R社らが有するQ社の株式は全てa種類株式である。

　P社とQ社の間で，P社のレストラン部門の全部（以下「本件部門」という）をQ社が承継する旨の契約（以下「本件契約」という）が締結された。なお，本件部門を構成する資産の帳簿価格は3億円であり，この額は，本件契約締結時におけるP社の総資産額の10分の1であり，同時期におけるP社の純資産額の3分の1を占めていた。なお，本件契約の締結の前に，P社はQ社またはR社らの株式を保有しておらず，Q社もP社の株式を保有していなかった。

　以上の事実関係の下で，以下の(1)(2)について検討せよ。なお，(1)と(2)はそれぞれ独立の問題とする。

(1)　本件契約は，P 社において，株主総会決議または取締役会決議による承認を受けずに，P 社の代表取締役の 1 人である A が独断で締結したものである。P 社は，本件契約が無効である旨を Q 社に対して主張することができるか。

(2)　P 社は本件部門を構成する財産を現物出資することとしたが，それにより Q 社の支配に影響を及ぼさないようにするため，P 社には b 種類株式が発行されることとなった（以下「本件発行」という）。本件発行における b 種類株式の払込金額は，本件発行時の a 種類株式 1 株の公正な価格と同額の 5000 円と定められた。裁判所により選任された検査役は，この現物出資に係る会社法 199 条 1 項 3 号の価額を相当とする調査結果を裁判所に報告した。

　この場合，Q 社において，本件発行に係る募集事項の決定を取締役会決議のみで行うことができるか。

　なお，本件発行は，Q 社の定款所定の発行可能株式総数および発行可能種類株式総数の範囲内で行われるものとする。

（解説は 271 頁）

演習 51　　定款自治と株主間契約

　R 株式会社は，P 株式会社が 7000 万円，Q 株式会社が 3000 万円を出資して設立された合弁会社であり，R 社の発行済株式総数 1 万株のうち，P 社が 7000 株，Q 社が 3000 株を保有している。R 社は，株式の全部に譲渡制限を付しており（会社 107 条 1 項 1 号），取締役会を設置していない。また，R 社は，種類株式発行会社ではない。

　以上の事実関係の下で，次の(1)〜(3)に解答せよ。なお，(1)〜(3)はそれぞれ別個の問題として考えること。

(1)　R 社取締役の選任について，P 社・Q 社間の契約において，「P 社と Q 社が 3 名ずつ取締役候補者を指名する」旨，および「取締役選任決議においては，相手方の指名した候補者に対して賛成票を投じる」旨の定めがある。それにもかかわらず，両社の関係が悪化し，R 社の株主総会において P 社が自己の指名する 6 名の候補者すべてに賛成票を投じ，決議を成立させた。この取締役選任決議の効力について検討せよ。

(2)　R 社の定款には，「R 社株主総会における取締役選任について，Q 社は 1 株につき 10 個の議決権を有し，P 社は 1 株につき 1 個の議決権を有する」旨

の定めがあるが，P社の要望に基づき，この定款の定めを廃止することとなった。この定款の定めの廃止には，会社法上どのような手続が必要となるか。

(3) R社の定款には，「R社株式の譲渡について，譲渡の承認をするか否かを決定する株主総会決議においては，株主全員の同意を決議の成立要件とする」旨の定めがある。この定款の定めの有効性について検討せよ。

（解説は 272 頁）

演習 52　　閉鎖会社における定款自治

AとBは，共同で事業を行うため，P株式会社を設立することを計画している。AとBは，P社の構造等を次のようにすることについて合意した。

(a) P社は，全株式譲渡制限会社（会社 107 条 1 項 1 号）とし，取締役会を設置しない。

(b) P社の発行可能株式総数は 2000 株とし，設立時にAとBに 1000 株ずつ発行する。

次の各設問に答えよ。なお，設問 1 と設問 2 は独立のものとして考えること。

〔設問 1〕

AとBは，P社の機関構成等について，「P社には監査役と会計参与を置く。取締役の選任はAだけで行えるようにし，監査役の選任はBだけで行えるようにする。会計参与の選任は，AとBが共同で行うようにする」というプランを考えている。このプランを実現するには，P社の定款でどのように定めればよいか（実現のための手段が複数考えられるならば，そのすべてについて記述せよ）。

〔設問 2〕

AとBは，将来，AとBのいずれかがP社からの離脱を希望した場合にP社にとって不都合な人物がP社株式を取得することがないよう，P社定款に次のような定め（〔定め〕とする）を置くことを検討している。

P社定款〔定め〕

「Aが保有する当社株式について，会社法 138 条柱書所定の『譲渡等承認請求』がなされた場合，会社法 139 条 1 項および 140 条 2 項の株主総会決議においてAは議決権を行使することができない。Bが保有する当社株式について，会社法 138 条柱書所定の『譲渡等承認請求』がなされた場合，会社法 139 条 1 項および 140 条 2 項の株主総会決議においてBは議決権

を行使することができない。」

(1) 〔定め〕を定款に置けるかどうかを，会社法の規定に即して検討せよ。

(2) A が，会社法 136 条の規定に基づき，P 社に対し，その保有する P 社株式のすべてを C に譲渡することを承認するよう請求した時点において，P 社の分配可能額（会社 461 条 1 項・2 項）は 500 万円，P 社株式の 1 株あたり純資産額（同 141 条 2 項）は 1 万円であったというケースを想定する。このケースにおいて，〔定め〕により，B は，A が保有する P 社株式を C が取得するのを阻止することができるかどうかを検討せよ。かりに現在の〔定め〕のままではこれを果たせないとすれば，〔定め〕をどのように修正すればよいかを検討せよ。なお，〔定め〕は会社法上有効であるものとする。

（解説は 272 頁）

演習 53　　共通の持株会社の創設，合併との比較

　製薬会社である P 株式会社と Q 株式会社は，共通の持株会社として H 株式会社を設立し，H 社傘下の完全子会社となって事業を統合することを計画している。

(1) この企業再編を行うには，どのような方法をとればよいか。

(2) この企業再編は，P 社・Q 社が合併をするのと比較して，どのような利点があると考えられるか。

（解説は 273 頁）

演習 54　　持株会社の利用

　P 社は，物品運送を事業目的とする株式会社である。P 社は，平成 30 年 10 月，株式移転により完全親会社 H 株式会社を設立した。この組織再編により，H 社は，持株会社として，自らは生産・販売等の事業活動を行うことなく，傘下に物品運送業を行う完全子会社 P 社を有することとなった。

　なお，P 社および H 社は，取締役会設置会社であって監査役設置会社であり，また種類株式は利用しないものとする。

　次の(1)(2)は独立の問題として考えること。

(1) 本文の組織再編が実現した直後から，P 社取締役の放漫経営により P 社に多額の損害が生じ，H 社は P 社から剰余金配当を受けられない状況にある。H 社の株主 X は，会社法上，何らかの措置をとることができるか。

225

(2)　本文の組織再編に続き，令和 3 年 10 月頃，P 社はその有する宅配事業部門を新設の Q 社に移転し，Q 社もまた P 社と並列的に並ぶ H 社傘下の完全子会社とすることを計画している。「この計画を実現するにはどうすればよいか」について，P 社法務部の担当者が，弁護士であるあなたのところに相談に来た。回答すべき内容を検討せよ。

（解説は 274 頁）

演習 55　　特別支配株主の株式等売渡請求

　P 株式会社は不動産事業，Q 株式会社は運送事業をそれぞれ業とし，いずれも公開会社であって監査役設置会社であり，種類株式発行会社ではない。Q 社の発行済株式 10 万株のうち 9 万株は P 社が保有し，残り 1 万株を X ら 10 数名の株主が保有してきたが，P 社は，特別支配株主の株式等売渡請求の手続に従って Q 社株式の全部を取得し（以下，「本件取得」という），Q 社を P 社の完全子会社とすることにした。Q 社が P 社の完全子会社となった場合には，P 社の貸借対照表上の総資産額に占める Q 社株式の帳簿価格の割合は，約 50 ％になるものとする。

　以上の事実関係を前提として，次の問いに答えよ。なお，各問いはそれぞれ別個の問題として考えること。

(1)　X は，本件取得の対価として P 社が交付する金銭の額が著しく不当であると不満を持っている。本件取得の効力発生前に X が求めることのできる救済には，どのようなものがあるか。

(2)　本件取得ののち，対価に不満を持つ X が Q 社取締役に対して損害賠償請求を行うとすると，どのような主張をすべきことになると考えられるか。

(3)　本件取得の約 1 年後，Q 社取締役 A が独占禁止法違反の行為をして Q 社に損害を生じさせたが，Q 社の完全親会社 P 社は，直ちに，取締役会決議により A の責任免除に同意する旨の決定をし，これに基づき Q 社は A の責任を免除した。この責任免除について，会社法上どのような問題があるかを検討せよ。

(4)　本件取得の約 1 年後，P 社は，完全子会社 Q 社を消滅会社，P 社を存続会社とする吸収合併を行い，Q 社の行う運送事業を P 社の一事業部門として行うこととした。この合併をするには，P 社および Q 社において株主総会決議が必要であるかどうかを検討せよ。

（解説は 274 頁）

演 習 56　　合併比率の不公正，種類株主総会

　P株式会社は，種類株式発行会社であり，公開会社であるが，上場会社ではない。Q株式会社は，上場会社であり，種類株式発行会社ではない。

　P社の発行済株式総数は1万株であり，その株主および持株数は，Q社が6000株，Aが1200株，Bが800株，および自己株式が2000株である。

　P社とQ社は，P社を消滅会社，Q社を存続会社とし，令和3年11月1日を合併の効力発生日とする吸収合併契約（以下，「本件合併契約」という）を締結した。

〔設問1〕

　P社が現に発行している株式はすべて普通株式である。本件合併契約によれば，P社株式1000株に対して，Q社株式1株を割り当てることとされていた。令和3年10月26日に開催されたP社の臨時株主総会において，AとBは反対したものの，Q社の賛成により本件合併契約を承認する決議が行われた。その後，同年11月10日に合併登記が行われた。

(1)　本件合併契約によれば，P社の株主には，それぞれQ社株式がどのように割り当てられるか。端数の処理はどのようになされるか。

(2)　Bは，本件合併契約締結時におけるP社株式とQ社株式の1株あたりの価値からすると，P社株式400株にQ社株式1株を割り当てるのが公正な合併比率であると考えている。合併の効力発生日の後，Bが合併の効力を否定するにはどのようにすればよいか。なお，本設例の吸収合併では，債権者異議手続など上記の事実関係に記載されていない合併のための手続は，P社・Q社において，すべて適法に行われたものとする。

〔設問2〕

　P社は，a株式とb株式の2種類の株式を現に発行しており，a株式は普通株式であり，b株式は，剰余金配当に関する非参加的累積的優先株式でありかつ取締役・監査役の選解任について議決権のない議決権制限株式である。本件合併契約では，a株式・b株式を問わずP社株式400株に対してQ社株式1株を割り当てることとされていた。この吸収合併が効力を生じるためには，P社において，a株式の種類株主を構成員とする種類株主総会決議とb株式の種類株主を構成員とする種類株主総会決議が，それぞれ必要になるかどうかについて検討せよ。なお，Q社が保有する株式とAが保有する株式はすべてa株式，Bが保有する株式と自己株式はすべてb株式であるものとする。

（解説は275頁）

| 演 習 57 | 株式移転の際の新株予約権の承継等 |

　P株式会社とH株式会社はいずれも公開会社であり，監査役設置会社であるものとする。洋菓子の製造販売業を営むP社は，その取引先20社に新株予約権（以下，「本件新株予約権」という）を発行することを現在計画中であるところ，さらに，約1年後を目途として，持株会社H社を新設する株式移転（以下，「本件株式移転」という）を行い，P社がH社の完全子会社となって洋菓子の製造販売業を行っていくことを計画している。P社は，本件新株予約権が本件株式移転後も残存し，これが行使されて完全親子会社関係が崩れる事態は避けたいと考えている。

　以上の事実関係を前提として，次の問いに答えよ。各問いはそれぞれ独立のものとして考えること。

(1)　P社は，本件株式移転に際して本件新株予約権すべてを消却したいと考えている。これを実現するための工夫について検討せよ。

(2)　P社は，本件株式移転に際して，本件新株予約権の新株予約権者にはH社の新株予約権を交付することとし，かつ，どの新株予約権者からも新株予約権の買取請求権が行使されないようにしたいと考えている。これを実現するための工夫について検討せよ。

(3)　P社は計画どおり本件新株予約権を発行し，その後に本件株式移転を実行した。本件新株予約権の新株予約権者にはH社の新株予約権が交付されたものとする。本件株式移転の効力発生から約1年後に，P社は独占禁止法違反の行為をして課徴金納付命令を受け，P社に課徴金相当額の損害が生じた。Xは，もともとP社の大株主であったが，本件株式移転によりH社の議決権の1％の株式を有する株主となった者であるところ，この損害について，P社代表取締役AのP社に対する損害賠償責任を追及する訴えを提起した（以下，「本件訴訟」という）。ところが本件訴訟の係属中，H社の前記新株予約権が行使され，Xの議決権割合が0.9％に減少した。このことは，本件訴訟にどのような影響を与えるか。

（解説は276頁）

| 演 習 58 | 会社分割における対価の不公正と会社分割決議の効力，債権者異議手続 |

　以下の事例において，P社・Q社は，種類株式発行会社ではなく，譲渡制限株式，新株予約権，新株予約権付社債を発行していないものとする。

　ホテル業を全国展開する P 株式会社は，純資産額約 30 億円，発行済株式総数約 100 万株の上場会社である。P 社は，平成 25 年 6 月に，近畿地方でホテル業と不動産業を営む非上場会社たる Q 株式会社に資本参加を行い，以来，取締役を派遣して経営不振に陥っている Q 社の経営建て直しを図ってきた（Q 社の発行済株式総数 1 万株のうち，7000 株は P 社が保有し，残り 3000 株は Q 社の創業者一族である A らが保有している）。しかし，Q 社の業績が一向に回復しないことから，P 社は，Q 社の有するホテル事業は会社分割手続により P 社に承継させ（以下，「本件分割」という），Q 社には不動産業に専念させることとするのが適当であると判断するに至った。なお，Q 社のホテル業にかかる資産の帳簿価額と，不動産業にかかる資産の帳簿価額はほぼ同額であった。

　P 社と Q 社の間で作成された吸収分割契約（以下，「本件吸収分割契約」という）においては，Q 社のホテル事業に関する資産，債務その他のすべての権利義務を P 社に承継させること，承継される財産（以下，「本件承継財産」という）の純資産額が 100 万円であることに基づき，P 社は Q 社に対して 100 万円の金銭を本件承継財産の対価として交付すること，吸収分割の効力発生日を令和 3 年 8 月末日とすることが定められている。

　令和 3 年 7 月 21 日に開催された Q 社の臨時株主総会において，A らは反対したものの，P 社の賛成により，本件吸収分割契約を承認する決議がなされた（会社 783 条 1 項）。また，同日に開催された P 社取締役会において，本件吸収分割契約が承認され（同 795 条 1 項・796 条 2 項），結局，同年 9 月 1 日に本件分割の登記がなされた。なお，Q 社は，会社法 789 条 3 項に基づく公告を行ったが，期間内に異議を述べる債権者は（下記(2)の X を除き）現れなかった。

　次の(1)・(2)は独立の問題として考えること。

(1)　A らは，本件承継財産は，100 万円をはるかに超える価値を有するはずであるところ，これを 100 万円と評価して対価の額を定めた本件分割は不当であると考えている。A らが本件分割の効力を否定することができるかどうかを検討せよ。

(2)　Q 社の不動産事業に関して Q 社に対して 500 万円の債権を有している X は，本件承継財産の価額は少なくとも 1000 万円を下ることはなく，これをわずか 100 万円と評価して対価の額を定めた本件分割は不当であると考え，異議申立期間内に異議を述べたところ，Q 社からは何の措置もとられなかった。X が何らかの救済を求めることができるかどうかを検討せよ。

（解説は 276 頁）

演習 59　　会社分割の効力，債権者保護

　P株式会社とQ株式会社はいずれも種類株式発行会社ではないものとする。P社は洋菓子の製造販売業を営み，Q社はパンの製造販売業およびレストラン業を営んでおり，P社はQ社の発行済株式総数の70％を保有している。

　Q社は，レストラン事業の業績が極端に不振であるため，比較的業績の良好なパンの製造販売事業部門だけをQ社から切り離し，吸収分割の方法でP社に承継させることとした（以下「本件吸収分割」という）。P社・Q社間で締結された本件吸収分割契約においては，Q社のパンの製造販売事業部門に関する一切の債務はP社に免責的に承継される旨が記載され，またP社は，パンの製造販売事業部門を承継する対価として，Q社に対し金銭1億円を交付する旨が定められた。

　本件吸収分割契約は，P社・Q社それぞれの株主総会決議により承認された。Q社は，公告方法として官報による旨を定款で定めており，本件吸収分割に際し，本件吸収分割に異議があれば債権者は一定の期間内に異議を述べるべき旨を官報で公告したが，知れている債権者に対する各別の催告は行われなかった。

　以上の事実関係の下で，次の(1)～(3)に解答せよ。

(1)　Q社の株主Xは，Q社のパンの製造販売事業部門の業績に照らして，P社が交付すべき対価として金銭1億円はあまりに少ないと考え，本件吸収分割の効力を否定したいと考えている。本件吸収分割の効力発生後にXがその効力を否定するためには，どのような主張をすることが考えられるか。

(2)　Aは，本件吸収分割契約締結前に，Q社に対してパンの原材料を販売したが，いまだ代金の支払を受けていない。Aは，本件吸収分割の効力発生後，P社またはQ社のいずれに対して弁済を請求できるか。

(3)　Bは，本件吸収分割契約締結前に，Q社の有するレストランの内装工事を行ったが，いまだ報酬の支払を受けていない。Bは，本件吸収分割の効力発生後，P社またはQ社のいずれに対して弁済を請求できるか。

（解説は 277 頁）

演習 60　　株式を対価とする事業の取得

　本設例において，P株式会社とQ株式会社はいずれも公開会社であり，監査役設置会社であるものとする。また，P社とQ社はいずれも種類株式発行会社ではなく，自己株式を保有しておらず，新株予約権も発行していないもの

とする。P 社と Q 社はいずれも他の会社の子会社ではなく，P 社と Q 社の間には資本関係はないものとする。さらに，P 社と Q 社は，それぞれ，次のような状態にあるとする。

> P 社　ホテル業を営む上場会社であり，直近の貸借対照表では，資産総額は 100 億円程度，純資産額は 50 億円程度である。
> Q 社　ホテル業と遊園地業を営む非上場会社であるが，創業者一族の持株比率は 60 ％程度であり，残り約 40 ％の株式は Q 社の取引先や Q 社の従業員が保有している。直近の貸借対照表では，資産総額は 60 億円程度（ホテル業にかかるものと遊園地業にかかるものが各 30 億円程度），純資産額は 40 億円程度（ホテル業にかかるものと遊園地業にかかるものが各 20 億円程度）である。

　P 社は，現在 Q 社が保有するホテル業部門を取得または実質的に支配下に収めること（以下，「本件プロジェクト」という）を企図しているが，Q 社株主が遊園地業部門もまとめて手放すことを希望する場合には，遊園地業部門もあわせて取得または支配下に収めてもよいと考えている。

　P 社は，P 社顧問弁護士であるあなたに対して，P 社が設定した下記の条件すべてを満たしつつ，本件プロジェクトを実行するためには，どのような方法があり，それぞれの方法にはいかなる手間やコストがかかるかについて調査検討するよう求めてきた。ホテル業部門だけを取得または支配下に収める場合と，遊園地業部門もあわせて取得または支配下に収める場合に分けて，P 社に対する回答を試みよ。

> P 社が設定した条件
> ①　P 社の当面の手元資金を確保するべく，本件プロジェクトを実行するための対価は，現金ではなく P 社株式とする。ただし，P 社株主や Q 社株主が株式買取請求権を行使することによる現金の流出はやむをえないこととする。
> ②　本件プロジェクト実行後も，P 社は，P 社としての法人格を維持する。
> ③　本件プロジェクトは，P 社と Q 社だけで実行するものとし，本件プロジェクト実行のために会社を新設したり，既存の他の会社を利用することはしない。
> ④　P 社が保有する子会社は，100 ％子会社のみとする。

（解説は 278 頁）

演習問題の解説

（問題は 96 頁）

本問は，議決権行使のための基準日の後に株式を取得した者に議決権を行使させた場合において，株主総会決議に瑕疵が生じるのはどのようなときか，また，社外監査役選任決議が取り消されると，計算書類の確定にどのような影響が及ぶかについて，検討させる問題である。

(1) 基準日後に株式が譲渡された場合に（譲渡人が会社である場合を除く），会社が譲受人に議決権を行使させると，基準日株主（譲渡人）の権利を害することになるので，通常，会社は，譲受人に議決権を行使させることはできない（会社 124 条 4 項但書）。B に招集通知を行ったこと（または B に議決権を行使させたこと）は，招集手続（または決議方法）の法令違反であり，決議取消事由（同 831 条 1 項 1号）となる。

(2) 基準日から株主総会の会日までの間に新株発行があった場合，会社は，株式取得者の議決権行使を認めることができる（会社124 条 4 項本文。「基準日株主」は存在しないので，同項但書の制限は受けない）。しかし，本問のように，同一の新株発行で新株主となった者のうち，一部の株主だけに議決権を行使させる

ことは，株主平等原則（同 109 条 1 項）に反するであろう。新株主のうち B だけに招集通知を行ったこと（または B だけに議決権を行使させたこと）は，招集手続（または決議方法）の法令違反であり，決議取消事由（同 831 条1 項 1 号）となる。

(3) 会社法 439 条の規定に基づき，一定の要件を満たせば，計算書類について定時株主総会の承認を受けることを要しないが，監査役会の適法意見があることがその要件の 1 つとされている（会社計算 135 条 2 号・3 号）。本件決議（社外取締役 C の選任決議）が取り消されると，決議は遡って無効となり，C は遡って社外監査役でなかったこととなる。そうすると，P 社（監査役会設置会社）の社外監査役は 1 名だけとなり，法定の員数（会社 335 条3 項）を欠いてなされた監査役会の監査は無効であると解される。したがって，監査役会の適法意見を欠いて会社法 439 条の適用を受けるための前記要件を満たさないこととなるため，本件計算書類は，原則に帰り，株主総会の承認（同 438 条 2 項）がなければ確定しない。

（問題は 96 頁）

本問は，取締役会決議に瑕疵があるのはどのような場合であり，瑕疵があれば決議の効力はどうなるかを問うとともに，その瑕疵が株主総会決議の効力にどのように影響するかを検討させる問題である。

(1) 取締役会決議の効力について。第 1 に，取締役会規程において取締役会の招集通知には議題を記載すべき旨の定めがあったところ，招集通知に記載のない事項を審議・決議することができるかが問題となる。取締役は，議題のいかんを問わず取締役会に出席する義務

があり，会議には，業務執行の必要上その時に審議・決議しなければならない議題が何でも付議されることは当然に予想すべきであるから，この定めは，招集手続の原則を定めたものにすぎず，招集通知に記載のない事項を審議・決議することが禁じられるわけではないと解すべきであろう。取締役会の議長についても，取締役会においてそのつど取締役会規程と異なる議長を選任することは差し支えない。

(2) 第 2 に，A を特別利害関係人として

扱い，解職決議への参加を認めなかったことが問題となる。判例は，解職の対象となる代表取締役は，私心を去って会社に対し忠実に議決権を行使することを期待できないという理由で，特別利害関係人（会社369条2項）に該当すると解しており，これを前提にすると，Aを退席させた措置は適法となる（特別利害関係人には意見陳述権もないと一般に解されているが，これについて議論の余地はあろう）。ただし，学説においては，解職の対象となる代表取締役は特別利害関係人でないと解する説も有力であり，この説によれば，Aは代表取締役たる地位を失っていないこととなろう。

　(3)　第3に，Bの代表取締役選定決議，および臨時株主総会の招集決議にAを参加させなかったことが問題となる。これらの決議についてAを特別利害関係人と見るのは無理であろうから，A（代表取締役解職決議が有効であっても取締役ではある）を参加させることなく行われたこれらの決議には瑕疵があり，決議は原則無効となる。例外的に，決議の結果に影響がない（またはこれに加えて瑕疵が重大でない）と認めるべき特段の事情があれば決議を有効と解する余地があるが，本問では，多数派の意思が確定していたとはいえず，Aが出席していれば結果に影響を与えた可能性を否定できないのであって（またはAを排除した瑕疵は重大であって），決議は原則どおり無効とみるべきであろう。

　(4)　株主総会決議の効力について。本件株主総会は，代表取締役でないBが取締役会の決議に基づくことなく招集したこととなるので，Aの解任決議は不存在であると解される。

　(5)　Aの代表取締役・取締役たる地位について。前記(4)より，Aはなお取締役たる地位を有する。前記(2)より，判例によればAは代表取締役たる地位を喪失するが（欠員が生じるが，解職された代表取締役は引き続き権利義務を有することにはならない。会社351条），前記有力説によれば，Aはなお代表取締役たる地位をも有することとなる。

演習3の解説

（問題は97頁）

　本問は，取締役を選任する株主総会決議が不存在である場合に，その後に招集された株主総会でなされた決議の効力はどうなるか，および，必要な株主総会決議を欠く新株の有利発行の効力はどうなるかについて，検討させる問題である。

　B・D・Eを取締役に選任した第1決議は，取締役会設置会社であるP社において，代表権のない取締役Bが取締役会決議に基づかないで招集した株主総会でなされたものであり，不存在であると解される（判例・通説）。そうすると，B・D・Eにより構成される取締役会は正当な取締役会ではなく，その取締役会による代表取締役Bの選定決議も無効である。したがって，第2決議を成立させた株主総会もまた，代表取締役でないBが取締役会決議に基づかずに招集したこととなり，第2決議も不存在になる（不存在の連鎖。なお，Aが欠席しているため，第1決議・第2決議とも全員出席総会を理由に有効になることはない）。

　本件発行は有利発行であり，株主総会の特別決議を要するところ（会社201条1項・199条2項・309条2項5号），第2決議が不存在であるため，本件発行の効力が問題となる。一般には，公開会社における新株発行に係る手続上の法令違反は，それだけでは新株発行の差止事由にとどまり，無効事由とはならないが，募集事項の公告・通知を欠くという事情が加われば，差止めの機会がなかったこととなるため，無効事由となる（判例・多数説）。有利発行に該当する場合には公告・通知が要求されていないが（同201条3項・4項），そ

れは，株主総会の招集通知によって株主に差止めの機会が付与されるからである。本問では，Aには招集通知が発出されておらず差止めの機会がなかったと考えられ，株主総会決議を欠くことは本件発行の無効事由になると解すべきであろう。

（問題は98頁）

演習 4 の解説

本問は，取締役会設置会社において，株主総会の招集通知の際に明記されていない議題についてなされた決議の効力，会社法361条1項の株主総会決議を欠く取締役報酬の支払の効力等について検討させる問題である。

(1) **設問前段について**　本件総会に関しては，議場で議題として取り上げられた「取締役解任」，「取締役選任」が招集通知の際には「その他」としか記載されておらず，会議の目的事項としては明記されていなかったことが問題となる。取締役会設置会社では，株主総会の招集にあたって決定された議題以外の事項について決議をすることはできず（会社309条5項），招集通知は，書面で行うとともに（同299条2項2号），当該議題を記載することが求められている（同298条1項2号・4項）。「取締役解任」，「取締役選任」を議題とすることが株主総会の招集を決定する取締役会で定められていなければ，招集通知でこれを議題として記載しなかったこと自体は299条4項違反にはならないが（本問ではそのあたりの事情は不明である），招集通知で議題として定められていなかった事項を当日の総会で決議すれば，いずれにせよ309条5項には違反することになる。本件総会のように，招集通知の際には「その他」としか記載されず，議題として特定されていなかった事項について決議がなされた場合，当該決議は，招集手続または決議方法の法令違反として，取消事由を帯びることになろう（同831条1項1号）。Dとしては，Dを解任する決議を取り消して，取締役としての地位を回復することによ

り，P社に対して取締役報酬の支払を求めることが考えられる。さらに，取締役を任期途中で解任した場合，正当な理由がない限り，会社は解任された取締役に対して損害を賠償する責任を負うが（同339条2項），本件のように取締役間の意見の対立から解任されたとみられるケースでは正当理由がないと考えられることから，Dは，Dを解任する決議を取り消すことなく，残りの任期に対応する報酬額を損害として賠償請求することが考えられる（もっとも，令和4年1月〜6月の期間について報酬の約定がされていないとすると，この期間についてはDの上記各主張は認められないであろう）。

(2) **設問後段について**　P社では，平成28年1月以降の取締役報酬については361条1項所定の株主総会決議を欠いていることから，P社としては，令和3年7月以降の報酬についてDが支払請求権を有しないのみならず，平成28年1月以降の既払いの報酬についても，法律上の原因を欠くものとして返還を求めうるという主張をすることが考えられる。これに対して，Dとしては，取締役としての役務を無償で提供する旨の約定がP社・D間でなされていない以上，平成28年1月以降DがP社に提供した役務は法律上の原因を欠くものであり，DはP社に対して不当利得返還請求権を有するから，P社のDに対する不当利得返還請求権と相殺することができるという主張をすることが考えられるが，このような主張が認められるかどうかについては争いがあるところであろう。

演習 5 の解説

（問題は 100 頁）

本問は，会社が新規事業への進出を計画中であるという状況において，競業取引規制がどのようにかかわるか，また，親子会社関係が形成されると監査役の兼任禁止および社外監査役の社外性要件との関係でどのような問題が生じるか，さらに，株式交換による完全親子会社関係の形成により，子会社の従前の株主は株主代表訴訟を提起することができなくなるのかについて，検討させる問題である。

（1）P 社が近畿圏で家具の製造・販売業を行えば，B が第三者 Q 社のために行う取引は，P 社の行うべき取引と目的物・市場が競合し，P 社の「事業の部類に属する取引」となる。いかに P 社側から競業取引関係に立つ事業に進出していくのであっても，B の行う取引には競業取引規制が及び，P 社取締役会の承認が必要となる（会社 356 条 1 項 1 号・365 条 1 項）。実務的には，B が「Q 社の代表取締役であり続けること」について，包括的に承認を受けることとなろう。P 社取締役の多数は Q 社に対抗心を有しており，承認がされないかもしれないが，B は，P 社取締役（または Q 社代表取締役）を辞任すれば，競業避止義務違反に問われることはない。

（2）C については，後発的に子会社 Q 社の取締役が親会社 P 社の監査役を兼任する状態となるところ，この場合には，取締役が新たに監査役に選任される場合のように従前

の地位を辞任したとみなすという解釈をとることができないため，兼任禁止規定（会社 335 条 2 項）に違反すると解される。C はいずれかの地位を辞任しなければならず，辞任しないまま P 社監査役として監査を行えば，その監査は無効となろう。

D については，兼任禁止規定には反しないものの，親会社 P 社の取締役である D は，子会社 Q 社における社外監査役の社外性要件を欠く（同 2 条 16 号ハ。平成 26 年改正）。監査役会設置会社では，監査役の半数以上は社外監査役であることを要するので（同 335 条 3 項），D が P 社取締役を辞任するか，または Q 社において社外監査役が半数以上になるよう新たに社外監査役を選任しなければならない。いずれの措置もとられず必要な社外監査役を欠いたまま監査がなされれば，その監査は無効となろう。

（3）B の責任は，株式交換の効力発生前に原因があるので，株式交換の効力発生後であっても，仮に X が対価として P 社株式を取得したのであれば，旧株主として B の責任追及の訴えを提起することができる（会社 847 条の 2。平成 26 年改正）。しかし，対価として金銭が交付された場合は，訴え提起は認められない（同条 1 項 1 号）。間接的にさえ利害関係を喪失した者に訴訟を追行させることは適切でないからである。

演習 6 の解説

（問題は 101 頁）

本問は，株主総会において，退任取締役に対して退職慰労金を支給することとし，具体的金額等を支給基準に従い決定すべきことを取締役会に一任する旨の決議がなされた事例において，(1)当該取締役が当該株主総会決議で議決権を行使したことに問題はないか，(2)支給基準を取締役会決議によって決定したこ

とに問題はないか，(3)支給基準を株主が推知しうる状況にあったか，および(4)決定を委任された取締役会が不支給の決定をした場合，当該取締役にはどのような救済が与えられるかについて，検討させる問題である。

（1）A は特別利害関係人に該当し，本件決議に取消原因（会社 831 条 1 項 3 号）がある

かどうかが問題となるが，Ｐ社では，退任取締役に退職慰労金を支給することが慣行となっており，また経営状態が悪化したという事情もないこと等を考慮すると，本件内規に基づく退職慰労金支給という決議内容を著しく不当と見るのは困難であろう。

(2) 本件内規の決定にＰ社の株主総会決議はもともと必要なく（退職慰労金は，会社法361条1項の「2号」報酬でないことに注意），取締役会決議で本件内規を決定したことに問題はない。

(3) 株主総会において，本件内規に従って退職慰労金の金額等の決定を取締役会の決定に一任することが認められるのは，本件内規を株主が推知しうる状況にある場合に限られる（判例・通説）。株主総会参考書類に本件内規の内容を記載する方法をとっていなくても，本件内規を記載した書面をＰ社の本店に備え置くなどの方法で，各株主が本件内規を知ることができるよう適切な措置がとられているのであれば，本件内規を株主が推知しうる状況にあったといえる（会社則82条2項参照）。このような措置がとられていない場合には，一任決議は決議内容の法令違反として無効になると解され，一任決議が無効であれば，退職慰労金請求権は発生しないこととなる。

(4) Ｂは，本件決議に従って具体的な金額等を決定する義務（会社355条）に違反しており，任務懈怠がある。Ａは，Ｂに対して会社法429条または民法709条に基づく損害賠償責任を追及し，Ｐ社に対しても会社法350条に基づく責任を追及することが考えられる。

<hr>

演習7の解説

（問題は102頁）

本問は，取締役会決議が必要な一定の取引について，有効な取締役会決議があったかどうか，もしなかったとすれば，当該取引の効力はどうなるかを問うものである。

(1) 本件保証契約の締結について，Ｐ社において取締役会決議が必要か否かが議論の前提となる。ここでは，本件保証契約が，①取締役・会社間の利益相反取引（間接取引，会社356条1項3号）に該当するか，②Ｐ社にとって多額の借財（同362条4項2号）となるか，が問題となる。①については，会社と取締役との利益が相反する取引は，程度の大小を問わなければ無限にありうるから，どこまでを規制範囲とするかが問われる。②について，「多額」かどうかは，Ｐ社の資産・負債の額，主たる債務の額，Ｑ社の返済能力等を総合して判断される。

(2) 取締役会決議が必要であれば，次に，名目的取締役に対する招集通知を欠く本件取締役会決議の効力が問題となる。これについては，取締役会制度の趣旨，その者の出席が結果に及ぼす影響等を指摘したうえで，特段の事情があれば招集通知漏れがあっても決議は有効となるとする最高裁判例（最判昭和44年12月2日民集23巻12号2396頁・百選62事件）の立場や学説の状況（上記最判に批判的な見解が多い）をもとにした検討が求められる。

(3) 本件取締役会決議が無効である場合，本件保証契約の効力が問題になる。利益相反取引については，相対的無効説が判例・通説である。取締役会決議のない多額の借財などの代表取締役の専断的行為については，民法93条1項但書類推適用説など善意（無過失または無重過失）の相手方保護のための結論を導くための理論構成がとられる。ここでは，Ｒ銀行が議事録を徴求したことの評価も加える必要がある。

(4) 本件取締役会決議が有効との結論に至った場合，本件取締役会決議が利益相反取引の承認の決議か，多額の借財に関する決議かも問題となる。後者の決議を意味するのなら（問題文中のＣの説明からはそのように見える），

前者の決議は存在しないことを前提に議論を組み立てる必要がある。前者の決議と構成できれば，利益相反取引承認の際に，利益相反関係のほか，取引が会社に及ぼす影響も開示されるべきであるから，それがなされていれば，多額の借財に関する決議も同時に行われていたとみることもできよう。

演習 8 の解説

（問題は 103 頁）

本問は，代表取締役を解職された取締役が，代表取締役副社長と名乗って会社を代表して売買契約を締結した事例において，代表取締役退任登記があったかどうかを場合分けした上で，当該売買契約の効果が会社に帰属するかどうかを検討させる問題である。

まず，代表取締役の退任は登記事項であるところ（会社 911 条 3 項 14 号・915 条），代表取締役の退任が登記されている場合，いわゆる商業登記の積極的公示力（同 908 条 1 項）により，原則として登記事項は善意の第三者にも対抗できることになる（ただし，同項の効力については学説の対立がある）。この場合，会社法上の表見責任と商業登記の積極的公示力の関係が問題となるが，会社が登記と異なる外観を作出した場合の表見責任の規定は，商業登記がされていても適用されると解する学説が多数説である。

その上で，代表取締役を解職された B の行為について表見代表取締役制度（同 354 条）が適用されるかどうかを検討する必要がある。とくに，会社が「副社長」という名称を付したといえるかどうかについては，取締役の過半数がそのような名称の使用をしないように申し入れていたことと，代表取締役がそのような名称の使用を黙認していたことをどのように評価するかがポイントとなる。

仮に表見代表取締役制度が適用されるとしても，B の代表行為は自己の利益を図るため行った可能性が強く，そうであれば，相手方がその意図を知りまたは知ることができたときは，その行為の効果は会社に帰属しない（民 107 条）。

次に，代表取締役の退任の登記がない場合は，会社は B が代表取締役でないことを善意の第三者に対抗することができない（会社 908 条 1 項）。ただし，この場合でも，民法 107 条が問題となりうる。

演習 9 の解説

（問題は 104 頁）

本問は，代表取締役を退任した取締役が会社を代表して行った取引について，その効果が会社に帰属するか，および代表行為者が自己の利益のためにその行為をした場合に取引の効力はどうなるか，を検討させる問題である。

(1) 取引の相手方（F）と会社（P 社）側のそれぞれの立場から主張しうる理論構成を整理したうえで，それぞれの主張の正当性を検討することが求められる。

F の主張としては，表見代表取締役に関する会社法 354 条の適用が考えられる。この場合，会社を代表するものと認められる名称を P 社が付与したといえるかどうかなど，同条の適用要件を満たしうるかを，本問の事実関係に即して論じる必要がある。

P 社側としては，かりに A の行った取引が会社の代表行為となるとしても，A は自己の利益のために当該取引を行っているため，代表権の濫用として，その事実を知っている相手方に対しては，取引の無効を主張することが考えられる（民法 107 条）。

このほか，民法112条の適用の可否や商業登記の一般的効力（会社908条1項）にも言及しておくことが望ましいだろう。

(2) 代表取締役を退任した取締役AがP社を代表して約束手形をA自身に振り出し，AがそれをFに裏書譲渡した場合に，Fからの手形金支払請求をP社が拒めるかどうかを問うものである。

Aの無権代表行為の効果が会社に帰属するかどうかが(1)と同じく問題になる。かりに表見代表取締役の行為とされても，本件の振出しは取締役・会社間の利益相反取引であり，取締役会決議による承認がないことについて悪意の相手方に対して，P社は振出しの無効を主張できる（最大判昭和46年10月13日民集25巻7号900頁・百選55事件）。このほか，(1)と同じく，Aへの手形振出しが代表権濫用であり，手形の転得者Fがそれを知っている場合には，手形法17条但書の趣旨に則り，P社は責任を免れる（最判昭和44年4月3日民集23巻4号737頁・手形小切手判例百選（第7版）15事件）との主張など，P社が手形金の支払を拒絶する理論構成はいくつか考えられる。

演習 10 の解説

（問題は 105 頁）

本問は，取締役会の招集手続に瑕疵（通知もれ）がある場合の取締役会決議の効力と，支配人に適法に選任されていない使用人が支配人として会社を代理して行った取引の効力について検討させる問題である。

(1) 監査役設置会社において，取締役5人中2人と監査役に招集通知を行わずに招集された取締役会の決議には手続上の瑕疵があり，本件取締役会決議は無効である（会社368条1項参照）。招集通知がされなかった取締役が出席してもなお，決議の結果に影響がないと認めるべき特段の事情があるときは，決議が有効になるとするのが判例の立場であるが，本事案では瑕疵の程度が大きく，そのような「特段の事情」は認め難い。

(2) 支配人の選任には取締役会決議が必要であるところ（会社362条4項3号），上述のように本件取締役会決議は無効であるから，Gは支配人ではなく，Gの行為は無権代理となる。

Iとしては，Gが表見支配人（同13条）に該当すると主張することが考えられる。これについては，P社がGに支店の事業の主任者であることを示す名称を「付した」と言えるか，Iに悪意・重過失はないかについて，設問の事実関係をもとに論じる必要がある。

Gが表見支配人であるとしても，Gは代理権を濫用しているので，民法107条により，Iが悪意または善意有過失の場合，Iは本件売買の代金をP社に請求できないことになる。本問のポイントは，仮に表見責任を会社が負う場合でも，権限濫用は別途問題になることを指摘して検討できるか，ということである。

支店登記とGの支配人登記があった場合は，不実登記として会社法908条2項が適用され，P社はGが支配人でないことを善意のIに対抗できない。しかし，その場合でもGの代理権濫用については，上述の議論があてはまる。

演習 11 の解説

（問題は 106 頁）

本問は，取締役会設置会社において，会社法362条4項1号の取引に該当するための基準とあてはめ，代表取締役の専断的な行為の効力およびそれが無効である場合に無効を主張

できる者の範囲，ならびに取締役が法令定款上必要な取締役会決議を経ずに行った行為により会社が損害を被った場合の当該取締役の任務懈怠責任について，検討させる問題である。

（1）本件契約が，Ｐ社にとって，会社法362条4項1号の「重要な財産の……譲受け」になるかどうかを，資産規模，負債の総額，従来の取扱い等から総合的に判断したうえで，それに該当する場合の本件契約の効力について検討しなければならない。代表取締役の専断的行為の効力については，原則として有効であるが，取引の相手方が必要な取締役会決議を欠くことについて知りまたは知ることができた場合は，会社は取引の無効を主張できるとするのが判例の立場である（最判昭和40年9月22日民集19巻6号1656頁・百選61事件）。設問の事実関係から，Ｂの過失の有無を判断し，判例の規範や他の見解に立つ学説の立場に当てはめて，結論を導く。かりに，本件契約の締結が会社法362条4項1号に該当しない場合でも，定款に基づく取締役

会規程に違反することになるから，会社法349条5項が問題となる。

（2）会社法362条4項が会社を保護するための規定であり，同条項違反の取引の無効は，特段の事情がない限り会社のみが主張できる旨の判例（最判平成21年4月17日民集63巻4号535頁）の立場を前提にすると，Ｐ社の取締役会が上記無効を主張する旨の決議をしているといった特段の事情がなければ，Ｂからの無効主張は認められないこととなろう。

（3）会社法（および定款）により，取締役会決議を経るべき事項であるにもかかわらず，それを経ていないから，Ａには，故意による法令・定款違反という任務懈怠があること，故意による法令・定款違反なので経営判断原則の適用はないことを述べたうえで，本件契約について取締役会に諮れば否決された可能性が高いことから任務懈怠と損害との間に因果関係があるので，Ａは損害賠償責任を負う（会社423条1項）という結論を導く。故意の法令・定款違反であるため，会社法425条の責任一部免除の適用はない。

演習 12 の解説

（問題は 107 頁）

本問は，リゾートホテルとテニスクラブの運営を行う会社が，テニスクラブの運営事業のみを他の会社に譲渡するという事例において，(1)当該事業の譲渡および譲受けについて，当事会社の株主総会の承認が必要か，(2)議決権行使の基準日前に株式を譲り受けた者が株主名簿の名義書換えをしていない場合，会社は，譲渡人たる株主名簿上の株主の議決権行使を拒むことができるか，(3)事業譲渡契約を承認する株主総会決議が取り消された場合，当事会社は事業譲渡契約の無効を主張できるか，を問うものである。

（1）まず，本件譲渡契約が会社法467条1項の「事業譲渡」にあたるかについて，同項の事業譲渡とは，一定の事業目的のため組織

化され有機的一体として機能する財産の譲渡で，譲受会社が事業を承継し，譲渡会社が法律上当然に競業避止義務を負うものをいうとの判例（最大判昭和40年9月22日民集19巻6号1600頁・百選82事件）の立場を押さえたうえで，設問では競業避止義務が特約で排除されている点を検討する。多数説は，競業避止義務を特約で排除しても「事業譲渡」性は失われないとする。

次に，本件譲渡契約が会社法467条1項2号の「事業の重要な一部の譲渡」に該当するか否かを検討する。会社の行う事業は全体として1つであり，会社が複数の種類の営業を行っていても，各営業は「事業の一部」であることに注意が必要である。この場合，譲渡

される資産の帳簿価額が譲渡会社の総資産額の5分の1以上であること（会社467条1項2号括弧書）のほか，譲渡される事業が譲渡会社にとって質的・量的に重要かどうかが判断基準となる。事業の重要な一部の譲渡に該当するなら，P社において株主総会の承認が必要である（特別決議，同309条2項11号）。

本件譲渡契約は，P社の事業の一部の譲受けだから，Q社において株主総会の承認は不要となる（同467条1項3号）。

(2) 株主名簿の名義書換えは株式の譲渡の対抗要件にすぎないから（会社130条），P社は譲渡人Aの無権利を証明して，基準日前に株式を譲り受けたBを株主として認めることができる（判例・多数説）。ただし，権利行使の空白を生じさせることは認めるべきでないから，P社がAの株主権行使を拒むためには，Bに権利行使させることが必要と解すべきである。したがって，P社がBに議決権行使をさせているのであれば，本件株主総会に瑕疵はなく（だれが訴えを提起しても取消事由なし），すでにAは株主でなくなって

いるのであるからAには原告適格もない（訴え却下）。一方，本件の定時株主総会で，P社がBに議決権行使をさせなかった場合には，P社はAの議決権行使を拒否できないから，株主総会決議に瑕疵があり，Aの株主総会決議取消の訴えは認容されよう（同831条1項1号）。

(3) 株主総会決議取消判決の効力は遡及するから（会社839条による834条17号の除外），本件譲渡契約は株主総会の承認のないものとなる。会社法467条1項の株主総会の承認がない場合，当該事業譲渡は無効であると解するのが判例・多数説である。会社の基礎的変更に関しては，株主保護が取引の安全に優先するのである。一方で，株主総会の承認が必要な事業譲渡であることあるいは必要な株主総会決議を欠くことについて善意（無重過失）の相手方には，会社は，無効を主張できないとする相対的無効説も有力である。相対的無効説を採用するなら，株主総会の決議が事後的に取り消された本事例では，相手方が保護される可能性が高くなろう。

<hr>

演習 13 の解説

（問題は108頁）

本問は，公開会社である（したがって取締役会設置会社である）監査役設置会社（したがって指名委員会等設置会社・監査等委員会設置会社ではない）において，事業の一部の譲渡・譲受けが行われるときに株主総会決議が必要か，取締役会決議なしに重要な財産の処分が行われる場合の処分行為の効力とそれについて無効を主張できる者の範囲，および商号ではないホテル名を商号として続用した事業譲受会社に関する会社法22条1項の類推適用の可否等について，検討させる問題である。

(1) P社については，本件譲渡が事業の重要な一部（会社467条1項2号）に該当するかどうかが問題になるが，同号括弧書きにある総資産額の5分の1を超えないという軽微基

準に該当するため，株主総会決議は不要になる。Q社については，いわゆる事後設立（同項5号）に該当するため，株主総会決議が必要になる。

(2) 本件債権の譲渡は，Q社にとって重要な財産の処分に該当するので，取締役会の承認が必要である（会社362条4項1号）。判例上，このような代表取締役の専断的行為は，原則として有効であるが，相手方が取締役会決議がないことを知りまたは知ることができた場合には無効となる（最判昭和40年9月22日民集19巻6号1656頁・百選61事件）。もっとも，会社法362条4項1号はもっぱら会社を保護するための規定であるから，仮に取引が無効であっても，その無効は原則として会社（Q

社）のみが主張でき，第三者である R 社は，Q 社の取締役会が無効を主張する旨を決議しているなどの特段の事情がないかぎり，無効を主張できないとするのが，判例の立場である（最判平成 21 年 4 月 17 日民集 63 巻 4 号 535 頁）。

（3） Q 社は P 社の商号を続用していないが，事業譲受けの対象であるホテルの名称を商号として続用していることなどから，会社法 22 条 1 項の類推適用が可能かどうかの検討が必要になる。最高裁は，ゴルフクラブ名の続用について，同条の類推適用を認めているところ（最判平成 16 年 2 月 20 日民集 58 巻 2 号 367 頁），同条の趣旨を考慮して，類推適用の可否を導くことが求められる。

演習 14 の解説

（問題は 110 頁）

本問は，取締役会設置会社における取締役の利益相反取引について，取締役会の承認決議がなされたが，当該決議に瑕疵があると考えられる事例において，当該取締役は会社に対してどのような責任を負うかを問うものである。

（1） P 社取締役 A は，Q 社を代表して（第三者のために） P 社と取引を行っており，これは利益相反取引に該当するから，P 社取締役会の承認を要する（会社 356 条 1 項 2 号・365 条 1 項。Q 社は P 社の完全子会社ではないから取締役会の承認が不要とはいえない）。本件取締役会決議において Q 社代表取締役である A・B は特別利害関係人（同 369 条 2 項）となるから，決議にあたってこれらの者を退席させた措置は適法である。しかし，Q 社の業績の回復見込みは，融資を行うかどうかの判断にとって重要な事実（同 356 条 1 項柱書）であろうから，これを開示せずに行われた本件取締役会決議は，決議方法に瑕疵があり，無効と見るべきであろう。

（2） 会社法 423 条 1 項の「任務懈怠」の意味を法令・定款違反と解する通説の立場を前提とすると，A は，取締役会の承認を受けることなく利益相反取引を行ったこととなり，会社法 356 条 1 項という具体的な法令に違反したこととなるから，A には任務懈怠が認められる（重要事実の開示をしなかったこと自体を具体的法令違反と見てもよい）。A は過失のないことを証明すれば責任を免れるが，本事例では無過失の証明は困難であろう。

なお，取締役の全員が Q 社の業績を周知していたなどの特段の事情がある場合には，本件取締役会決議は有効であり，具体的な法令違反の行為はなく，A に善管注意義務違反による任務懈怠があるかどうかが問題となる。A には任務懈怠のあることが推定され（会社 423 条 3 項 1 号），A は注意を尽くしたこと（または過失のないこと）を証明すれば責任を免れるが，やはり本事例ではその証明は困難であろう。

演習 15 の解説

（問題は 110 頁）

本問は，総会屋である株主に利益供与を行った会社の取締役に対して株主代表訴訟が提起されたという事例において，被告とされた取締役の責任の根拠，ならびに取締役に対する責任の株主総会決議による一部免除，および当該責任にかかる会社の請求権の第三者への譲渡が，それぞれ株主代表訴訟にどのような影響を及ぼすか，を検討させる問題である。

（1） A が P 社を代表して行った本件不動産の購入が株主の権利行使に関する利益供与（会社 120 条 1 項）に該当することを前提に，A〜F の責任の根拠を検討する。

Aは，利益供与を行った取締役であり，会社法120条4項に基づき供与した利益の額に相当する額の支払義務を負う。この義務は無過失責任である（同項但書の括弧書）。B〜Eは，本件の利益供与について取締役会決議に賛成しているので，利益供与に関与した取締役として，会社法120条4項の責任を負う（会社則21条2号イ）。B〜Eの当該責任は，その職務を行うにつき注意を怠らなかったことを証明すれば免れるが，Sが総会屋であり本件不動産の購入の真の目的をうすうす感じていたという事実関係から，そのような証明は困難であろう。

　Fは，利益供与に関与した取締役にはあたらないが，本件不動産の購入価格が割高であると思いつつAによる購入を阻止しなかったことから，監視義務違反に基づく任務懈怠責任（会社423条1項）を負う可能性がある。

　(2)　設問の株主総会決議は会社法425条に基づくものと考えられる。同条の責任の一部免除は会社法423条1項の責任を対象にする

ので，会社法120条4項の責任を一部免除しても決議は無効となる。したがって，設問の決議は本件代表訴訟に影響を及ぼさない。

　会社法423条1項の責任でも悪意・重過失によるものは，会社法425条による一部免除の対象にならない。Fの任務懈怠責任が肯定される場合，それが悪意重過失によるものかどうか検討される必要がある。なお，Fの任務懈怠が軽過失によるものでも，一人で特別決議の成立を阻止できるだけの株式を有しているFが議決権を行使して自己の責任免除決議を成立させたとすれば，会社法831条1項3号により決議取消しの可能性がある。

　(3)　株主代表訴訟の対象となっている請求権の会社による譲渡については，当該責任の免除や代表訴訟の和解と異なり，株主保護のための手続が定められておらず，代表訴訟提起後に当該請求権の譲渡をすることは代表訴訟制度を認めた法の趣旨に反することになる。したがって，本件の債権譲渡は無効と解すべきである。

演習 16 の解説

（問題は 111 頁）

　本問は，株主の権利行使に関する利益供与にかかる取締役・監査役の責任と責任限定契約・責任の一部免除に関する株主総会特別決議の関係について論じさせる問題である。

　(1)　本件土地の購入は，株主Bが株主提案権を行使しないことの見返りであるから「株主の権利の行使に関」するものであって，公正な価格との差額（5億円）について会社法120条1項に違反する利益供与が行われたことになる。Aは利益供与を行った取締役であるから無過失責任を負う（会社120条4項）。C，Dは，利益供与に関与した取締役（会社則21条2号イ）であり，職務を行うについて注意を怠らなかったことを証明すれば責任を負わないが，問題文から注意を尽くさなかったことになるだろう。

　A，C，D，Eは，本件の利益供与を行いまたは見過ごし，P社の資金を事業以外に用いたことについて任務懈怠に基づく損害賠償責任（会社423条1項）を負う。

　(2)　責任限定契約は会社法423条1項の責任に関するものであるから，本件責任限定契約の存在は，Dの会社法120条4項の責任には影響しない。またDは任務懈怠について重過失があるといえるなら，会社法423条1項の責任についても責任限定契約は影響しない。

　本件決議は会社法425条1項の決議である。したがって，Eに任務懈怠について悪意・重過失があれば，決議内容が法令違反となり決議は無効であり，Eの責任に対する本件代表訴訟に影響しない。Eに悪意重過失がない場

合，Eがこの決議に賛成したことにより著しく不当な内容の特別決議が成立したといえるなら，本件決議には会社法831条1項3号により取消事由がある。

演習17の解説
（問題は113頁）

本問は，従前の監査役を取締役に選任し，取締役報酬総額の限度額を増額する株主総会決議がなされた事例において，(1)兼任禁止規定との関係をどう解すべきか，(2)報酬総額の限度額を増額する決議に際して，取締役はどのような範囲で説明義務を負うか，(3)取締役の報酬額が具体的に定められた場合に，取締役会決議でそれを減額することができるかを問うものである。

（1）Aが取締役に就任すれば，監査役の地位は辞任したとみることができるから，兼任禁止規定（会社335条2項）に反することはない。取締役は監査役の求めに応じて業務の状況を報告する義務を負っており（同381条2項），Aが監査役の求めに応じて監査役会に出席して報告を行うことは問題ない。

（2）①報酬総額の上限が決まればお手盛り防止の趣旨は達成されるので，A・Bが受ける予定の報酬額は取締役報酬総額の改定という議題には関連せず，または関連しても株主の判断に客観的に必要とまではいえないだろう。②令和2年度に支払われた報酬総額がどれだけかは，取締役報酬総額の改定という議題に関連がないとはいえないだろうが，公開会社P社では，報酬総額は事業報告の記載事項であり（会社則119条2号，121条4号・5号），事業報告は招集通知に際して株主に提供されるから（会社437条），議場での説明は必要ないと解される。

（3）取締役Bの報酬額が具体的に定められると，その額はBとP社との間の契約内容となるから，Bの同意がなければP社が一方的に報酬額を減額することはできない。しかし，病気により担当する職務の遂行ができなくなれば報酬額が減額されることについては，黙示の同意があると認めてよいのではなかろうか。

演習18の解説
（問題は113頁）

本問は，公開会社ではあるが，非上場会社であるP社において，提携関係の強化を理由として，かつ株式価値を大幅に下回る価格で，株主総会の特別決議を経て第三者割当による募集株式の発行が行われたものの，提携関係の強化という発行理由や，P社の株式価値に関する取締役の説明が虚偽であったと見られる場合に，当該発行の無効を主張することができるか，取締役や引受人がどのような責任を負うかを検討させる問題である。

（1）**効力否定の手段**　いったんなされた新株発行の効力を否定するには，新株発行不存在といえるほどに新株発行の瑕疵が大きい

か，新株発行無効の訴え（会社828条1項2号）による必要があるが，株主総会特別決議を経て，払込みもあった本件では新株発行不存在といえるほどの瑕疵はなく，後者の訴えによる必要がある。新株発行無効事由は法定されていないため解釈により決する必要があるが，法定の手続を欠く有利発行や不公正発行であるというだけでは無効事由とはならず（したがってかりに本件特別決議が取り消されたとしても，無効事由とはならない），差止事由があったにもかかわらず差止めの機会が保障されていなかったような場合（または差止仮処分が無視されたような場合）に限って無効事由にな

るとするのが判例である。弁護士として相談を受けている以上は，このような判例の考え方には十分に注意を払う必要がある（たとえば，発行された新株が悪意者の手元にある場合には有利発行や不公正発行を無効原因として主張しうるという見解は判例により否定されているから〔最判平成 6 年 7 月 14 日判時 1512 号 178 頁・百選 100 事件〕，相談を受けた弁護士としては，この見解を基礎として無効主張可能性を検討することは避けるべきである）。

(2) **差止めの機会の保障**　本件では，株主総会の招集通知により本件発行が行われる予定であることが示されているから，少なくとも法形式上は差止めの機会が保障されていたといえる。しかし，本件特別決議は，有利発行を必要とする理由の説明が虚偽であること（会社 199 条 3 項違反。新株発行の 1 か月後に B が買い取る約束をしていることから，提携強化の必要という説明が虚偽であることは明らかといえる），C からの株式価値の質問に対して虚偽の回答をしていること（同 314 条違反），A が株主総会に出席できないことを見越して決議が強行されていること（しかも提携が急務であるという強行の理由は，上述のように虚偽であった）など，取消事由があったとされる可能性が高い。しかし，決議の時点では取消事由があることが C には明らかではなかったとすると，決議取消事由があることを理由とする差止めをすることもできなかったといえるから，差止めの機会が与えられていなかったことを理由として本件発行の無効を主張することが考えられる。

また，本件発行は株主総会決議を経ているから，かりに取締役が支配権維持という動機を有していたとしても，会社法 210 条 2 号の「著しく不公正な方法」による発行（不公正発行）にはあたらないのが原則である。しかし，提携強化という説明が虚偽であり，B の支配権維持が真の目的であったとみられること，大株主の A が株主総会に出席できない状況

を利用して決議が強行されたことを考慮すると，かりに C が本件発行前にそのような事情を主張して差止めを求めていればそれが認められていた可能性はある。B が Q 社らとの提携強化を仮装したことにより，この外観を信じた C が差止事由がないと考え，差止仮処分の申請を思いとどまったとすれば，B の策略により C には差止めの機会が実質的に与えられていなかったものと評価して，本件発行の無効を主張することも考えられよう。

(3) **取締役・引受人の民事責任**　取締役の任務懈怠によって有利発行が行われ，会社または株主に損害が生じた場合には，取締役に対して損害賠償責任を追及することが考えられる。株主総会の特別決議を経て有利発行が行われた場合，もはや株主総会決議を取り消すことはできず（発行されてしまえば訴えの利益を欠くというのが判例〔最判昭和 37 年 1 月 19 日民集 16 巻 1 号 76 頁〕である），法形式上は有効な決議に基づいて行われた業務執行に関して任務懈怠が認められるかどうかが問題となるが，少なくとも本件のように取締役 B 自身が決議の瑕疵の原因を作出している場合には，決議の効力を否定することなく責任を追及しうると考えるべきであろう。また，本件では任務懈怠もあったとみてよい。もっとも，有利発行によって株式価値が下落することが会社の損害になると解するか，既存株主の損害になるにとどまると解するかによって，責任追及の根拠条文が異なりうる（会社法 423 条 1 項か，429 条 1 項か）から，この点についても論じる必要がある。

通謀引受人の責任（同 212 条 1 項 1 号）を Q 社らに対して追及することも考えられるが，Q 社らが有効な株主総会決議に基づいて有利発行が行われたと考えていた場合には通謀があったとみることは困難であろう。このほか，本件発行の経緯からして，実質的な引受人は B 自身であるとみて B に対して 212 条 1 項 1 号の責任を追及することも考えられる

であろう。

演習 19 の解説

（問題は 115 頁）

本問は，非公開会社において会社の譲渡承認を欠いたまま株主名簿の名義書換えが行われた場合に，当該書換え後の名義に基づく株主割当てによる新株発行を差し止めることまたはその無効を主張することができるかを検討させる問題である。

(1) 乙から甲へのP社株式15株の譲渡（以下「本件譲渡」という）は，譲渡承認を欠いておりP社との関係では無効であるから，P社はこの15株について乙を株主として扱わなければならない（少なくとも甲を株主として扱うことはできない）。したがって，株主に株式の割当てを受ける権利を与えて合計で100株の募集株式の発行を行うにあたり，乙に40株しか割り当てないのは会社法202条2項本文に違反する（または，株主ではない甲に割り当てるのは株主割当てではないから株主総会決議を要するところ，それを欠くから会社法199条2項に違反するとみることもできる）。また，会社法202条4項の通知において，募集株式の数（会社199条1項1号）が記載されていないこと（この記載がないと乙に対する40株の割当てが「その有する株式の数に応じて」（同202条2項）なされたものではないことが明らかとならない）も法令違反となる。一方，本件発行により乙の持株比率が低下して過半数支配を失うことになるから，乙は「不利益を受けるおそれ」（同210条柱書）がある。よって，乙は，会社法210条1号に基づき，本件発行の差止めを請求することができる。なお，本件発行は，発行に至るまでのAと甲のやり取りからすると，AがP社の支配権を乙から奪取することを目的としているようであることが窺われ，同条2号の「著しく不公正な方法によ」る発行にも該当する可能性があるが，本件事案からすれば，まずは同条1号の差止事由を指摘すべきであろう。

(2) 募集株式発行の効力が生じた後でその効力を否定するには，新株発行無効の訴え（会社828条1項2号）によらなければならない（非公開会社であるため提訴期間は1年）。無効原因については法定されておらず解釈によって決しなければならないが，法的安定性の確保のため，新株発行の重大な瑕疵のみが無効原因になると解される。非公開会社においては持株比率を維持することについての株主の利益は重大であること，判例も非公開会社において株主総会の特別決議を経ないまま株主割当て以外の方法による募集株式の発行がされた場合に当該特別決議を欠く瑕疵が無効原因になると解していること（最判平成24年4月24日民集66巻6号2908頁・百選26事件），本件発行は実質的にみれば株主総会の特別決議を経ることなく株主ではない甲に募集株式を発行していると評価することもできることから，乙には差止めの機会がなかったわけではないことを差し引いても，無効原因を肯定するという考え方は十分に成り立ちうるであろう。しかし，本件においては，会社法202条4項の通知を受けた乙は本件発行に法令違反があること（少なくとも会社法199条1項1号の事項が通知されていないこと）を知りえたはずであり，差止めの機会がなかったとはいえないことからすると，募集事項の公示を欠いたまま不公正発行が行われ，差止めの機会が保障されていなかったといえるケースとは異なるとの評価も可能であると思われ，無効原因は認められないとの考え方も成り立つ余地があろう。

（問題は 116 頁）

本問は，公開会社において支配株主の異動を伴う新株発行がなされた事例において，引受人の名称等の通知・公告を欠いたことは新株発行の無効事由となるか，また，出資の履行を仮装した引受人が議決権を行使した場合に，株主総会決議の効力はどうなるか，さらに，適法な公告を欠く基準日に基づいて議決権行使がなされた場合に，株主総会決議の効力はどうなるかについて，検討させる問題である。

(1) 本件発行により，引受人 Q 社が有する議決権数が P 社の議決権総数の 50 ％超となるので，P 社は，払込期日の 2 週間前までに，Q 社が 1 万 2000 株を有する株主となることなど，一定の事項を株主に対して通知・公告しなければならない（会社 206 条の 2 第 1 項・2 項）。この通知・公告を欠くことは，実質的に差止めの機会を奪う（または，実質的に会社の基礎的変更というべき行為に対して反対する機会を株主から奪う）こととなり，本件発行の無効事由になると解される。P 社株主は，募集事項の通知によって新株発行がなされること自体は知りうるが，Q 社が支配株主となること等を知らされないのでは，実質的に差止めの機会が保障されたと見ることはできないであろう。

なお，会社法 206 条の 2 第 4 項但書の要件を満たす場合には，前記の通知・公告を欠いても無効事由にまではならないと解する余地があるが，業績の好調な P 社はその要件を満たさないと考えられる。

(2) Q 社は基準日時点の株主名簿に株主として記載されていたわけではないが，P 社の判断により，Q 社に議決権を行使させることが認められるので（会社 124 条 4 項），もし出資の履行の仮装がなかったならば，Q 社が議決権を行使したことに問題はない。

しかし本問では出資の履行が仮装されているところ，仮装された払込金額の全額の支払がなされた後でなければ，Q 社は株主の権利を行使することができない（同 209 条 2 項）。本問で P 社取締役が全額の支払をしたのは本件決議の後であるから，決議方法に法令違反があり，本件決議には少なくとも取消事由（同 831 条 1 項 1 号）があるといえ，Q 社が行使した議決権の大きさからすれば，不存在事由があると考えられるであろう。

(3) 基準日に関する公告を欠くと，基準日の設定は無効であると解するのが通説である。本問において，基準日設定が無効であるとすると，3 月 31 日時点の株主名簿上の株主に議決権を行使させたことは，決議方法の法令違反となり，本件決議には取消事由（会社 831 条 1 項 1 号）があることとなる。

もっとも，株主数の少ない P 社では，3 月 31 日以降，本件決議時点までの間に，Q 社が株主に加わったことを除いては株主構成に変化がない場合があり得る。基準日設定が無効であれば，P 社は，議決権行使時点の株主名簿上の株主に招集通知を発出して議決権行使をさせればよいのであるから，この場合には，本件決議に瑕疵はないこととなろう。

（問題は 117 頁）

本問は，共同相続により（準）共有状態にある株式について権利行使者の決定がなされていないという事案において，当該株式にかかる議決権の行使の可否，行使できないとした場合の定足数計算における処理，非公開会社における募集株式発行の手続，当該手続の瑕疵が新株発行無効原因となるか等について，検討させる問題である。

(1) これは発行済株式総数の70％を占める共有株式（本件株式）について権利行使者の決定ができず，本件総会においても本件株式にかかる議決権が行使されていないとみられるケースである。P社は非公開会社であるから募集株式を発行するには株主総会の特別決議を要し（会社199条2項・309条2項5号），特別決議が成立するには「当該株主総会において議決権を行使することができる株主の議決権の過半数……を有する株主が出席し」，出席株主の議決権の3分の2以上の多数が賛成することが必要である（同309条2項柱書）。従って，本件では，本件株式が309条2項にいう「議決権を行使することができる」株式にあたり，定足数算定の分母に算入されることになるのかどうかを検討する必要がある。肯定否定両方の考え方がありうるが（江頭『株式会社法』349頁注4は，定足数要件に算入しないと本件のような中小企業経営者の相続開始時に実質的に許容しがたい総会決議が成立しかねないことを理由に肯定。おそらく多数説であろう），肯定説を採る場合には本件決議は定足数を満たしておらず，瑕疵（決議取消事由。決議不存在事由とみる立場もありえよう）を帯びることになる。判例学説上，非公開会社では，株主総会決議を欠くことは新株発行無効原因になると解されていることから，一応決議はあるもののその決議に瑕疵がある場合にも株主は新株発行無効の訴え（会社828条1項2号）を提起し，瑕疵ある決議に基づき発行されたことを無効原因として主張することができると解される。なお，本件株式につき会社法106条本文の手続がなされていないため，Eは株主としての権利行使ができず，新株発行無効の訴えにおける原告適格も有しないのではな

いかという問題があるが，本件事案のように相続準共有にかかる株式が発行済株式総数の70％を占めているにもかかわらず，これを除いた株主総会決議により募集株式の発行がなされたようなケースでは，共同相続人たるEにも原告適格を認める余地がある（合併無効の訴えに関する最判平成3年2月19日判時1389号140頁参照）。

(2) これは本件株式について権利行使者の決定ができていないにもかかわらず，P社が106条但書により共同相続人の1人に権利行使を認めてしまったとみられるケースである。しかし，106条但書はこのような恣意的な権利行使を認める規定ではなく，権利行使の方法が106条本文所定のものではないが民法の共有に関する規定（判例によれば議決権の行使については原則として民法252条）に従って定められた場合に会社が同意することにより当該権利行使方法を認める規定と解される（最判平成27年2月19日民集69巻1号25頁・百選11事件参照。たとえば，共同相続人が全員で権利行使することや特定の代理人に権利行使させることを民法252条に基づいて決定し会社がこのような権利行使方法を認める場合などが考えられる）。そうすると，そのような場合にあたらない本件ではBはその権限がないにもかかわらず本件株式につき議決権を行使したことになり，本件決議は瑕疵を帯びる（(1)でみたように権利行使できない共有株式は定足数計算から除外されるとする立場をとる場合には，300株中200株の賛成があり瑕疵はないという考え方も成り立ちうるが，このような結論は実質的にみて妥当とはいえないだろう）。決議に瑕疵があるとした場合の検討は(1)と同様となる。

演習22の解説

（問題は118頁）

本問は，公開会社の設立中に発起人が行った種々の法律行為について，法律効果が成立

後の会社に帰属するのか，会社に帰属しない場合に発起人がどのような責任を負うかを問

うものである。

(1) P社設立発起人Bは，成立後のP社に法律効果が帰属することを明示したうえで，本件作業を依頼しているが，これはいわゆる開業準備行為に該当する。判例・多数説によれば発起人には（定款に記載のある財産引受けを除き）開業準備行為をする権限はなく（最判昭和33年10月24日民集12巻14号3228頁・百選4事件），その法律効果はP社に帰属しないから，P社はEに対して報酬支払義務を負わない。なお，開業準備行為も発起人の権限の範囲内にあるとする少数説を採る場合には，P社に効果を帰属させるためには当該開業準備行為がいかなる要件を充足しなければならないか等についても記述することが求められる。

(2) 発起人が設立中に権限外の行為をした場合，無権代理人に類似した地位に立つことになるが（民117条1項類推），EはBが発起人であることを知っている以上，開業準備行為について権限がないことについても知っていることになるから，無権代理人としての責任を追及することはできない（同条2項1号参照）。しかしBが，権限がないにもかかわらず，あたかも成立後の会社に効果が帰属するように振る舞って本件作業の依頼をしたことは，発起人としての任務懈怠にあたるから，会社法53条2項の責任を負いうる（民法上の不法行為にもあたりうる）。

(3) 問題文で述べられた事実関係からすると，Bは，AとBから成る発起人組合を代表して本件作業を依頼したと解される。A・B間で，Bが組合として開業準備行為を行うことにつき合意があれば（民670条1項），本件作業にかかる報酬支払義務は組合に帰属する。Eは組合員たるAに対しても，AB間でなされた損失分担の合意に基づく割合に応じてまたは等しい割合で報酬の支払を請求することができる（同675条2項）。

(4) ゲーム機の購入契約は，会社法28条2号の財産引受けに該当するが定款に記載がないため無効である。ここでも(1)と同様，発起人を無権代理人に類似するものとみてAの責任を追及する余地があるが（民117条1項類推），財産引受けは他の開業準備行為とは異なり，一定の要件の下で成立後の会社に帰属するから，Aが発起人であることを明示したからといって，Fは民法117条2項1号・2号にいう悪意有過失と評価されるべきことにはならない。定款に記載されるかどうかはP社側の事情であり，Fは，P社発起人が財産引受けを定款に記載していることを信頼してよいと考えられるから，特に疑わしい事情がない限り，Fには，民法117条2項2号所定の過失はないとみてよいであろうし，定款への記載を怠ったBには同号但書の適用もありうるであろう。

（問題は119頁）

演習23の解説

本問は，株式会社の設立に関して，引受け・払込みの欠缺が設立無効原因になるか，ならびに定款に記載のない財産引受けの効力・追認の可否およびそれに関与した発起人の責任について問うものである。

(1) 会社法制定前商法の下では，発起人と設立時取締役に引受払込担保責任が課されていたこととの関係で（同法192条1項・2項），

引受け・払込みの欠缺の程度が小さければ，設立無効原因にはならないとする見解が有力であった。しかし，会社法は，引受払込担保責任を廃止したので，この見解は根拠を失った。会社法の下では，引受け・払込みの欠缺によって定款所定の「設立に際して出資される財産の価額又はその最低額」（会社27条4号）を満たさなくなる場合には，設立無効原

因となると解される。したがって，提訴期間
内に設立無効の訴えを提起した株主Cの請
求は（同828条1項1号・2項1号），基本的に
認容されると考えられる。会社法制定に際し
て最低資本金制度が廃止された以上，P社は
定款に出資される財産の最低額をいくらに定
めてもよかったのであるから，この結論はや
むをえないというべきであろう。

（2）　本件売買契約は変態設立事項である財
産引受けにあたるから（会社28条2号），定款
に記載がなければ無効である。この無効は，
会社だけでなく，譲渡人も主張できるとする
のが判例・多数説であり，これに従えばQ
社の請求は認められる。無効の主張は会社の
みが行えるとする有力説もある。

定款に記載のない財産引受けの追認が認め
られるかについて，判例は否定しており（最
判昭和28年12月3日民集7巻12号1299頁），学
説は否定説と肯定説に分かれる。否定説は会
社の財産的基礎の充実を重視する。肯定説は，
会社に有利な取引の確保を重視する。追認肯
定説をとった場合，追認はどの機関が行うか
（本問では事後設立〔同467条1項5号〕に準じた

手続が必要と考えられる）にも言及すべきであ
る。

（3）　Aは設立中のP社の発起人としてP
社の成立を条件にP社が本件土地・建物を
購入する契約を締結しているので，本件売買
契約の当事者をAとする構成は無理であろ
う。Aを無権代理人に準ずるものとみて民
法117条1項の類推適用（本人たるP社はまだ
存在しない）により，Q社が履行を選択する
という方法が考えられる。

その場合，Q社は，本件売買契約が発起
人の権限外であること（具体的には，定款に財
産引受けの記載がないこと）を知っていれば，
民法117条2項1号により保護されない。開
業準備行為一般についていえば，相手方が同
117条1項の類推適用により保護される場合
は限られる（開業準備行為は設立中の会社の機関
たる発起人の権限外であると解するのが判例・多
数説である）。もっとも，開業準備行為のうち
財産引受けについては，定款に記載していれ
ば発起人の権限の範囲内であるから，相手方
が定款に記載がないことを知らなければ民法
117条1項の類推適用によって保護される。

演習24の解説

（問題は120頁）

本問は，取締役会の承認を得て行われた取
締役・会社間の利益相反取引（直接取引）に
ついて，取引相手方である取締役および取引
に賛成した取締役の責任を株主代表訴訟によ
って請求するという事例において，株主代表
訴訟で追及できる責任の範囲，利益相反取引
に関与した取締役の損害賠償責任の成立要件
等を検討させる問題である。

（1）　取引上の債務が株主代表訴訟の対象と
なるかどうかが論点である。

学説は，株主代表訴訟制度の存在理由であ
る役員の仲間意識による責任追及訴訟提起懈
怠の可能性は，会社法に定められた役員の責
任でも取引上の債務でも異ならないから，取

引上の債務も株主代表訴訟で追及できるとす
る多数説と，取引上の債務を追及するかどう
かは取締役の経営判断事項であり株主はそれ
に介入すべきでなく，会社法に定められた免
除が困難または不可能な責任のみが株主代表
訴訟の対象となるとする少数有力説に分かれ
ている。最高裁は，取引上の債務も株主代表
訴訟により追及できるとの立場を明らかにし
た（最判平成21年3月10日民集63巻3号361
頁・百選64事件）。

設問後段は，在任中に株主代表訴訟の対象
となる責任を負担していた役員が退任した場
合でも当該責任を株主代表訴訟によって追及
できるかという問題である。これについては

ほぼ異論なく肯定的に解されている。

(2) 取締役・会社間の利益相反取引に賛成した取締役の任務懈怠責任に関する規定の構成を，原告側・被告側がどのような主張・立証をすべきかという形式で問う問題である。

まず，当該取引によって会社に損害が生じたこと，および取締役（B・C・D）が本件取引について取締役会で承認決議に賛成したことが立証できれば，B・C・Dの任務懈怠が推定される（会社423条3項3号）。この場合，B・C・Dが責任を免れるためには，任務懈怠がないことまたは責めに帰することができる事由（故意・過失）がないことを証明しなければならない。本件ではB・C・Dに具体的法令違反行為はなく，任務懈怠があるとすれば善管注意義務・忠実義務の違反になるの

で，任務懈怠がないことと故意過失がないことの証明は実際には重複するだろう。

(3) 本件の取引によって会社に損害が生じた場合には，Aの任務懈怠も推定される（会社423条3項1号）。Aについては，任務を怠ったことが責めに帰することができない事由によるものであることを証明しても責任を免れない（同428条1項）。Aは，任務懈怠のないことを証明すれば責任を免れることができるはずであるが，本件での任務懈怠とは善管注意義務違反を意味し，通説によれば会社法428条1項は無過失責任を定めた規定であるから，無過失の証明ができないAは，善管注意義務違反がないことの証明もできないこととなろう。

演習 25 の解説

（問題は 121 頁）

本問は，計算書類の作成を担当する代表取締役副社長が剰余金の額を粉飾したため，代表取締役社長が，株主総会の決議を経て，分配可能額を超える剰余金の配当をしたという事例において，代表取締役，監査役および会計監査人の会社に対する責任はどうなるか，当該責任についての総株主の同意による免除の可否，ならびに代表訴訟の和解の効力について，検討させる問題である。

(1) 前提として，問題となる剰余金配当の時における分配可能額が1億円であることを，なぜそうなるのかを踏まえて押さえておく必要がある。P社の令和2年度期末（令和3年3月31日）の貸借対照表によると，剰余金の額は，その他資本剰余金とその他利益剰余金の額の合計額である1億円であり（会社446条，会社計算149条），P社は自己株式を保有せず，令和2年度期末から令和3年6月24日（定時株主総会開催日）までの間に，分配可能額の変動をもたらす事象はないのであるから，剰余金配当時の分配可能額も1億円であ

る。したがって，P社は，分配可能額を超える剰余金の配当を行ったことになる。

Aは総会議案提案取締役（会社462条1項6号イ・同項1号イ，会社計算160条3項）として，Bは剰余金の配当に関する職務を行った業務執行者（会社462条1項柱書，会社計算159条8号イ）として，それぞれ会社法462条1項の責任を負う。この責任は，過失責任であるところ（会社462条2項），A・Bそれぞれについて，注意を怠らなかったことの証明が可能かどうかも，事例より検討することが求められる。

GとHは，それぞれ監査を行うにあたり善管注意義務違反があれば，会社法423条1項により損害賠償責任を負う。A・Bについても同条の責任が問題になりうるが，同条1項の責任については，A・Bや剰余金の配当を受けた株主が会社法462条1項の責任を負う場合にP社の損害とはどのようなものかにも言及しておく必要があるだろう。

このほか，会社法462条1項と423条の責

任は連帯しない点や，Hについては過失相殺の可能性がある点にも触れておくことが望ましい。

(2) A・Bの会社法462条1項の責任の免除の可否が問題となる。

同条の責任は，債権者保護の観点から，総株主の同意をもってしても免除できない（会社462条3項本文）。ただし，分配可能額の範囲内については，総株主の同意によって免除できる（同項但書）。本件では1億円については免除を有効とするか，全額（4億円）としているから免除はできない（免除は無効）とするかは，いずれの立場も成り立ちえよう。前者なら1億円分について本件責任追及訴訟

が（一部）棄却される。後者なら本件責任追及訴訟に影響しない。

(3) G・Hの会社法423条1項の責任を50万円に免除する代表訴訟の和解の効果が問題となる。

代表訴訟の和解は，会社が異議を述べなければ，会社が承認したものとみなされ，確定判決と同一の効力を有する（会社850条1項〜3項）。会社法423条1項の責任の免除には総株主の同意が必要であるが（同424条），以上の代表訴訟の和解については424条の適用が排除され（同850条4項），総株主の同意なしに責任が免除される。

演習 26 の解説

（問題は 122 頁）

本問は，(1)顧問弁護士によって監査が行われた場合，(2)後発的な兼任禁止違反の状態で監査が行われた場合，および(3)勤務状態の悪い常勤監査役が監査を行った場合において，これらの事情が計算書類の承認決議の効力に影響を及ぼすかを検討させる問題である。

(1) 顧問弁護士Cによる監査は，兼任禁止規定（会社335条2項）に反しないかが問題となる。同規定にいう「使用人」とは，取締役から継続的に指揮命令を受ける関係にあるかどうかによって決すべきところ，顧問弁護士は，専属的である等の特段の事情がなければその関係はないと解してよいであろう。「使用人」でなければ，Cの社外監査役としての資格（同2条16号）にも問題はない。

他方，Cの職務の実体が専属的である等，取締役に継続的に従属したものである場合，兼任禁止規定との関係では，監査役就任時に顧問弁護士たる地位を辞任したものとみなすことができ，兼任状態は生じないと解することができる。しかしこの場合，Cは社外監査

役としての資格要件を欠くことになり，法定の社外監査役を欠いてなされた監査は無効と解すべきであろう。監査が無効であれば，計算書類の承認決議は，決議方法の法令違反（同436条1項）または招集手続の法令違反（同437条）として，決議取消事由を生じることになる（同831条1項1号）。

(2) Dについては，兼任禁止規定に反する状態が後発的に生じたため，従前の地位を辞して監査役に就任したという理論構成をとることはできない。Dは兼任禁止規定に違反しており，その監査は無効と解すべきであろう。監査が無効であるときの計算書類の承認決議の効力は，小問(1)と同様である。

(3) 常勤監査役に選定されたAは，P社の営業時間中原則としてP社の監査役の職務に専念する義務を負い，その勤務状態が悪ければ善管注意義務違反の問題を生じる。しかしAの監査が無効になるわけではなく，本件決議の効力にも影響はない。

（問題は 202 頁）

　本問は，取締役会設置会社においていわゆるデット・エクイティ・スワップが行われる場合に，検査役調査の要否および現物出資される債権の評価と有利発行規制がどのように関係するか，ならびに少数株主の反対にもかかわらず多数株主の賛成により資本減少決議および株式併合決議がなされた場合の当該決議の瑕疵の有無について問うものである。

　(1)　P 社は，Q 社の P 社に対する額面額 3000 万円の債権（以下，「本件債権」という）を現物出資財産として，Q 社に対して募集株式の発行を行おうとしており，かりに検査役調査が必要であるにもかかわらずそれを省略して（本件では検査役調査は行われていないとみられる）募集株式の発行が行われるのであれば，株主 A は法令違反を理由として本件募集株式の発行の差止めをしうる（会社 199 条 1 項 3 号・207 条 1 項・210 条 1 号）。また，現物出資財産たる債権が過大評価される場合には，Q 社は既存株主よりも少ない出資額で募集株式を取得できることになるから，「実質的に」有利発行に該当すると考えられ，株主総会の特別決議なしにそのような募集株式の発行を行うことは同様に差止事由に該当すると解される（同 210 条 1 号類推）。ただし，本件では，本件債権の期限の利益が放棄されていることにより，本件債権の弁済期は到来しており，会社法 207 条 9 項 5 号のその他の要件も充足しているとみられることから，検査役調査は不要である。また，弁済期が到来している以上，P 社が本件債権につき 3000 万円の弁済をし，即座に Q 社から同額の金銭出資を受けて払込金額を 100 円として 30 万株の募集株式を発行しても有利発行に該当することはないのであるから，本件債権を現物出資財産として同様の募集株式の発行を行っても有利発行に該当することはないと解される（207 条 9 項 5 号が検査役調査を不要として

いるのも，弁済期到来済みの債権をその券面額で評価することは公正とみているからであると解される）。したがって，本件募集株式の発行は，検査役調査の点でも，有利発行の点でも，差止事由はないと解される。

　なお，本件債権につき P 社取締役会が期限の利益を放棄した点については，理論上は任務懈怠に該当する余地があるが，本件における期限の利益の放棄は，会社再建のためのデット・エクイティ・スワップをスムーズに行うためになされたとみられるから，現実に任務懈怠責任を問うことは困難であると思われる。

　(2)　第 1 号決議・第 2 号決議は，株主 B・C の反対にもかかわらず，75 ％ もの議決権を有する Q 社の賛成により成立させられていることから，会社法 831 条 1 項 3 号の取消事由の存否が問題となる。ただし，資本減少それ自体によって，株主 B・C が何らかの不利益を被ることはないと考えられるから，第 1 号決議については，「著しく不当」の要件を欠き，取消事由は存しないと解される。

　これに対し，株式併合が行われる場合には，併合割合によっては株主の地位を失う者が生じうるから（本件では，持株数 1000 株未満の株主は，株主の地位を失うことになる），そのような株主地位の剥奪が「著しく不当」であるといえる場合には，831 条 1 項 3 号の取消事由が認められる（平成 26 年会社法改正により株式併合の差止めの規定〔会社 182 条の 3〕が設けられたことから，株式併合決議に取消事由が認められる場合には，反対派の株主としては，瑕疵ある決議に基づき株式併合を実行することが法令違反にあたるとして株式併合を差し止めることを検討すべきであろう。なお，少数株主の締出しを正面から認めた平成 26 年改正会社法の下でも，閉鎖型タイプの会社においては 831 条 1 項 3 号が締出しの決議に適用されうることを指摘するものとして，

江頭『株式会社法』162~163頁）。しかしながら，株主管理コストの縮減のために株式併合を行う場合には零細株主の株主地位を奪うことは目的を達成するために当然に必要なことであり（株主数が減らない限りは，株主総会招集通知や配当金の支払手続のコストを縮減できない），P社株1000株（P社の株式価値が募集株式発行後に急騰していない限りは10万円程度である）を1株にする程度の併合は，原則として，その目的を逸脱した不当なものとみることはできないであろう。

（問題は203頁）

演習28の解説

　本問は，機械の増設と新工場建設の資金を調達するために新株発行が行われるという事例において，(1)株主割当てに際して失権株が生じたときに，それをどのように処理すればよいか，(2)発行可能株式総数を超える新株発行を有利発行等に配慮しながらどのように合理的に行えばよいかを問うものである。

　(1)　株主割当ての新株発行において失権株が生じた場合，その失権部分を第三者（A）に引き受けさせるときには，別途会社法の規定に従って第三者割当てによる募集株式の発行手続を踏まなければならない。P社は公開会社であるから，有利発行でないかぎり，払込期日の2週間前までに株主への通知または公告が必要である（会社201条3項・4項）。またAへの新株発行①が有利発行であれば（場合分け，または新株発行②の事実関係から有利発行と見ることも可能）株主総会の特別決議が必要になる（同条1項，199条2項・3項）。

　公示を欠く新株発行は，ほかに差止めの事由がない場合を除き，新株発行無効事由となるとの判例の立場によると（最判平成9年1月28日民集51巻1号71頁・百選24事件），Aへの新株発行①が有利発行であるとすれば，株主総会決議を欠き，かつ新株発行の公示もない本件では，Xの請求は認容される。

　(2)　第1に，Q社への新株発行が有利発行となること，第2に，Q社とR社への新株発行が募集事項の不均等（会社199条5項）となりうること，第3に，合計10万株の新株発行が発行可能株式総数を超えること，という問題がある。

　第1の点について，Q社への新株発行は株主総会特別決議によって行わなければならない（同201条1項，199条2項・3項）。第2の点について，Q社への発行とR社への発行を別個の新株発行（特に，Q社への新株発行は有利発行手続による）と考えれば，不均等の問題は生じない。第3の点について，定款変更により，発行可能株式総数を12万株以上に増加しなければならないが，公開会社では，発行可能株式総数は発行済株式総数（新株発行②の直前では2万株）の4倍までしか増加できない（同113条3項1号）という問題がある。

　そこで，新株発行②を行うには，1つの株主総会において，Q社への有利発行決議と，その新株発行が効力を生じること（その時点で発行済株式総数は4万株）を条件に発行可能株式総数を12~16万株に増加する定款変更決議を行い，その定款変更が効力を生じた後，R社への新株発行を取締役会決議によって行うことが合理的である。

演習29の解説

（問題は204頁）

　本問は，設問の(a)~(e)の要件を考慮して，種類株式および社債の内容をどのように設計するか，を問うものである。

　(a)の要件は株式・社債に共通する性質なの

で，(b)以下の要件を満たす種類株式・社債を考えなければならない。

(1) (c)(d)の要件を満たすためには，参加的優先株式を用いることになる（会社108条1項1号・2項1号）。累積的・非累積的のいずれにするかは，ここでは本質的ではないが，ある事業年度に分配可能額（同461条2項）がなければ，(c)の支払はできないので，累積的の方が，より(c)の要件を満たしやすいと考えられる。

(e)の要件を満たすためには，すべての議決権が制限された議決権制限株式（完全無議決権株式）にする必要がある（会社108条1項3号・2項3号）。

(b)の要件を満たすためには，当該株式を取得条項付株式とし（会社2条19号・108条1項6号），会社側があらかじめ定めた日ないし一定の事由が生じた日に金銭を対価としてその株式を取得する旨を定款で規定しておくことになる（同108条2項6号・107条2項3号イロハト）。

結論として，参加的優先株で，議決権制限（完全無議決権）株式とし，会社側が金銭で取得できる取得条項付株式とすれば，この設問に見合った新株発行となる。

株式の種類は定款に定めておかなければならないから，株主総会特別決議により，必要な定款変更を行う（会社466条）。そのうえで，P社は公開会社であり監査役設置会社である（監査等委員会設置会社または指名委員会等設置会社ではない）から，上記種類の株式の発行が有利発行にならない限り，取締役会決議による募集事項の決定をすることになる（同201条1項）。

(2) 設問の要件を満たす社債の内容を募集社債に関する事項として決定しなければならない。もっとも，社債である以上，償還期限に元本を償還し（(b)の要件，会社676条4号），所定の利率の利息を支払うことになるのは（(c)の要件，同条3号・5号），通常のことである。また社債権者は株主ではないから株主総会の議決権がないのも当然である（(e)の要件）。

(d)の要件を満たす社債として利益参加社債がある。利益参加社債とは，確定利息の支払が保証されているほか，分配可能額または分配剰余金額に応じて追加利息の支払をなすことが約されている社債である。たとえば，一定額以上の分配可能額がありまたは剰余金分配がされるときは，その額の何％かを追加利息とすることを約することなどが考えられる。これについては，発行が認められるか，認められるとしても定款による授権が必要か（実質が完全無議決権株式である取得条項付株式に類似することから）について，見解が分かれる（江頭『株式会社法』751～752頁注12）。

社債の内容は定款に定める必要はない。P社は公開会社であるから取締役会設置会社であるところ（会社327条1項1号），取締役設置会社（監査等委員会設置会社または指名委員会等設置会社を除く）では，取締役会の専決事項に「676条1号に掲げる事項その他の法務省令（会社則99条）で定める事項」が含まれている（会社362条4項5号）。したがって，P社では，募集社債の総額，募集社債の利率の上限等は取締役会で決定し，その他の事項の決定は，取締役会決議により代表取締役等に委任することができる。

演習30の解説

（問題は204頁）

本問は，上場会社が社債型優先株式を発行して，普通株式と優先株式が併存することとなった場合に，少なくとも普通株式について

株式分割を行うためには会社法上どのような手続が必要となるか，また，その手続をせずに済ませるには，優先株式発行時にどのよう

な「工夫」をしておけばよいかを問う問題である。

（1）まず，P社は監査役会設置会社であるから，取締役会設置会社であり，したがって株式分割を行うには取締役会決議が必要である（会社183条2項）。

種類株式発行会社が株式分割を行う際には，株式の種類ごとに異なった扱いをすることもできると解されるが（同項3号参照），株式分割がある種類の株式の種類株主に損害を及ぼすおそれがあるときは，当該種類株式の種類株主総会の決議がなければその効力が生じない（同322条1項2号）。

かりにP社が普通株式についてのみ株式分割を行うとした場合，本件優先株式は非参加的で完全無議決権株式であることから，優先株主は，剰余金の配当，残余財産の分配，議決権（および行使要件が議決権基準で定められている少数株主権〔提案権，株主総会招集権等〕）については特段の損害を被らないが，帳簿閲覧権（同433条）・役員解任請求権（同854条）等，行使要件が発行済株式総数基準で定められている権利については，普通株式の株数増大によって権利の希釈化という損害を被る。よって，優先株主の種類株主総会決議が必要である。なお，優先株式発行後に会社法322条2項の定めをするという手続をとれば，種類株主総会決議は不要となるが，優先株主全員の同意が必要となるため（同322条4項），この手段は現実的ではない。

他方，普通株式と優先株式を同じ割合で株式分割を行うとした場合には，優先株式について権利の希釈化は生じないが，逆に，優先株主が受ける優先配当金や残余財産分配額が増大するため，普通株主の種類株主総会決議が必要となる。また，そもそも，優先株主の優先配当金や残余財産分配額を実質的に増やすことは社債型優先株を発行することの意味

を失わせることになるから，社債型優先株式を発行しながら当該優先株式について株式分割を行うことは会社経営上合理的とはいいがたい。

（2）そこで，普通株式についてのみ株式分割を行い優先株式については株式分割を行わないケースに焦点をあてて，優先株式発行時の「措置」により種類株主総会決議をしないで済ませることができるかどうかを検討すると，第1に，優先株式を発行するときに，優先株式について322条2項の定めをしておくことが考えられる。この場合，優先株主は普通株式の株式分割に際して株式買取請求権を行使することができる（会社116条1項3号イ）。第2に，優先株式を発行するときに，普通株式について株式分割を行う場合でも優先株式については株式分割を行わない旨を，優先株式の内容として定款で定めておくことが考えられる（このような定めは優先株式への剰余金の配当や残余財産の分配に影響を与えることとなるから，会社法108条2項1号にいう「その他剰余金の配当に関する取扱いの内容」，同2号にいう「その他残余財産の分配に関する取扱いの内容」に該当するとみることができる）。このような定めがあれば，優先株主となる者は，普通株式のみの株式分割により最大限どこまで権利の希釈化が生ずるかを予想して（定款所定の普通株式の発行可能株式総数が限度となる。これを拡大する定款変更には優先株主の種類株主総会決議が必要となる〔同322条1項1号ハ〕）優先株式を取得するものといえるから，現に株式分割が行われても，それは322条1項にいう「種類株主に損害を及ぼすおそれ」がある場合には該当しないと解することができる。第2の方式によるときは，優先株主によって株式買取請求権を行使されることもないから，会社実務上は，株式買取請求権行使に伴う事務手続を回避できるという利点がある。

（問題は 205 頁）

本問は，普通株型優先株式（かつ完全無議決権株式）を発行している公開会社において，優先株式と普通株式について異なる払込金額で株主割当ての新株発行を行う場合にどの種類株主のどのような利益が害され，いかなる手続が必要となるのか，および，完全無議決権株式である優先株式につき特に有利な金額で追加的に新株発行を行う場合にいかなる手続が必要となるのかなどを会社法の規定に即して検討させる問題である。

(1) ①の場合について。本件発行は，株式価値 500 円の a 株式と b 株式を a 株式につき払込金額 300 円，b 株式につき同 200 円で発行しようとするものである。いずれも時価を下回る払込金額で発行しようとするものであるが，株主に株式の割当てを受ける権利を与えて行うものであるから，有利発行手続に従う必要はない（会社 202 条 5 項）。しかし，株式価値 500 円の株式を取得するのに a 株主は 300 円を払い込まなければならない一方，b 株主は 200 円の払込みで済むから，a 株主に損害を及ぼすおそれがあり（a 株式も b 株式も時価未満の発行により株式価値が同程度に希釈化されるが，b 株主の方が払込金額が少なくて済むため，相対的に a 株主が不利益を被る），a 株主

の種類株主総会決議が必要になると解される（同 322 条 1 項 4 号）。そのような種類株主総会決議なしに取締役会決議だけで発行しようとするものであるから，法令違反による発行として会社法 210 条 1 号により A は本件発行の差止めを請求することができる。

(2) ②の場合について。本件発行は，株式価値 500 円の a 株式について有利発行を行うものであるが，これを承認する株主総会が b 株主によってのみ構成されており，a 株主の意向が全く反映されない点が一応問題となる。しかし，a 株式は普通株型優先株式であることから，a 株式の有利発行は b 株式にも同様に株式価値の希釈化をもたらすことになり，a 株主に損害を及ぼすおそれがあるとはいえない。また，完全無議決権株式である a 株式を保有する a 株主は，会社法 323 条 1 項の適用がない場合にはもっぱら b 株主の判断によって有利発行が行われうることも当然に予想すべきといえるから，a 株主が有利発行の決定に関与しないことに法令違反はなく，また，b 株主のみによって有利発行が決定されることが当然に会社法 831 条 1 項 3 号の取消事由となるわけでもないと解される。

（問題は 206 頁）

本問は，上場会社（公開会社）である指名委員会等設置会社において，社債型優先株式を第三者割当ての方法で発行する場合に，どのような機関の決定が必要になるか，そのように発行された株式と社債の間には，会社に対する権利や投資された金銭の返還についてどのような違いがあるか，および社債型優先株式と普通株式が発行されている場合においてすべての株主に普通株式を無償で割り当てる方法と手続について，会社法の規定に即して検討させる問題である。

(1) 社債型優先株式の公正な価格は普通株式の価格ではなく市中金利等と連動することを踏まえて，本件の社債型優先株式の発行が有利発行（会社 199 条 3 項）に該当するかどうかを検討する。有利発行に該当する場合は，株主総会特別決議によって募集事項を決定する（同 199 条 1 項～3 項）。有利発行に該当しない場合，公開会社では原則的に取締役会決議によって募集事項を決定するが（同 201 条

1項），指名委員会等設置会社では募集事項の決定を執行役に委任できることを踏まえ（同416条4項参照），本件の事例にあてはめて解答することが求められる。

(2) 完全無議決権株式でも議決権を前提としない経営参与権（監督是正権）があるのに対し，社債権者には経営の監督是正権はない。取得条項付株式の取得については分配可能額規制がある（会社170条5項）のに対し，社債の償還は分配可能額による規制を受けない。

(3) 普通株式と社債型優先株式のいずれの株主にも普通株式を無償で割り当てて発行するには，株式無償割当ての方法による（会社186条1項1号・3号）。指名委員会等設置会社において株式無償割当ての決定は執行役に委任できる。株式無償割当てがある種類の株主に損害を及ぼすおそれがあると，その種類の株主による種類株主総会決議が必要である（同322条1項3号）。設問の株式無償割当てによってA種類株主が普通株式を取得することにより，既存の普通株主は議決権比率の低下，および優先配当後の剰余金配当へのA種類株主の参加という不利益を受けることになる。一方，A種類株主はとくに不利益を受けない。したがって，普通株主の種類株主総会決議が必要となる。

演習33の解説

（問題は207頁）

本問は，種類株式発行会社でない会社が同一内容の株式を2つの種類に分けるためにはどのような手続が必要か，種類株式発行会社において新株予約権無償割当てを行うにはどのような手続が必要か，および差別的行使条件が付された新株予約権無償割当てについて差止めが認められるかについて，検討させる問題である。

(1) 種類株式発行会社でない会社が，内容の均一な既存の株式を複数の種類に分けるためには，株主平等原則の見地から，通常の定款変更手続（会社466条・309条2項11号）では足りず，総株主の同意による定款変更が必要になると解すべきであろう。多数決でこれを行うことを認めると，少数派は不利な内容の種類株主へと追いやられるおそれがあるからである。

(2) a種類株式の株主だけに新株予約権無償割当てを行うと，b種類株式の株主に損害を及ぼすおそれがあるかが問題となる。b種類株式は非参加的累積的剰余金配当優先株式であるところ，新株予約権が行使されるとa種類株式だけ株式数が増加することから（a種類株式だけ株式分割をするのと同様），b種類株式の株主の持株比率が低下する結果，株式数基準による少数株主権行使ができなくなるおそれがある。したがって，定款で何の工夫もしていない場合には，取締役会決議（会社278条3項）に加え，b種類株式の種類株主総会決議が必要となる（同322条1項6号）。

定款に工夫をし，①b種類株式の内容として，種類株主総会の決議を要しない旨を定め（会社322条2項），または②a種類株式について新株予約権の無償割当てを行っても，b種類株式については行わない旨を定めていれば，b種類株式の種類株主総会決議を不要とすることができる。

(3) 差別的行使条件が付された新株予約権無償割当ては，株主平等原則（会社109条1項）またはその趣旨に反する。本問の事実関係の下では，主要目的ルールによって不公正発行にもなるであろう。Xは差止めを請求することができると考えられる（同247条類推）。

（問題は 208 頁）

本問は，すでに種類株式を発行している非公開会社が，取締役の選解任に関する種類株式（会社 108 条 1 項 9 号）の制度を利用する場合に，同制度を導入するにはどのような手続が必要となるか，同制度を廃止するにはどのような手続が必要となるか，および種類株主総会決議に瑕疵がある場合に，当該種類株式を有しない株主は当該決議の効力を争いうるかを問うものである。

(1) 種類株式の内容を変更するには，株主総会での定款変更決議（会社 466 条・309 条 2 項 11 号）のほか，損害を受けるおそれのある種類株主の種類株主総会決議も必要となる（同 322 条 1 項 1 号ロ）。本件では，a 種類株主には不利益があり，a 種類株主の種類株主総会決議が必要であるが，b 種類株主には不利益はなく（b 種類株主には株主総会での議決権は

ない），b 種類株主の種類株主総会決議は必要ないと考えられる。

(2) 株主総会での定款変更決議のほか，b 種類株主に不利益があり b 種類株主の種類株主総会決議が必要となる。a 種類株主にとっては，本件の定款の定めの廃止により取締役を事実上は 5 名選任できることとなるが，法的には a 種類株主だけで 3 名を確実に選任する地位は失うこととなり，不利益がないとは言いきれないであろう。

(3) a 種類株主の種類株主総会決議には，決議内容の定款違反の瑕疵があり，決議取消事由が存するが（会社 831 条 1 項 2 号），P 社は同種類株主総会において議決権を有しない。議決権のない株主には決議取消しの訴えの提訴資格は認められないとする説が多いが，提訴資格を認める説も有力である。

（問題は 209 頁）

本問は，取締役の選任に関する種類株式が発行された後，種類株主の利益はどのように調整されることとなるかを問うものである。

(1) 会社法の規定の文言上，株主総会と種類株主総会は明確に使い分けられており，種類株主総会で決議すべき事項について，拒否権を設定することはできない（会社 108 条 1 項 8 号）。

議決権のない株主には，招集通知はなされず（会社法 325 条で準用する 299 条 1 項・298 条 2 項），議決権のない株主には総会参与権を一切認めない説が多いが，定款自治の問題とする見解もある。

(2) 議決権のない株主には決議取消しの訴えの提訴資格はないと解するのが多数説であり，この説によれば，a 株式の種類株主総会決議については，招集通知漏れ，および定年制の違反があるが，いずれの瑕疵についても，

P 社は決議取消しの訴えを提起できない。

もっとも，議決権のない株主についても決議取消しの訴えの提訴資格を肯定する説，または会社法 831 条 1 項 2 号・3 号の瑕疵（内容に関する瑕疵）についてのみ提訴資格を肯定する説も有力である。

(3) 取締役報酬については，特に種類株主から選任された取締役についての特則はなく，会社法 361 条により全体の株主総会で決定する。そうすると本問のように，ある種類株主から選任された取締役報酬を著しく少なくして，その取締役の立場を弱くしたり辞任に追い込むという事態が生じうるが，そのような報酬の決定は，多数決濫用として，決議取消事由となりうるであろう（会社 831 条 1 項 3 号）。

P 社としては，このような事態に備え，報酬決定について拒否権を設定しておくこと（会社 108 条 1 項 8 号）が考えられる。

(4) 取締役選任に関する種類株式を発行すると，取締役を株主総会で選任することはできない（会社法 347 条 1 項の規定により，取締役選任についての 329 条 1 項の「株主総会」は「種類株主総会」と読み替える）。しかし，a 株式と b 株式の株主が共同して 1 名の取締役を選任する旨を定めれば（会社 108 条 2 項 9 号ロ），実質的には設問のような形の選任を実現することができる（法形式上はあくまで共同の種類株主総会決議）。

演習 36 の解説

（問題は 210 頁）

本問は，いわゆる社債型優先株式と普通株式を発行する公開会社（ただし非上場）がその発行済株式を普通株式だけにする方法について，検討させる問題である。

(1) **株主総会決議を要しない方法**　P 社の発行する優先株式には取得条項（会社 108 条 1 項 6 号・2 項 6 号イ，107 条 2 項 3 号）が付けられているから，この条項にしたがって取締役会が取得を決定することによりすべての優先株式を取得し，自己株式となった優先株式を取締役会決議によって消却する（同 178 条）という方法が考えられる。ただし，対価は金銭であるから要望②には沿えないし，取得に要する金銭の額が分配可能額を超える場合にはそもそもこの方法は採れない（同 170 条 5 項）。

(2) **株主総会決議を要する方法**　(a) P 社の発行する優先株式に全部取得条項を付け（会社 108 条 1 項 7 号・2 項 7 号。定款変更決議〔同 466 条・309 条 2 項 11 号〕と優先株式の種類株主総会決議〔同 111 条 2 項・324 条 2 項 1 号〕が必要），優先株式を取得する決定（同 171 条 1 項・309 条 2 項 3 号）を行うことで，すべての優先株式を取得できる（取得した優先株式の消却は(1)と同様）。取得対価を金銭とする場合には要望②に沿えないが，取得対価を普通株式とすれば要望②に沿う。ただし，普通株式と優先株式の株式価値の違いから，この方法を実現するには，たとえば，取得対価の定め方として優先株式 2 株に対して普通株式 1 株を交付する（または取得に先立ち普通株式を 1 対 2 で分割する）といった工夫が必要となろう。なお，この方法では優先株主に株式買取請求権（同 116 条 1 項 2 号）や取得価格決定申立権（同 172 条 1 項）が与えられるから，これによる金銭の社外流出は覚悟しなければならない。

(b) 優先株式の内容を定めた定款規定を変更して優先株式を普通株式に変更する（転換する）方法が考えられる（定款変更決議〔会社 466 条・309 条 2 項 11 号〕と優先株式・普通株式のそれぞれの種類株主総会決議〔同 322 条 1 項 1 号ロ・324 条 2 項 4 号〕が必要）。この場合にも，普通株式と優先株式の株式価値の違いから，たとえば，変更に先立ち普通株式を 1 対 2 で分割するといった工夫が必要となろう。

株主との合意による自己株式取得（会社 155 条 3 号・156 条以下）は，合意しない優先株主が 1 人でもいれば要望①を満たせないから，優先株主全員の同意が必要となる方法であって本問の検討対象外となる。優先株式に付されている取得条項の取得の対価を金銭から普通株式に変更する定款変更も優先株主全員の同意を要するから（会社 111 条 1 項），同様に検討対象外となる。なお，少数株主の締出し（キャッシュアウト）の手段として利用される全部取得条項付種類株式や株式併合をこのケースで利用することは大量の端数が生じるため要望③に沿わないが，これらの手法はそもそも締出し前には種類株式が存在していなかった会社（種類株主間の利害調整を考えなくてよい会社）において大株主だけを残す場合を想定したものであって，本問のように既に種類株式が存在する会社において優先株式を完全に除去するための手段としては有用ではないという点に留意すべきである。

（問題は 211 頁）

本問では，取締役選任に関する種類株式とトラッキング・ストックとが併用された場合に，取締役の解任について種類株主の利益がどのように調整されるかが問われている。

(1) b 種類株主（Q 社）に選任された取締役（D・E）であっても，いったん選任されれば，会社全体の最善の利益，すなわち R 社の利益になるよう行動する義務を負う。本問の D・E は，まさに R 社の利益を考えて行動したのであり，R 社に対する義務違反はなく，解任の正当な理由はないから，損害賠償請求することができると考えられる（会社 339 条 2 項）。

(2) 種類株主総会により選任された取締役の解任は，原則として，選任をした種類株主総会の決議による（会社法 347 条 1 項により同法 339 条 1 項の「株主総会」は原則として「種類株主総会」と読み替える）。本問では，原則として，b 種類株主，すなわち Q 社しか D・E を解任することができない。

ただし，定款により，株主総会決議で解任できる旨を定めることができ（会社法 347 条 1 項による同法 339 条 1 項の読替えの際，「種類株主総会」は，定款に別段の定めがあれば「株主総会」となる）。定款にこの定めがあれば，P 社は，R 社株主総会決議により D・E を解任することができる（P 社が議決権すべてを有する）。逆に定款にこの定めがなければ，P 社は，R 社株主総会決議によって D・E を解任することはできない。

D・E に不正行為等があれば P 社は解任の訴えを提起することが考えられる。解任の訴えについては，b 種類株主総会決議で解任議案が否決されたことが要件となる（会社 854 条 3 項）。解任議案の否決には，定足数不足による流会の場合も含むと解する説が有力であり，この説によれば，R 社取締役会で b 種類株主総会の招集を決定して代表取締役が招集すれば，b 種類株主総会を招集することは可能であり，たとえ b 株主が出席しなくても解任議案否決の要件は満たすことができるであろう。もっとも，訴えによる解任が認められるには，不正の行為または法令・定款に違反する重大な事実が必要である（同条 1 項）。D・E には善管注意義務違反はあるであろうが，「不正の行為」等があるとまではいえない。結局，本問では，前記の定款の定めがなければ，P 社は D・E を解任することはできないこととなろう。

（問題は 211 頁）

本問は，合弁会社である監査等委員会設置会社において，株主間契約で合意した内容を実行する場合の問題点，株主間契約を会社法に根拠のある種類株式を利用して実現する方法，および当該会社が公開会社となり大量の新株発行を行った後も創業者が議決権の 3 分の 2 以上を保有するための方策について，検討させる問題である。

問 1 監査等委員である取締役は業務執行取締役であってはならず（会社 331 条 3 項），また代表取締役は監査等委員でない取締役の中から選定しなければならない（同 399 条の 13 第 3 項）。したがって，社外取締役以外の取締役が代表取締役となるとすると，これらの条項に違反する。

問 2 議決権制限株式を利用する方法として，たとえば，a 種類株式は P 社の指名する候補者である A, B（以上，監査等委員である取締役の候補者）および C（監査等委員でない取締役の候補者）の選任議案についてのみ議決権

を有する（b 種類株式は同じく Q 社の指名する具体的な候補者の選任議案についてのみ議決権を有する）という内容の議決権制限株式とすることが考えられる。会社法は，議決権制限株式について議決権行使を制限される事項として「議題」を想定しているといえるが，「議案」レベルでの制限が禁止されているわけではない。この場合，R 社の発行する株式はすべて議決権制限株式となるが，この時点で R 社は非公開会社だから会社法 115 条の制限はない。

R 社は指名委員会等設置会社でなく公開会社でもないので，取締役選解任種類株式（会社 108 条 1 項 9 号）を使うことができる（同項柱書但書）。その場合，定款には，それぞれの

種類株主総会で選任する監査等委員である取締役と監査等委員でない取締役の人数を定める必要がある（同 329 条 2 項参照）。

拒否権付種類株式（同 108 条 1 項 8 号）を使うことも考えられるが，相手方の候補者を拒否することができるだけで，自己の指名する候補者が選任される保証はない。

問 3　R 社が公開会社となるから，b 種類株式を議決権制限株式とすることはできない（会社 115 条）。単元株制度を利用して，たとえば a 種類株式を 1 株 1 単元，b 種類株式を 10 株 1 単元とすると，a 種類株式は 5000 議決権，b 種類株式は 1500 議決権となり，a 種類株式の議決権が議決権総数の 3 分の 2 以上となる。

演習 39 の解説

（問題は 213 頁）

本問は，インセンティブ報酬の趣旨で会社が取締役に対して新株予約権（いわゆるストック・オプション）を発行しようとする事例において，(1)その発行には会社法上どのような規制がかかるか，(2)取締役退任後の行使を防止するにはどうすればよいか，(3)監査役に対し発行することはできるか，(4)子会社取締役に対し発行することはできるかを問うものである。

(1)　P 社が職務執行の対価として評価額 1000 万円の新株予約権を発行するには，新株予約権の発行規制のほか，会社法 361 条 1 項 4 号の報酬として報酬規制を受けることとなるから，株主総会決議（または定款の定め）による決定を要し，取締役会決議で決定することはできない。新株予約権の発行規制としては，評価額 1000 万円の新株予約権を職務執行の対価として取締役に付与する場合，会社は当該取締役から 1000 万円分の労務提供を対価として受けることとなるので，新株予約権の有利発行とはならず，公開会社では取締役会決議で決定することができる（同 240

条 1 項）。

(2)　新株予約権の行使に条件を付すことは可能であるから，取締役に在任していることを新株予約権の行使の条件として定めればよい（会社 911 条 3 項 12 号ニ参照）。取締役を退任すれば，P 社が強制的に取得する旨（取得条項）を定めることも考えられる（同 236 条 1 項 7 号）。

(3)　監査役報酬に関する規定（会社 387 条）では，業績連動型報酬の付与が認められるかは明らかでなく，監査役の職務内容（取締役の職務執行の適法性の監査）に照らし，認められないという解釈もありうる（指名委員会等設置会社の会計参与に対しては，ストック・オプションを付与できない。同 409 条 3 項但書）。しかし監査役の職務もひいては会社の信用維持・業績向上等に寄与する面があるし，人材確保に必要なこともありうるので，認めてよいという解釈もありうる。認める場合には，取締役報酬に関する規定（同 361 条 1 項・4 項）を類推適用する必要があろう。

(4)　P 社は，P 社に対する労務提供のない

Q社取締役に対しては，職務執行を対価としては新株予約権を付与することはできない。P社は当該取締役に対しては無償で新株予約権を発行することとなるから，新株予約権の有利発行の手続を要することとなる（会社238条3項1号・240条1項・238条2項・309条2項6号）。

演習 40 の解説

（問題は 213 頁）

本問は，新株予約権の発行が有利発行かどうかは，どのような基準に基づいて判断すべきかを問うものである。

P社のような公開会社の場合，新株予約権の発行の決定は，有利発行でなければ取締役会決議で足りるが（会社240条1項），有利発行となる場合は，株主総会の特別決議を要する（同238条2項・239条1項。決議要件309条2項6号）。新株予約権の発行が有利発行になるかどうかは，新株予約権そのものの理論的な経済的価値が算定可能であることを前提に，新株予約権そのものの価値と，払込金額との比較によって決せられる。すなわち有利発行とは，発行時点における新株予約権の金銭的評価額を著しく下回る対価で発行することをいう。新株予約権の理論的な価値については，本問で示されているように，ブラック＝ショールズ・モデルなどのオプション評価モデルがある。

新株予約権の価値は一義的ではないが（特に前記モデルでは，ボラティリティーとしていかなる数値を採用するかは幅がありうる），ある幅を持った合理的な評価額はあるのであって，それを大きく下回ると「有利発行」となる。本問では，ブラック＝ショールズ・モデルに基づいて払込金額が決められており，ボラティリティーのとり方が著しく不合理でない限り，有利発行にならないと解してよかろう。

なお，有利発行かどうかは，行使期間中の予想株価の平均値が，1株あたりの新株予約権の払込金額と行使価額の合計額を上回るかどうかという基準で判断すべきとの見解があるが，この見解によれば，たとえば，予想株価の平均値が1000円のとき，行使価額1000円の新株予約権を無償で発行しても有利発行とはならないこととなる。しかし，株価が1000円超となる確率がわずかでもあれば，新株予約権には必ずプラスの価値があって，これを無償で発行することは，既存株主から新株予約権者への利益移転を生じる。この見解は支持しがたい。

演習 41 の解説

（問題は 214 頁）

本問は，種類株式発行会社が株式併合を行う場合において，発行可能株式総数はどのような影響を受けるか，また，種類株主総会決議は必要か，さらに，1株未満の端数が生ずる株主の救済にはどのようなものがありうるかについて，検討させる問題である。

(1) 本件株式併合の効力発生により，a種類株式は100万株から10万株に減少するため，P社の発行済株式総数は110万株に減少する。株式の併合を行うためには，株主総会決議において効力発生日における発行可能株式総数を定めなければならないところ，公開会社P社では，この数を効力発生日の発行済株式総数の4倍以内に定めなければならない（会社180条2項4号・3項）。したがってP社の発行可能株式総数は，440万株以内（110万株から440万株）の範囲で株主総会決議により定めた数となる。

(2) a種類株式だけ株式併合により株式数が減少しても，b種類株式は非参加的な剰余金配当優先株式なので，剰余金配当についてa種類株式の株主が損害を受けるおそれはなく，また，b種類株式には議決権がないので，議決権および議決権基準による少数株主権行使についてもa種類株式の株主が損害を受けるおそれはない。しかし，a種類株式の株主の持株比率が低下する結果，株式数基準による少数株主権（会社433条1項等参照）の行使ができなくなるおそれがある。したがって，b種類株式に株式併合を行わない旨の定款の定めがない場合には，a種類株式の種類株主総会決議が必要となる（同322条1項2号）。

(3) Xの有するa種類株式25株のうち，5株は本件株式併合により端数となる。Xの救済としては，第1に，Xは，端数となる5株を公正な価格で買い取るよう，P社に対して請求することができる（会社182条の4第1項・2項）。

第2に，P社は，公告を効力発生日の20日前までにしなければならなかったところ（同条3項。本件株式併合は，同182条の2第1項の「株式の併合」に該当），2週間前の公告は法令に違反しており，Xは，このことを差止事由として，本件株式併合の差止めを請求することができる（同182条の3）。

なお本問で問われていることではないが，公開会社では議決権制限株式に数量制限があるため（同115条），本件株式併合の効力発生後，P社は直ちに，新株発行などによってa種類株式の数を増加させることにより，または株式の消却・併合によってb種類株式の数を減少させることにより，b種類株式の数を発行済株式総数の2分の1以下にする措置をとらなければならない。

演習 42 の解説

（問題は 215 頁）

本問は，譲渡制限のない株式（A株式）と譲渡制限のある株式（B株式）を発行し，かつ単元株制度を採用している公開会社が，株主総会招集通知の送付対象となる出資額の基準を従来の10倍程度にまで引き上げようとする場合に必要となる手続について，検討させる問題である。

(1) 単元未満株式には議決権がなく（会社189条1項・308条1項但書），議決権を有しない株主には招集通知を送付する必要がない（同299条1項・298条2項括弧書き）から，P社の意図を実現するには，A株式の1単元あたりの株式価値が10万円程度になるように株式単位を引き上げればよいことになる。具体的には，①単元株式数の引上げ，②株式の併合という二つの方法が考えられる。ただし，「種類株主総会決議を要しない」という題意を満たすためには，議決権比率の変更が生じないようA株式と同じ割合でB株式の株式単位を引き上げる必要がある（この点は(1)〜(3)に共通する）。

①については，A株式とB株式の単元株式数をともに100から1000に引き上げることが考えられる。必要な手続としては，定款変更のための株主総会特別決議（会社188条1項・466条・309条2項11号），株主総会での理由説明（同190条），単元未満株式が新たに生じた場合に単元未満株式買取請求に応ずること（同192条）などが考えられる。ただし，東京証券取引所の上場規程は単元株式数を100以外に設定することを原則として認めていないため，同取引所の上場会社たるP社では実際には①の方法を採ることはできないと解される。

②については，A株式とB株式の双方について10株を1株に併合することが考えられる。これによりA株式の1単元あたりの株式価値が10万円程度に上昇するから，や

265

はりP社の希望を実現することができる。必要な手続としては、株主総会特別決議（会社180条2項・309条2項4号）、理由の説明（同180条4項）、会社法180条3項を満たすための発行可能株式総数の引下げ（具体的にはA株式とB株式をともに10対1の割合で併合した後の発行済株式総数250万株の4倍である1000万株以下に引き下げること）、株主に対する通知等（同181条）、1株未満の端数が生じた場合の処理（同235条・234条2項～5項）が考えられる。なお、会社法182条の2第1項括弧書きにより、P社における上記のような株式併合には、会社法182条の2～182条の6の規律は適用されない。

(2) ①の方法で題意を満たすには単元株式数を2000にする必要があるが、単元株式数の上限の規制（会社188条2項・会社則34条）によりこの方法をとることはできない。②の方法で題意を満たすには、A株式・B株式とも20株を1株にする株式併合を行えばよい。

(3) (3)のような規程が置かれている場合、B株式は参加的配当優先株式となる。単元株式数が変動しても、各株式に配当される剰余金の額には変動が生じないから、①の方法を採る場合には(1)と結果は変わらない。ただし、上場規程上この手法を採りえないことは(1)で述べたとおりである。これに対し、10対1の割合で株式併合が行われるとB株主の優先配当金は10分の1に減少するから、②の方法を採る場合には、B株式の種類株主総会決議が必要となり（会社322条1項2号）、題意を満たせないこととなる。

（問題は216頁）

演習43の解説

本問は、会社が自己株式を株主との合意により取得する場合において、取得に要する手続、自己株式の消却と発行可能株式総数との関係、および手続規制に反する自己株式取得がなされたときの取得の効力と無効の主張権者について、検討させる問題である。

(1) P社は公開会社であるから（または監査役会設置会社であるから）取締役会設置会社であるところ、取締役会設置会社は、定款で定めておくことにより、株主総会決議を経ることなく取締役会決議により、市場取引により自己株式を取得することができる（会社165条2項・3項）。また、P社のような監査役会設置会社は、会計監査人を設置し、取締役の任期を1年以内としておけば、定款で定めておくことにより、自己株式取得を取締役会が決定することができる（同459条1項1号・156条1項）。

(2) 会社法の下では、株式の消却があっても定款は変更されず、発行可能株式総数に影響はないと解するのが通説である。P社の発行済株式総数は株式消却により10万株となるが、発行可能株式総数は50万株のままであるから、P社は、取締役会限りで40万株の新株発行を行うことができることとなる。発行可能株式総数が発行済株式総数の4倍を超える事態が生じるが、「自己株式の消却＋再発行」は、実質的には「自己株式の取得＋処分」と同視すべきものであることから（または持株比率低下の下限は画されていることから）、差し支えないと解すべきであろう。

(3) 本問の自己株式取得は市場価格で行われており、売主追加の議案変更請求権はないが（会社161条）、当該取得についての株主総会決議において売主たる株主Aが議決権を行使している。この決議は、決議方法が法令（同160条4項）に違反するものであって取消事由がある（同831条1項1号）。決議が取り消されると（もっとも、Aによる取消事由の主張は信義則に反し、A自身は訴えを提起できないという解釈はありうるであろう）、自己株式取得も無効となるが、A側からの無効主張が認め

られるかどうかは説が分かれる。自己株式取得規制は会社財産維持・株主平等など，会社側の利益を保護するための規制であり，相手方保護のための規制ではないから，違反したときの無効主張ができるのは会社側だけであると解する説が多く，この説によればAはP社株式の返還を請求することはできない。

これに対し，違法に自己株式を取得した会社側が無効を主張することは期待できないこと等を理由に，相手方からの無効主張を認めるべきであるという説も有力であり，この説によれば，AはP社株式の返還を請求できることとなる。

演習 44 の解説

（問題は 217 頁）

本問は，上場会社が自己株式を取得する事例において，(1)いわゆる防戦買いにはどのような意味があり，買収者にはどのような救済がありうるか，(2)株式消却がなされた場合に発行可能株式総数はどうなるか，(3)相対取引の手続に重大な瑕疵がある場合に，取得の効力および無効の主張権者をどう解すべきかについて，検討させる問題である。

(1) 自己株式に議決権はないが（会社 308 条 2 項），議決権総数（分母）を減らすことで現経営陣の有する株式の議決権比率は増加する。また株価が上がり浮動株を払底させることで，Q 社によるさらなる買集めは困難になる。

手続違反はなくても，支配権維持強化目的での取得は善管注意義務（同 330 条，民 644 条）の違反であり，行為の差止原因（会社 360 条），および取締役の責任原因（同 423 条 1 項）になると解される。差止めまたは損害賠償請求をするには，P 社に損害（差止めの場合はそのおそれ）が生じていなければならないが，株式の実体的価値を大きく上回る急騰した価格での取得は，その差額分の損害が会社に生じると考えてよいであろう。

(2) 定款の記載事項である発行可能株式総数は 50 万株のままであり，発行済株式総数が 10 万株となるので，取締役会限りで 40 万株の発行を決定できることとなる。

これにより発行可能株式総数が発行済株式総数の 4 倍を超えることとなるが，4 倍規制の趣旨は，既存株主の持株比率低下の下限を画することにあるところ，株式消却がなされても，既存株主は自ら持株を売却しない限り持株比率が 4 分の 1 を超えて低下することはなく（すべての株主の株式数が割合的に減少する株式併合の場合とは異なる），許容されると解される。

(3) 売主追加請求のための通知が大部分の株主に対してなされなかったことは重大な手続の瑕疵であり，自己株式取得は無効と解されるが（株主総会決議に取消事由があり，決議が取り消されれば自己株式取得は無効になるという考え方もあり得るであろう），相手方 A が善意の場合には取引の安全が優先され，P 社は無効を主張できない（通説）。A の側から無効を主張することができるかについては争いがあり，自己株式取得規制の趣旨が会社側（株主・債権者）の利益保護にあることから，A からの無効主張は認められないと解する説が多いが，P 社による無効主張が期待できないことを理由に，A による無効主張を認めるべきであると解する説も有力である。

演習 45 の解説

（問題は 218 頁）

本問は，書面投票制度を採用することが強制される会社における株主提案権の行使に関

して，(1)株主総会の会場で提出された修正提案について書面投票はどのように取り扱われるべきか，(2)株主提案権行使のための持株要件はいつまで充足されるべきかを問うものである。

(1) 株主は，株主総会の会場において，修正提案を提出することが認められるが（会社304条），そのとき，当該修正提案について，書面投票をどのように取り扱うべきかが問題となる。書面投票で原案について賛否を表明した株主が修正提案についてどう賛否を表明するかはわからないので，すべて棄権として取り扱うべきであると解する説が多いが，原案賛成の書面投票は修正提案には反対と扱ってよいとする説もある。

(2) 株主提案権行使のための持株要件をいつまで充足すべきかについては争いがある。

株主提案権が自己の提案を総会に付議することを求める権利である以上，持株要件は，株主総会終結時（または決議時）まで維持されることを要すると解する説が多く，これによれば，Xの提案権行使は要件を欠くこととなるから，P社は，Xの提案を招集通知に記載する必要はないと解され，本問のP社のとった措置は適法であると考えてよい。他方，株主提案権は議決権を前提とする権利であり，株主提案権行使についても議決権行使と同様に基準日まで持株要件を維持すれば足りると解する説もあり，この説によれば，Xの提案権行使は適法に行われたこととなるから，P社はこれを無視することはできないこととなる（決議がないので決議取消しの問題は生じないが，取締役等に過料の制裁が科されることとなる〔会社976条18号の2〕）。

演習 46 の解説

（問題は 218 頁）

本問は，株主提案権の対象となる議題および提案権の行使方法に関する設問である。

(1) 取締役会設置会社において，株主提案権の対象となる議題（株主総会の目的である事項）は，株主総会の決議事項，すなわち会社法または定款で株主総会の決議事項とされているものに限られる（会社295条2項）ところ，完全子会社の株式全部の譲渡が株主総会決議事項になるか，ならないとすればどのような提案をすればよいか，を問うものである。

平成26年の会社法改正により，重要な子会社株式の譲渡に係る契約の承認について株主総会決議を要することになったが（会社467条1項2号の2），本設問の事例では，Q社株式の帳簿価額がP社の総資産額の5分の1を超えないため，いずれにしてもQ社株式の譲渡は株主総会の決議事項ではない。そのため，Aとしては，まず完全子会社株式の譲渡を株主総会決議事項とする旨の定款変更の提案をし，それが可決されたうえで

（または可決を条件として），Q社株式の譲渡の議題と議案（R社への譲渡）を提案することになる。

(2) 議題のみを招集通知への記載のため事前に通知し，議案は株主総会の場で提案するという方法をとることができるかという問題を前提として，それが可能としても，書面投票（または電子投票）が採用される場合にも同様に考えてよいか，を問うものである。

株主が議題のみを提案して議案を株主総会の場で提案することは，一般的には，株主提案権の行使方法として認められると解される。しかし，書面投票が採用される場合は，招集通知の際に交付すべき株主総会参考書類に議案についての記載が要求され（会社則73条1項1号，取締役解任につき同78条），議決権行使書面において各議案について賛否を記載する欄を設けなければならないこととの関係で（同66条1項1号），議案がない議題提案の可否を論じる必要がある。原案に対する修正動

議について書面投票をどのように扱うかが議論されているが，小問(2)の設例では原案にあたるものがないのであるから，書面投票が採用される場合の提案権の行使方法としての適法性（ないしは，そのような提案がされた場合の招集手続の適法性）には問題があるというべきであろう。

なお，取締役会設置会社において取締役の解任を株主総会の議題とする場合，招集通知には解任の対象となる取締役を明示しなければならないとする裁判例がある（名古屋高決平成25年6月10日判時2216号117頁）。この裁判例の立場からすると，解任対象を特定せず取締役解任の議題だけの提案をすることはできないことになり，設問のような提案は，書面投票が採用されているかどうかを問わず，違法ということになろうか。

（問題は219頁）

演習47の解説

本問は，書面投票を採用している株主総会において議場で修正提案が出された場合の書面投票の取扱いおよび採決方法，ならびに完全子会社に事業の重要な一部を移転する方法としての吸収分割と事業の現物出資の違いについて，検討させる問題である。

(1) 書面投票の対象である原案を採決していたとすれば導かれる結果と，実際に株主総会で行われた採決とを比較したうえで，実際の採決方法の問題点を明らかにし，適切な採決のあり方を検討することが求められる。

かりに原案を採決していれば，当日出席株主の一人でも賛成すれば過半数を獲得することになる一方，実際に行われた方法では，同一議題につき総株主の議決権の90％にあたる議決権が行使されたにもかかわらず，総株主の議決権の20％の賛成のみで修正提案だけが可決されたことになる。この方法では，議案の採決順序によって結論が変わりうること，当日出席の少数の株主によって決議が成立するため書面投票制度の趣旨に反すること，などの問題点がある。

修正提案についての書面投票の取扱いとしては，原案賛成の書面投票を棄権ないし反対として扱い，原案反対の書面投票を棄権として扱うことが考えられ，この方法によれば修正提案は否決される。

(2) 事業の現物出資と吸収分割に関する会社法の規制の違いから両方法のメリット・デメリットを明らかにし，P社が吸収分割の方法を採用した理由について検討することが求められる。

事業の現物出資と吸収分割は，P社において株主総会特別決議が必要である点（会社467条1項2号・783条），反対株主に株式買取請求権が認められる点（同469条・785条）について共通する。

両者の違いとして，事業の現物出資には原則として検査役の調査が必要であるのに対し（会社207条），吸収分割では検査役調査は不要である。また，免責的に債務をQ社に移転することについて，事業の現物出資では債権者の個別的同意が必要であるのに対し，吸収分割では債権者異議手続（同789条・799条）を経れば個々の債権者の同意は不要である。

一方，吸収分割には，法定事項を記載した吸収分割契約の作成や，法定書類の事前・事後開示が必要となるのに対し（会社758条・782条・791条等），事業の現物出資にはそのような規制はない。

以上の違いからP社が吸収分割の方法を選択したのは，債権者の数が多く，また検査役の調査を避けようとしたためと推測される。

（問題は 220 頁）

本問は，監査役会設置会社が指名委員会等設置会社に移行する場合において，各委員会の構成，内部統制システム整備の義務の有無，取締役会決議を欠く重要財産の処分の効力，および社債発行の際の募集事項の決定機関について検討させる問題である。

(1) 各委員会は 3 名以上の取締役により構成され，そのうち過半数は社外取締役でなければならない（会社 400 条 1 項・3 項）。指名委員会等設置会社移行前に社外監査役（同 2 条 16 号）であった者は，原則として社外取締役の要件（同条 15 号）を満たすことになるだろう。ただし，執行役は監査委員になることができないため（同 400 条 4 項），執行役となる E を監査委員会のメンバーとすることはできない。

(2) P 社は大会社（会社 2 条 6 号）には該当しないところ，指名委員会等設置会社移行前は，大会社でない株式会社では内部統制システムの整備を決定することは，会社法上要求されていないが（同 362 条 5 項参照），指名委員会等設置会社は，内部統制部門を通じて職務執行の監査を行うことが予定されているため，大会社か否かを問わず，内部統制システムの整備を決定する必要がある（同 416 条 1 項 1 号ロホ・2 項）。

(3) 指名委員会等設置会社移行前と移行後に分けて，取引の効力を検討する必要がある。移行前は，設問の譲渡が「重要な財産の処分」（会社 362 条 4 項 1 号）に該当するか否かを検討し（総合判断とあてはめ），重要な財産の処分に該当するにもかかわらず取締役会の決議なしに代表取締役が代表行為（専断的行為）を行った場合は，譲渡は原則有効だが，相手方が取締役会決議がないことを知りまたは知ることができた場合は無効になる（最判昭和 40 年 9 月 22 日民集 19 巻 6 号 1656 頁・百選 61 事件）。指名委員会等設置会社では，「重要な財産の処分」は取締役会の専決事項ではない（同 416 条 4 項参照）ので，設問の譲渡は会社法上の代表権制限違反にはならないが，定款の定めには違反する。したがって，善意（過失の有無を問わない）の相手方に対しては，取引が無効であるとの主張はできない（同 420 条 3 項・349 条 5 項）。この違いは，法定の制限であれば，相手方にある程度の調査義務を課してもよいことから説明できるであろう。

(4) 指名委員会等設置会社移行前は，募集社債の総額その他の重要な募集事項の決定は取締役会決議によることが要求されるが（会社 362 条 4 項 5 号），移行後は，社債の募集事項の決定は取締役会の専決事項ではないから（同 416 条 4 項参照），募集事項の決定は執行役に委任することができる。取締役会の監督機関としての機能を重視し，機動的な業務執行の意思決定を可能にするため，指名委員会等設置会社では，執行役に委任できる事項の範囲が広いのである。

（問題は 221 頁）

本問は，指名委員会等設置会社における取締役会と指名委員会の権限の分配，およびストック・オプションとしての新株予約権発行にかかる会社法上の手続について問うものである。

(1) 指名委員会等設置会社では，執行役の選任は取締役会の専決事項とされ（会社 402 条 2 項・416 条 4 項 9 号参照），これを一部の取締役に委任することはできない。指名委員会等設置会社の取締役会は執行役による業務執行を監督する機関であり，執行役の選解任権はその実効性を確保するためのものである。

指名委員会の職務権限は株主総会に提出する取締役の選解任議案を決定することであり（同404条1項），その趣旨は，執行役を選任・監督する立場にある取締役の候補者を執行役から独立した機関（各委員会は社外取締役が過半数＝同400条3項）が決定することにある。

Aの求めに対しては，取締役会決議による指名委員会への執行役選任の委任はできず，取締役会の独立性を高めるには指名委員会に執行役以外の取締役候補者を選出するように働きかけるなどの方法を採るべきである，と助言するべきである。

(2) ストック・オプションとして執行役・取締役に新株予約権を発行する場合，報酬規制と新株予約権発行規制の両方の適用を受ける。

報酬規制については，指名委員会等設置会社では報酬委員会が取締役・執行役の個人別の報酬を決定する（会社404条3項・409条3項。同項の執行役等には取締役を含む〔同404条2項〕）。P社の募集新株予約権を報酬等とする場合は，当該新株予約権の数その他法務省令（会社則111条の2）で定める事項を，報酬委員会で決定することになる（会社409条3項4号）。

新株予約権発行規制について，国際的な会計基準の動向から労務と新株予約権発行を対価関係のあるものとする扱いになったため，取締役の報酬として定められた価値分の新株予約権を発行するのであれば，有利発行とはならない。したがって，公開会社であるP社では，取締役会決議によって新株予約権の発行を決定することができ（同240条1項。なお，同236条3項・4項も参照），また指名委員会等設置会社であるからその決定を執行役に委任することもできる（同416条4項柱書き本文参照）。

なお，本件の場合，発行可能株式総数を一杯に使っており自己株式もないため，定款変更により発行可能株式総数を増加しなければならないが，それは新株予約権行使期間の初日までにすればよい（同113条4項）。

Bに対しては，以上のような助言を行うことになる。

演習50の解説

（問題は222頁）

本問は，監査等委員会設置会社の代表取締役が締結した当該会社の事業の一部を他の会社に承継させる契約について，株主総会決議または取締役会決議による承認がない場合の当該契約の効力，および，当該事業の現物出資に際して，公開会社である監査役設置会社が社債型優先株式を発行する場合の手続について，検討させる問題である。

(1) 本件契約は，P社にとって事業の一部の譲渡に該当するが，譲渡する事業の資産は総資産額の10分の1にすぎないから，事業の重要な一部には該当せず（会社467条1項2号），株主総会特別決議による承認は不要である。また，本件契約を吸収分割契約と構成することも可能であるが，その場合も簡易分割に該当し（同784条2項），株主総会特別決議による承認は不要となる。もっとも，本件契約は，P社にとって重要な財産の処分に係る契約に該当するから（同399条の13第4項1号），原則的に取締役会の承認が必要になるが，社外取締役が過半数であるP社では，重要財産の処分などの重要な業務執行の決定を取締役に委任することができる（同条5項）。そのため，重要な財産の処分は取締役会の専決事項とはいえず，帳簿価格1億円以上の資産の譲渡について取締役会決議を要する旨の取締役会規則への抵触だけが問題となり，会社法349条5項の適用によって効力の問題が

解決される。

(2) Q社は公開会社であるから有利発行に該当しない限り募集事項の決定は取締役会限りで行うことができる（会社201条1項）。b種類株式は社債型優先株式であるため，その公正な価格は市中金利と連動するので，普通株式の公正な価格と必ずしも同じではない。

なお，会社法322条1項各号には本件発行のような第三者割当てによる募集株式の発行は列挙されていない。これについては，同項各号が例示であるとする学説もあり，そのような立場をとれば，a種類株主による種類株主総会決議が必要になるかどうかを検討する必要がある。

演習51の解説

（問題は223頁）

本問は，閉鎖的な株式会社における株主間契約または定款を利用した実務上の工夫に関して，(1)議決権拘束契約に違反して議決権が行使された場合，株主総会決議の効力に影響はあるか，(2)定款にいわゆる属人的定めがなされた場合に，それを廃止するにはどのような手続が必要か，(3)譲渡制限株式の譲渡について，承認をするか否かを決定する株主総会決議において，株主全員の同意を決議の成立要件とする定款の定めは有効かを問うものである。

(1) 一般には，議決権拘束契約に違反して議決権が行使されても株主総会決議の効力には影響はないと解する説が多いが，本設問のように，株主全員が契約当事者となっている場合には，契約違反の議決権行使によって成立した決議は，定款違反と同視して，取消し（会社831条1項1号または2号）の対象になる，と解する説が有力である。

(2) 設問の定款の定めは，いわゆる属人的定めである（会社109条2項・105条1項3号）。Q社の有する株式とP社の有する株式は，議決権に関する事項について内容の異なる種類の株式とみなされ，種類株式に関する規定の適用を受けることになる（同109条3項）。設問の定款変更は，Q社に損害を及ぼすおそれがあるので，定款変更のための株主総会決議（同466条。会社法309条2項11号・4項第1括弧書により，特別決議で足りる）だけでは足りず，Q社の有する株式を種類株式とみなしたときの種類株主総会決議，すなわちQ社の同意が必要となる（同322条1項1号ロ）。

(3) 一般に，株主全員の同意を株主総会決議の成立要件とする定款の定めは，決議不成立のおそれを生じさせるので，必ず決議すべき事項（計算書類の承認等）については無効と解すべきであろう。しかし，譲渡の承認をするか否かについては，株主総会決議が成立しなければ承認が擬制されるだけのことであり（会社145条1号），必ず決議しなければならない事項ではない。株主全員の同意を要求することは，譲渡制限としての実質的意味を乏しくするという問題はあるが（ただしこの定めによりQ社もP社と対等に自己の望む者に譲渡することが可能になるので，全く無意味とまではいえない），無効と解すべきほどのことはないのではなかろうか。

演習52の解説

（問題は224頁）

本問は，持株比率50％ずつの株主A・Bからなる全株式譲渡制限会社において，取締役・監査役の選任および株式の譲渡制限に関して，定款でどのような定めを置くことができるかを会社法の規定に即して検討させる問題である。

〔設問1〕

題意を満たすためには，監査役と会計参与を会社に置く旨の定款の定めをしたうえで，次のような手段を利用することが考えられる。

(a) 議決権制限株式（会社108条1項3号）

(b) いわゆる属人的定め（同109条2項）

(c) 取締役・監査役選解任種類株式（同108条1項9号）

(c)を利用する場合には，定款において選任できる取締役や監査役の員数を定める必要があること（同号イ），会計参与はそもそも会社法108条1項9号の種類株式にかかる種類株主総会によって選任することはできず，株主総会によって選任されるべきことに留意すべきである。

〔設問2〕

(1) 〔定め〕は，特定の株主が株主総会のある決議事項について議決権を行使できないことを定めるものであるから，会社法109条2項所定のいわゆる属人的定めに該当する。

(2) Aが保有する株式（以下「本件対象株式」という）について，譲渡等承認請求とともに，会社法138条1号ハの請求もしていた場合，Bの議決権行使により，譲渡を承認しない旨の決定がなされると，P社は本件対象株式を買い取らなければならなくなる（会社140条1項）。ただし，会社法140条1項の買取りに際して交付する金銭等の帳簿価額の総

額が分配可能額を超えてはならないという分配可能額規制（同461条1項1号）があることから，この規制に反する可能性が高い場合（本問はそのような場合であるとみられる）には，会社は対象株式を買い取る決定をすることや，会社法141条2項の供託をすることができなくなると解される。買取りの決定や供託ができなければ，会社法141条1項の通知や同2項の書面の交付もすることができないから，P社は譲渡承認をする旨の決定をしたものとみなされ（同145条2号・3号，会社則26条1号），Cが本件対象株式を取得できることになってしまう。かかる事態を回避するためには，本件対象株式をP社が買い取るのではなく，会社法140条4項の指定買取人に買い取らせればよいが，〔定め〕のままでは，同条5項の決議においてAが議決権を行使できるため，Aが反対すればBが希望する指定買取人を指定する決議を可決することができない。そこで，〔定め〕の前段において，会社法139条1項・140条2項の株主総会決議に加えて，会社法140条5項の株主総会決議においてもAが議決権を行使できない旨を定めておけば，P社に十分な買取資金がない場合でもBが適当な指定買取人を指定することにより，Cによる本件対象株式の取得を阻止することが可能になる。

演習53の解説

（問題は225頁）

本問は，2つの会社が共通の持株会社傘下の完全子会社となる形の企業再編を行うには，どのような方法がありうるか，またこのような形態の企業再編には，合併と比較してどのような利点があるかを問うものである。

(1) P社とQ社が共同で株式移転を行い，共通の完全親会社H社を設立すればよい（会社772条2項）。P社が単独で株式移転によりH社を設立し，H社がQ社を株式交換に

より完全子会社化する方法も考えられるが，二度手間であってプランニングとして賢明ではない。

(2) P社が存続会社，Q社が消滅会社となる吸収合併の場合，第1に，P社がQ社から膨大な簿外債務を承継する危険があるが（たとえばQ社が過去に有害な薬品を販売していたとすると，P社は巨額の不法行為債務を承継），本問の企業再編ではこのような危険はない。第

2に，合併であれば，P社Q社は一体化するので，給与体系等も統合する必要が実際上生じるが（別々の給与体系等を維持することは実務的に困難），本問の企業再編であれば，P社Q社は別会社のまま残るから，給与体系等を別のまま維持できる。

演習 54 の解説

（問題は 225 頁）

本問は，持株会社 H 社がその傘下に完全子会社として物品運送業を行う P 社を有する形となる組織再編が行われた事例において，(1)P 社取締役に任務懈怠があるとき，H 社株主は，会社法上何らかの措置をとりうるか，(2)本文の組織再編に続き，P 社がさらにその事業の一部を兄弟関係に立つ Q 社に承継させるにはどうすればよいかを問うものである。

（1） P 社は放漫経営を行った P 社取締役に対して損害賠償請求権（会社 423 条 1 項）を有するところ，X が H 社の議決権の 1 ％以上を有する株主であれば（H 社が公開会社であれば 6 か月の保有期間の要件も満たす必要がある），X は，P 社のために，P 社取締役の P 社に対する責任を追及する訴えを提起することができる（多重代表訴訟。会社 847 条の 3。平成 26 年改正）。

多重代表訴訟を利用できない場合，X のとりうる措置は限られる。X としては，P 社取締役の責任を追及しないことが H 社取締役の善管注意義務に違反すると主張し，通常の代表訴訟によって H 社取締役の責任を追及することが考えられる。このほか，H 社が P 社の株主として違法行為の差止請求をし，または取締役を解任する等の監督是正を行わなかったことをもって，H 社取締役の責任を追及することも考えられる。しかし，P 社において H 社が株主としてどう株主権を行使するかは，子会社管理の一環として H 社取締役の経営判断に属する事項（重要な業務執行の決定として取締役会で決定すべき事項となろう）であり，責任追及は容易ではなかろう。

（2） 第 1 に，P 社が新設の Q 社に宅配事業部門を移転するには，事業の現物出資の方法等も法的には可能であるが，検査役調査が必要になること，債務を移転するのに債権者の個別同意を要すること等，手続上煩雑であるので，一般には新設分割の方法によるのがプランニングとしては賢明であろう。

第 2 に，P 社が対価として Q 社から交付を受けた Q 社株式を H 社に移転するには，P 社が Q 社株式を H 社に譲渡する方法，または H 社を完全親会社とし Q 社を完全子会社とする株式交換をする方法等も法的には可能であるが，会社分割の際に，P 社が Q 社株式を剰余金配当（現物配当）として P 社株主（すなわち H 社）に交付することとするのが，プランニングとしては賢明であろう（会社 763 条 1 項 12 号ロ。会社法制定前の旧人的分割に相当する方法）。この方法によれば，剰余金配当の財源規制は受けないが（同 812 条 2 号），会社分割後に P 社に債務の履行を請求することができる債権者も含め，全債権者について債権者異議手続が必要となる（同 810 条 1 項 2 号）。

演習 55 の解説

（問題は 226 頁）

本問は，特別支配株主の株式等売渡請求の制度を利用した完全子会社化が行われる場合に，売渡株主にはどのような救済がありうるか，また，完全親子会社関係が成立した後，子会社取締役の責任免除にどのような制約がかかるか，さらに，完全親子会社間での合併

にどのような手続が必要となるかについて，検討させる問題である。

(1) 本件取得の効力発生前，対価に不満を持つ X は，裁判所に対し，売買価格の決定の申立てをすることができる（会社 179 条の 8 第 1 項）。また，対価が著しく不当であることを差止事由として，取得の差止めを請求することができる（同 179 条の 7 第 1 項 3 号）。

(2) P 社が株式売渡請求を行うには，Q 社取締役会の承認を受けることを要する（同 179 の 3 第 1 項・3 項）。Q 社取締役会は，対価の相当性を含め，取引条件が Q 社株主を害することのないよう配慮しなければならない。対価が不当であるにもかかわらず漫然と承認をすることは，Q 社取締役の任務懈怠（善管注意義務違反）となる。X としては，Q 社取締役にこのような任務懈怠があり，それが悪意・重過失によるものであることを主張して，会社法 429 条 1 項の責任を追及していくこととなろう（対価が不当であることによって損害を受けるのは X ら売渡株主であり，Q 社に損害はな

いので，同 423 条の責任は問題とならない）。

(3) P 社の総資産額に占める Q 社株式の価値が 20 ％超であることから，A の責任は多重代表訴訟の対象となる責任である（「特定責任」。会社 847 条の 3 第 4 項）。特定責任を免除するには，Q 社の総株主（P 社）の同意のほか，P 社の総株主の同意を要する（同条 10 項）。P 社の取締役会決議による決定だけでは免除することはできない。

(4) 存続会社 P 社が有する Q 社株式に対して割当てはされず（会社 749 条 1 項 3 号または同条 3 項），すなわち P 社は合併対価を交付しないこととなるので，P 社の株主総会決議は原則として不要である（簡易合併。同 796 条 2 項本文。例外的に承認を要する場合として，同条 2 項但書・3 項参照）。P 社は Q 社の特別支配会社（議決権総数の 90 ％以上を保有。同 468 条 1 項）であるから，Q 社側においても株主総会決議は不要である（略式合併。同 784 条 1 項）。

演習 56 の解説

（問題は 227 頁）

本問は，吸収合併契約について，消滅会社株主に対する存続会社株式の割当て，端数の処理，不公正な合併比率の是正手段，種類株主総会決議の要否等を検討させる問題である。

〔設問 1〕

(1) 消滅会社の株主に，存続会社株式がどのように割り当てられるか，および端数が生じた場合の処理の仕方を問うものである。

消滅会社の株主のうち，存続会社および消滅会社（自己株式）には存続会社株式（合併対価）が割り当てられないことに，注意が必要である（会社 749 条 1 項 3 号括弧書）。

端数の処理は，会社法 234 条に従うが，存続会社が上場会社であるので，競売の方法のほかに，市場価格として法務省令で定める額をもって売却することも可能となる（同条 2

項）。

(2) 合併比率の不公正が合併無効事由になるかどうかを問うものである。合併の無効は訴えによってのみ主張できることを押さえたうえで，合併比率の不公正が合併無効事由になるか否かを理由を付して論じることが求められる。合併比率の不公正が無効事由にならないとすれば，合併契約承認決議に取消事由がある場合にそれを合併無効事由とできるか，およびその場合の提訴期間がどうなるか等も，論じるべき事項となる。

〔設問 2〕

設問の合併が，a 株式の種類株主と b 株式の種類株主に損害を及ぼすおそれがあるかどうか（会社 322 条 1 項）を問うものである。本件の合併により，b 株式の種類株主は，優先

的配当を受ける権利は失うが，残余の分配可能額からの配当に与ることができ，また完全な議決権を得る。一方，a株式の種類株主は，配当について劣後的に扱われることはなくなるが，残余の分配可能額の配当や議決権比率の面で不利な影響を受ける。このことから，本件の合併がいずれかの種類株主にとって有利か不利かが明らかでないので，両方の種類株主に損害を及ぼすおそれがあるといえよう。

（問題は228頁）

演習 57 の解説

本問は，新株予約権の発行を予定する会社が，その後に株式移転を行うことを計画している場合において，株式移転に際して新株予約権はどう扱われるか，および，多重代表訴訟が提起された場合において，訴え提起後の持株要件の喪失が当該訴訟にどのような影響を与えるかを検討させる問題である。

（1）新株予約権を消却するには自己新株予約権の取得が前提となる（会社276条1項）。P社が任意に新株予約権を取引先から取得することは自由であるが（手続規制も財源規制も特に設けられていない），P社がすべての新株予約権を強制的に取得したいのであれば，あらかじめ新株予約権の発行段階で，その内容として，P社が株式移転により完全子会社となることを取得事由として定めておけばよい（同236条1項7号・238条1項1号）。

（2）本件新株予約権の発行段階で，その内容として，株式移転をする場合にはそれによって設立する会社の新株予約権を交付する旨とその条件をあらかじめ定めておいたうえで（会社236条1項8号ホ・238条1項1号），本件株式移転計画において，本件新株予約権の新株予約権者にはH社の新株予約権を交付することとし，H社から交付される新株予約権の内容等（同773条1項9号・10号）を，前記の承継条件と合致させれば，新株予約権の買取請求権は発生しない（同808条1項3号）。

（3）H社はP社の完全親会社であり，H社の総資産額に占めるP社株式の帳簿価額は20％を超えるので，H社の議決権の1％を6か月以上有するXは，いわゆる多重代表訴訟を提起することができる（会社847条の3）。この1％の株式保有の要件は訴訟中を通じて満たしていることを要するところ，Xが訴え提起後にこの要件を欠いた場合には，多重代表訴訟を妨害する目的でH社が新株発行をしたなどの特段の事情のない限り，Xは原告適格を喪失すると考えられる（検査役選任申請についての最決平成18年9月28日民集60巻7号2634頁・百選57事件の考え方は，ここにも妥当するであろう）。本問の新株発行はH社がP社から承継した本件新株予約権が行使された結果であり，妨害目的を認定しにくいと思われる。

演習 58 の解説

（問題は228頁）

本問は，親子会社間で行われた吸収分割において，吸収分割承継会社から吸収分割会社に対して交付された対価が承継財産に比して不相当に少額であり，これを承認した吸収分割会社の株主総会決議が親会社たる吸収分割承継会社の議決権行使によって成立したとみられる場合に，当該吸収分割の効力がどうなるか，および，吸収分割承継会社に承継されない債権の債権者がどのような保護を受けることができるかを問うものである。

（1）吸収分割の効力がいったん生じたあとにその効力を否定するには，会社分割無効の

訴え（会社 828 条 1 項 9 号）によることが必要である。無効事由について法は明記していないが，一般に，重大な手続違反に限って無効事由になると解されている。吸収分割を承認する株主総会決議が取消事由を帯びることは重大な手続違反として分割無効事由になると解されるところ，本件では，Q 社株主総会において，Q 社株主にとって不利で P 社にとって有利な内容の吸収分割契約が多数派株主たる P 社の賛成によって承認されているから，同決議が会社法 831 条 1 項 3 号の取消事由を帯びることを理由として A らは本件分割の無効を主張することができると考えられる。ただし，分割無効事由として，株主総会決議に取消事由があることを主張するものであるから，かかる無効の訴えは，決議の日から 3 か月以内に提起しなければならないと解される（同 831 条 1 項柱書前段参照）。なお，分割比率が不公正であること（対価が不当であること）それ自体が無効事由になるかどうかについては学説上争いのあるところであるが，一般には否定的に解されている。他方，本件承継財産の純資産額が 100 万円であるという

分割契約書の記述それ自体が虚偽であったといえる場合（法律上許されるいかなる評価方法によっても 100 万円ではありえなかった場合）には，分割契約書の虚偽記載としてそのこと自体が無効事由になると考えられる。

（2）X は，Q 社の不動産事業に関する債権者であるから，吸収分割会社に対して債務の履行を請求することができない吸収分割会社の債権者（会社 789 条 1 項 2 号）にはあたらず，債権者保護手続の対象とはならない。したがって，Q 社が X の異議を無視しても債権者保護手続違反とはならない。ただし，承継財産に比して対価が少額であり，その結果，Q 社が無資力となる場合には，X が会社法 759 条 4 項の請求（または民法 424 条の詐害行為取消権の行使）をできるかどうかが問題となる。このほか，Q 社の取締役が P 社と結託して取消事由を帯びることを認識しつつ本件分割契約承認決議を成立させたといえる場合や，臨時計算書類における承継財産の価額の記載それ自体が虚偽である場合には，会社法 429 条 1 項・2 項 1 号ロに基づき，Q 社取締役の責任も追及できるであろう。

演習 59 の解説

（問題は 230 頁）

本問は，吸収分割がなされた場合において，対価に不満のある株主がその効力を争うにはどのような主張をすることが考えられるか，また，分割会社の債権者はどのように保護されるかを検討させる問題である。

（1）本件吸収分割の効力について。合併において議論されているのと同様に，会社分割の対価の不公正それ自体は会社分割の無効事由とはならず，対価に不満な株主の救済は株式買取請求権によると解されるが（通説），特別利害関係人の議決権行使による著しく不当な対価の決定は，承認決議の取消事由（会社 831 条 1 項 3 号）となり，これがひいては会社分割の無効原因となる。Q 社における本

件吸収分割の承認決議では P 社が議決権を行使したと考えられるので（たとえ定足数要件を緩和していても，議決権の 70 ％を有する P 社が参加しなければ定足数を満たせない），もし 1 億円という対価が著しく不公正といえるのであれば，会社分割の無効原因があることとなる。X は，決議の日から 3 か月以内に会社分割無効の訴えを提起し（同 828 条 1 項 9 号。831 条 1 項柱書参照），決議取消事由があることを会社分割の無効原因として主張することが考えられる。

（2）Q 社に履行を請求できなくなる債権者について。本件吸収分割契約の定めにより A は P 社の債権者となり，債権者異議手続

の対象となる（会社789条1項2号）。Aは，必要な各別の催告を受けていないため，P社に対してのみならず，Q社に対しても債務の履行を請求することができる（同759条2項）。

(3) Q社に履行を請求できる債権者について。本件吸収分割後もBはQ社の債権者のままであり，債権者異議手続の対象外である（会社789条1項2号参照。対価が金銭なので

旧人的分割に相当する措置がとられることもない）。Bは各別の催告を受けていないが，もともと債権者異議手続の対象外であり，なおQ社に対して債務の履行を請求できるにすぎない。

ただし，Q社がBを害することを知って吸収分割をした場合には，BはP社に対し，承継財産の価額を限度として債務の履行を請求することができる（同759条4項。平成26年改正）。

（問題は230頁）

演習60の解説

本問は，株式会社（P社）が他の株式会社（Q社）の事業の一部または全部をP社株式を対価として取得または実質的に支配下に収めるために，会社法上いかなる制度が利用可能か，そして，それぞれの制度を利用するためにいかなる手続が必要となり，会社にはどのような得失があるかを問うものである。

(1) P社がQ社のホテル業部門だけを取得する方法としては，(a)ホテル事業の現物出資を受ける方法と，(b)Q社を分割会社，P社を承継会社とする吸収分割により，ホテル業部門をP社が承継する方法とがある。(a)を行うには，P社では，現物出資による募集株式の発行のための手続が必要となり（会社199条1項・2項，201条1項，207条等），Q社では事業の重要な一部の譲渡のための手続が必要となる（同467条1項2号・309条2項11号・469条）。ホテル業にかかるQ社の債務をP社が免責的に引き受けるには，債権者の個別の同意も必要である。(b)を行うには，P社・Q社の双方において，株主総会特別決議，株式買取請求権行使への対応，債権者異議手続，事前・事後の開示の手続等が必要となる（同783条・795条・309条2項12号・785条・797条・789条・799条・782条・791条・794条・801条）。(a)を行う場合の検査役調査や債権者の個別同意の取り付けは煩瑣ではあるが，債権者数が少ない等の事情があれば，一般に

大がかりな手続となりがちな(b)よりも，(a)の方が簡便であることもありうる。

(2) P社がQ社の両部門を取得または実質的に支配下に収める方法としては，(c)事業全部の現物出資を受ける方法，(d)吸収分割により，Q社の事業全部をP社が承継する方法，(e)P社を存続会社，Q社を消滅会社とする吸収合併，(f)P社を完全親会社，Q社を完全子会社とする株式交換が考えられる。なお，株式交付（会社2条32号の2）によってもQ社をP社の子会社とすることができるが，株式交付ではQ社がP社の完全子会社になるとは限らないから，条件④を満たすことができない。(c)を行うには，前記(a)の手続（ただし，467条1項2号ではなく1号）に加えて，P社側でも他の会社の事業全部の譲受けのための手続（会社467条1項3号・469条）が必要となる。(d)を行うための手続は，(b)と同様である。(e)(f)を行うために必要な手続も，(b)の手続と基本的に共通するが，合併においては，Q社の全債権者について債権者異議手続が必要となること，株式交換においては，債権者異議手続は原則として必要ないことが，(b)と異なる点である。4つの方法のうち，(f)には，P社がQ社の簿外債務を承継するリスクを負わなくて済むという利点がある。

会社法事例演習教材（第 4 版）

2007 年 12 月 30 日	初版第 1 刷発行
2012 年 3 月 30 日	第 2 版第 1 刷発行
2016 年 3 月 5 日	第 3 版第 1 刷発行
2022 年 3 月 20 日	第 4 版第 1 刷発行
2023 年 8 月 10 日	第 4 版第 3 刷発行

	前　田　雅　弘
著　者	洲　崎　博　史
	北　村　雅　史
発行者	江　草　貞　治
発行所	株式会社　有 斐 閣

郵便番号 101-0051
東京都千代田区神田神保町 2-17
https://www.yuhikaku.co.jp/

印刷・製本　共同印刷工業株式会社
©2022, Masahiro MAEDA, Hiroshi SUZAKI,
Masashi KITAMURA. Printed in Japan
落丁・乱丁本はお取替えいたします。
★定価はカバーに表示してあります。

ISBN 978-4-641-13886-5